창조적 융합과 기독교교육

창조적 융합과 기독교교육

2020년 10월 8일 초판 1쇄 인쇄
2020년 10월 15일 초판 1쇄 발행

지은이 | 원신애
펴낸이 | 김영호
펴낸곳 | 도서출판 동연
주　소 | 서울시 마포구 월드컵로 163-3
전　화 | (02)335-2630
전　송 | (02)335-2640
이메일 | yh4321@gmail.com
블로그 | https://blog.naver.com/dong-yeon-press

ISBN 978-89-6447-625-3　93230

창조적 융합과 기독교교육

Creative Fusion and Christian Education

원신애 지음

동연

탐구하고 창조하는 사람이 세상을 바꾼다

혐오가 전 세계로 확산되고 있고, 우리 사회도 혐오 확산의 고통을 겪고 있다. 혐오는 인간의 존엄성을 훼손하므로 도덕적으로 용납될 수 없다. 또한 인간과 사회의 성장을 저해하므로 더욱 허용될 수 없다. 자신과 사회의 성장이 저해되면 그 폐해는 혐오하는 자신에게 부메랑으로 돌아온다. 혐오는 혐오 당하는 사람은 물론 혐오하는 사람도 피폐하게 만들고, 사회 전체를 몰락시킬 수 있다. 이런 문제의 심각성을 절감한다면, 이상하고 새롭고 낯설고 다양한 삶의 방식과 생각에 공포와 혐오를 갖는 대신 호기심을 갖도록 안내하는 교육이 그토록 중요하다는 것을 다시 확인할 수 있다.

두려움과 호기심은 동전의 양면이다. 낯선 것에 대해 누구나 두려움을 느끼기 마련이지만 그 두려움을 계기로 낯선 것을 학습하고 자기 자신을 성찰할 수 있다. 두려움이 호기심으로 전환되면, 낯선 것으로부터 흥미롭고 유익한 요소들을 찾을 수 있고, 자신의 삶과 문화를 점검하고 재구성하는 자원으로 활용할 수 있게 된다. 다양성을 향한 개방적 태도는 인식과 문화의 지평을 확대하는데 기여한다. 이런 과정을 '창조적 융합'이라고 부른다. 원신애 박사는 이 책에서 이 시대

교육의 가장 중요한 과제 중 하나인 '창조적 융합'의 가능성과 방향을 제시하고 있다. 참으로 반갑고 귀한 일이다.

누구나 창조의 잠재력이 있으므로 다양한 요소들을 융합하여 새로운 인식과 실천으로 만들어낼 수 있는 가능성을 갖고 있다. 이런 잠재력과 가능성을 실현하는 것, 즉 '가능태'를 '현실태'로 전환할 수 있도록 안내하는 것이 바로 이 시대 교육의 역할이다. 원신애 박사는 이 책에서 교육이 수행해야 하는 역할을 다시 가다듬어서 새롭게 우리에게 보여주려고 시도한다. 해석학적 접근을 소개하면서 개방성을 증진하고 타당성을 확장하는 대화를 이야기하고, 포스트모던적 접근을 제시하면서 고정관념의 해체와 상상력의 희망을 말한다. 그리고 이런 접근을 우리의 삶의 방식과 문화를 해석하고 비판하고 재구성할 수 있는 동력으로 활용할 것을 제안하고 있다.

창조성은 특출한 사람만이 발휘하는 것이 아니다. 누구나 자신의 생각을 의미 있는 활동을 하는 데 활용하고 시행착오를 겪는 탐구를 하면서 새로운 가능성과 대안을 상상하고 창조할 수 있게 된다. 그런 탐구는 대화와 협력의 과정, 즉 공동탐구의 과정에서 진전된다. 이 책이 제시하고 있는 여러 가지 접근들을 이해하고 시도하는 일이 바로 그런 의미 있는 탐구가 될 것이다. 이 책의 미덕 중 하나는 그런 탐구를 촉진하는 다양한 접근들을 이해하기 쉽도록 내용을 풀어서 쓰고 적용하기 쉽도록 방안을 구체적으로 보여주는 데 있다. 많은 분들이 이 책을 읽어서 원신애 박사의 제안을 사람과 세상에 관해 호기심과 관심을 갖고 새로운 가능성을 발견하며, 그 가능성을 실현하는 방안을 상상하고 창조하고 시도하는 교육을 만드는 데 쓰기를 기대한다. 탐구하고 선택하고 창조하는 사람들이 자신의 삶을 더 행복하게 가꾸고 세상을 더 평화롭게 만드는 시민으로 성장할 것이다.

이기범

(숙명여자대학교 교육학부 교수)

원신애 박사의 창조적 융합과 기독교교육

2020년 코로나19 상황 속에서 세계는 앞으로 우리가 새롭게 창조해가야 할 내일은 무엇인가에 대하여 고민하고 있다. 팬데믹 상황 속에서 가장 지혜로운 행동은 어떤 것인가를 찾기 위하여 역사와 과학, 철학과 예술, 의학과 종교가 소통하며 미래의 방향을 모색하고 있다.

저명한 신학자 톰라이트는 이러한 상황 속에서 우리는 다음과 같은 단순한 질문을 해야 한다고 한다. "이런 일이 생기면 누가 가장 위험에 처하는가?" "그들을 돕기 위해서 무엇을 할 수 있는가?" "이러한 상황을 대처하기 위해 누구를 보내야 하는가?" 그의 질문은 기독교교육 현장에서도 의미를 지닌다. 달리 서술하여 "오늘의 이 자리에서 우리는 어떻게 살아야 하는가?"라는 의미이다.

기독교교육은 앎이 삶으로 연결되도록 하는 실천의 학문이다. 그렇기에 우리가 사는 삶의 자리에서부터 출발하고, 그 안에서 일어나는 일상과 역사의 질문에 답하면서 미래의 방향을 모색해야 한다. 이러한 작업은 우리의 삶의 자리에 대한 다양한 층위들에 대한 거시적이면서도 미시적인 관찰과 경험, 경청과 대화에서 가능할 수 있다. 따라서 기독교교육은 종합학문multidisciplinary적이고 간학문interdisciplinary적이며,

융합적^fusional이고 통전적^holistic이어야 한다.

저자 원신애 박사의 글은 이러한 차원에서 오늘날 교회와 기독교 교육 현장뿐 아니라 기독교인 개인의 삶의 성찰에도 창조적인 안목과 비판적 성찰의 근거들을 제시해 주고 있다. 불확실한 리스크 속에서도 인간은 끊임없이 앞으로 나아가기 위한 해석과 대화를 통한 미래를 창조해가야 한다. '창조적 융합을 위한 해석학적 접근'을 통하여 그 방법을 제시한다. '창조적 의미를 위한 포스트모던 접근'을 통하여 기독교인이면서 교양있는 사회인으로 살아가는 것이 무엇인가를 성찰하도록 하고 있으며, '창조적 자아를 위한 사회 문화적 접근'으로 한국의 문화 콘텐츠를 기독교적 차원에서 읽어 갈 수 있는 조우의 가능성을 제시해 줌으로 예수의 제자직과 시민으로서 시민직의 융합을 문화 콘텐츠 안에서 발견할 수 있도록 한다.

저자는 이 글을 통하여 교회와 사회, 공간과 시간, 전통과 현재, 위기와 희망, 개인과 공동체가 만나고 소통하며, 창조적으로 연대할 수 있도록 안내하고 있다. 그의 글을 통하여 비로소 우리는 오늘의 삶에 성육신하신 예수의 뒤를 따를 수 있는 제자직과 시민직을 통전적으로 바라볼 수 있게 된다. 그 어느때보다도 대화와 소통, 융합을 통한 희망의 미래 창조가 시급한 오늘 그의 글이 이러한 방향의 마중물과 같이 우리에게 나오게 됨을 기쁘게 생각하며 일독을 추천한다.

2020년 10월 결실의 계절을 감사하며

조은하(목원대학교 교수)

머 리 말

코로나19$^{COVID-19}$는 다양한 학문과 삶의 영역에서 역사의 한 획을 긋는 분기점이 되었다. 코로나19 사태 이후 사회적 거리를 유지하는 생활양식은 한동안 확산될 것이며, 비대면^{untact}이라는 신조어를 유행 시키면서 21세기의 전무후무한 패러다임의 전환점이 될 것이다. 슐 츠(C. N-Schulz)는 공간과 장소를 구분하면서 공간^{space}이란 개성이 없거 나 개방된 개념으로 이해하며, 장소^{place}란 고정적이고 정태적이며 개 별적 의미가 부여되거나 작용되는 곳으로 규정한다. 어떤 이는 공간 이 시간을 가둠으로써 일정한 시간이 머문 곳이 추억이 되고 시간의 정체이며, 더 나아가서 공간은 삶(Space becomes Life)이라고도 말한다. 곡선을 사랑하는 화가이며 건축가인 훈데르트바서(F. Hundertwasser) 는 피부가 몇 겹의 층위로 형성되어 있는데, 첫 번째 피부는 우리의 살갖이고, 두 번째 피부의 층위는 의복이며, 세 번째는 우리가 머무는 공간-집이라고 했다. 우리의 살갖과 민낯을 보이는 편한 공간으로서 장소적 의미의 집이 현재는 '사회적 거리두기'로 인한 공공의 장소가 되기도 한다. 포스트 코로나 시대의 지구촌은 공간과 장소의 구분이 무의미해지고 공간과 시간의 구획의 선긋기를 하지 않은 채 '사회적 거리두기'(social distancing)에 익숙해져 간다.

이러한 시대에 필자가 '사회적 거리두기'라는 사회적 규율을 접하면서 제일 먼저 떠오른 것이 가다머(H-G. Gadamer)가 제시하는 해석학적 지평의 융합fusion of horizons과 거리둠distance이다. 서로의 다름과 다양성에 관한 중층적 이해와 '거리둠'이 유지되는 것이 이상적이라고 학문적 해설을 하곤 했는데, 바야흐로 지금의 시대는 자신과 타인의 건강을 유지하기 위해서 신체적–물리적 거리둠이 보편적 사회 원칙으로 자리매김 되고 있다. 코로나19로 인해서 삶의 양식이 다양한 형태로 전환되는 시점에서의 '거리둠'은 공간과 시간, 공간과 장소, 개방성과 고정성 등에 중요한 매개로 작동한다. 이러한 불확실한 세상 속에서 가장 중요한 것은 사회 전체가 힘을 모아 포스트 코로나를 대처해야 하는 것이 당면과제이다. 따라서 학문적으로 해체와 융합, 공간과 장소, 개방성과 고정성이 공존하는 틈새의 '거리둠'은 '창조적 융합'으로 나아가는 마중물 역할을 할 것이다.

한편 융합, 통전, 통합 등의 접근이 중요한 이유는 학제간interdisciplinary 연구의 기반이 되기 때문이다. 인간이 진리를 탐구하기 시작한 순간부터 융합은 학문 연구의 중요한 접근 방식으로서 중요한 위치를 점유해 왔다. 융합은 각 분야의 개별성과 다양성을 존중하는 전제하에 이루어져야 한다. 이 글에서 '창조적 융합'은 다양한 층위의 학제간 연구를 포함한 코로나19 이후의 미래를 향한 대안이며, 과거라는 시간 속에 갇히지 않으면서 현재라는 공간과 장소에서 거리둠을 통하여 서사적 자아를 형성해 나가는 기독교교육의 방향성을 포괄한다.

이 책에 수록된 글들은 다양한 학술지에 게재한 것을 수정·보완하였다. 책이 출판 될 수 있도록 격려해주신 선배 교수님들, 이기범 교수

님(숙명여자대학교 교육학과), 조은하 교수님(목원대학교 기독교교육학) 그리
고 도서출판 동연의 김영호 대표님께 진심으로 깊은 감사를 드린다.
이 책이 우울한 이 시대에 기독교교육이 나아가야 할 길에 잠시 사유
하는 작은 공간이 되길 소망해 본다.

2020년 9월

캐나다 토론토에서

원신애

차 례

1 부

창조적 융합을 위한
해석학적 접근

1 장

기독교교육과
가다머의 해석학적 대화 모형

> 해석학적 경험에 근거한 가다머의 '이해'란 교사가 학생에 비하여 더 많은 정보를 안다거나 학생이 많은 지식을 획득했다는 의미가 아니며, 오히려 교사와 학생 서로가 각자의 상이한 삶의 경험과 인식의 차이를 인정하고 수용할 수 있는 태도이다. 해석학적 경험인 부정성, 개방성, 관계성, 언어성은 '나-너(그대)'(I-Thou)의 관계성의 구조 속에서 설명된다.

시작하는 말

21세기의 기독교교육은 세대 간의 갈등,[1] 성인교육의 위기, 대안적 교육 등에 대해 더 많은 관심을 기울이게 되었다. 세대 간의 갈등은 베이비붐 세대(Baby Boomer Generation)와 그들의 자녀들과의 갈등이

---

* 이 글은 「새시대·새목회」 2(2010), 125-155에 게재된 글을 수정·보완하였다.
1 김희재, 『한국 사회변화와 세대별 문화코드』 (부산: 신지서원, 2004), 85-86.

주요 문제로 부각된다. 특히 정보의 홍수, 강력한 미디어의 역할, 과학적 지식만을 '이해'라고 생각하는 교육적 척도, 지구촌이라는 시대적 연대감 등의 요청들 속에서 기독교교육 학자들은 대안적 기독교교육을 탐색해야 한다. 대안적 기독교교육과 관련하여 '이해'를 검토하는 작업이 필요한 이유는 '이해'가 교육을 논의할 때 다루는 중요한 요소이기 때문이다.[2]

이러한 입장에서 이 글은 독일의 철학자 가다머(H-G. Gadamer)의 철학적 해석학이 이해의 개념을 어떻게 규정하고, 어떠한 교육적 의미를 함의하고 있는가를 검토하겠다. 가다머의 철학적 해석학은 종래의 해석학과는 달리 이해의 역사성을 강조함으로써 해석학의 역사에 전환점을 이룬다. 가다머는 이해에 대한 올바른 개념 정립을 위해 '경험'의 두 가지 의미를 구별한다. 하나는 자연과학에서 확립된 경험 개념으로서 절차 및 결과의 반복 가능성에 바탕을 둔 과학적 의미의 경험이다. 가다머가 관심을 갖는 다른 경험 개념은 어떤 의미에서는 반복될 수 없고, 기존의 견해를 부정하는 경험이다. 즉, 가다머의 경험 개념은 과거의 경험을 그대로 추체험(reexperience)할 수 없음을 의미한다. 다시 말해서 추체험이란 원저자가 체험했던 바를 그대로 다시 체험한다는 개념인데, 가다머는 이러한 추체험이나 재구성 또는 재생이 이해를 위해서 꼭 필요하지만 이러한 재구성을 해석학의 근본적 혹은 최종적 작업으로 간주하거나 심지어 이해의 핵심으로 간주하려는 태도를 경계해야 한다고 본다. 따라서 그는 해석학의 과제를 재생

---

2 이홍우, 『교육의 槪念』(서울: 문음사, 1991).

이 아닌 통합으로 본다.3 가다머의 해석학적 이해는 기존의 체험 구조나 인식 수준 및 이해의 차원이 불완전한 것임을 깨닫고 보다 나은 이해와 인식의 차원으로 거듭 향상되고 쇄신되며, 재형성되어 가는 학습자의 지속적인 변화의 과정을 중요하게 인정하는 것으로 교육적 이해를 재정립할 수 있는 기회를 준다.

이처럼 '교육적 이해'와 '해석학적 이해'는 통약 불가능한 관계이면서도 통약의 가능성을 지닌 갈등적 관계이다. 이 글은 이상과 같은 관점에서 가다머의 해석학적 이해의 틀을 통해 교육적 이해의 수준이 변하고 개방성을 지닐 수 있다는 가능성을 제기한다.

이 글은 첫째, 기독교교육의 역사적 접근 방법을 살펴보고, 해석학적 접근 방법의 유용성을 살펴본다. 둘째, 가다머의 철학적 해석학의 교육적 의의를 살펴보고, 해석학적 경험과 이해(understanding) 개념을 검토한다. 셋째, 가다머의 이해 개념이 해석학의 역사 속에서 어떻게 발전되어 왔는지를 검토한다. 넷째, 가다머의 해석학의 교육적 통찰력에 근거한 기독교교육의 해석학적 대화 모형을 발전시키고, 교회 공동체 구성원들의 서사적 자아의 통일성을 살펴본다.

---

3 리차드 E. 팔머/이한우 옮김, 『해석학이란 무엇인가?』 (서울: 문예출판사, 1995), 137;
  272.

1. 해석학적 접근으로서 기독교교육

일반적으로 해석학은 의미의 해석에 관한 이론이나 철학으로 정의된다. 해석학은 단순한 해석의 기술이 아니라 인간의 존재자체를 문제시하여 '이해의 현상'을 철학적으로 반성하는 것이 주된 목적이다.[4] 필자는 교육이란 이해의 과정 없이는 불가능하다고 전제하고, 그 이해는 자연과학의 '이해'뿐 아니라 과거, 현재, 미래가 통합되는 활동이라고 규정한다.

이 장에서는 기독교교육의 해석학적 접근 방법을 살펴보고 가다머의 철학적 해석학에 영향을 준 두 명의 사상가—헤겔(Hegel)과 하이데거(Heidegger)—를 중심으로 가다머가 그들의 이해 개념을 어떻게 비판하고 수용했는지를 검토하겠다. 또한 가다머의 해석학의 교육적 의의를 살펴보겠다.

1) 기독교교육의 해석학적 접근 방법

세이모어(J. L. Seymour)는 기독교교육에 대한 대안적 접근에 대한 중요한 학문적 성찰(reflection)을 몇 가지로 제시한다.[5] 첫째, 종교교육(Religious Instruction) 접근 방법은 교회 교육에 대한 전통적 학교교육의

---

4 고용수, 『현대 기독교교육사상』 (서울: 장로회신학대학교 출판부, 2003), 197.

5 J. L. Seymour, *Contemporary Approaches to Christian Education* (Nashville, TN: Abingdon Press, 1982), 16-34.

접근 방법을 향상시키는 데 초점을 둔다. 이 접근 방법은 교육 훈련에서 이끌어낸다. 교수-학습 상호 조정이 학습자에게 기독교 종교적 신앙, 실천, 감정, 지식, 결과를 전달하는 것으로 구성되어 있으며, 맥락(context)이 교회의 교육 프로그램이라는 것을 강조한다.

둘째, 신앙 공동체(Faith Community) 접근 방법은 기독교 공동체의 참 본성을 교회교육을 위하여 적합한 절차를 공동체의 참 본성을 교회교육을 위하여 적합한 절차들을 정의하는 것으로 생각하였다. 신앙공동체의 고유한 윤곽(contour) 자체가 교육 프로그램의 윤곽이 되었다. 즉, 신앙공동체가 어떻게 기독교교육의 중심 위치가 되는지에 관심을 둔다.

셋째, 영적 발달(Spiritual Development) 접근 방법은 개인의 종교적 경험과 종교적 추구에 초점을 모으고, 개인의 영적 삶이 교육을 위한 목적과 맥락이 목적이 되는 것이다.

넷째, 해방(Liberation) 접근 방법은 해방을 주창하는 교육자들이 제시하는 대안으로써 고난과 착취, 비인간화와 억압의 사회적 맥락을 교회의 교육 목회를 위한 논제로 설정하는 것이다. 교회와 교인으로 하여금 하나님의 나라와 소명에 신실하며 억압의 형태를 인식할 수 있게 하는 것이다.

다섯째, 해석(Interpretation) 접근 방법은 교육의 과업을 기독교 전통과 사람들이 서로의 관계에서 갖는 오늘의 경험을 해석하는 것으로 본다. 이 방법은 개인이 어떻게 '이해'에 도달하며, 우리가 과학과 개인적 경험과 세계 사이에서 어떻게 연결되는가에 관심을 갖는다. 해석을 중심과제로 간주하는 이 접근 방법은 인간 '경험'과 함께 시작하는 교육적 과정을 제시한다. 이러한 과정을 통하여 우리는 의미—기독교 전통과 마찬가지로 문화에 의하여 제공되는 의미—의 개인적인 해석적 틀과 삶을 통하여 역동적이며 계속해서 의미를 주는 하나님의 계시에 좀 더 민감할 수 있기를 희망한다.

리차드 로티(R. Rorty)는 반정초주의자(anti-foundationalist)로서 진리 탐구를 위한 객관적인 기초를 찾는 인식론이 더이상 철학의 과제가 될 수 없고, 해석학(hermeneutics)적인 과제만 남아 있다고 주장하였다.[6] 따라서 객관적 지식, 앎, 이해란 더 이상 가능한 것이 아니며, 주관적인 인식만이 있으므로 삶의 전통과 경험들이 의미하는 바를 오늘의 삶의 상황에 타당한 형식으로 새로이 구성하고 해석하는 작업이 요구된다.

해석학적 접근이 이러한 과제에 공헌할 수 있는 학문적 시도의 측면에서, 토마스 그룸(T. H. Groome)은 '나눔의 실천'(shared praxis)[7] 이라는 기독교종교교육의 해석학적 접근 모형을 제시했다. '실천'으로 번역되는 프락시스는 행동(action)과 성찰(reflection)의 끊임없는 변증법적 과정을 수반하는데, 그의 교육이론에서 사용되는 실천이 파울러 프리이리(P. Freire)가 의식화의 도구로 사용한 프락시스의 개념에 주로 의존하고 있다. 따라서 그룸의 교육이론이 반정

---

6 R. Rorty, *Philosophy and the Mirror of Nature* (Princeton: Princeton Univ. Press, 1979), 316.

7 T. H. Groome, *Sharing Faith: A Comprehensive Approach to Religious Education and Pastoral Ministry* (New York: Harper Collins Publishers, 1991), 156-159, 187-193.

초주의적인 '이해'에 대한 재구성 작업의 한계가 있다고 보고, 가다머의 해석학적 이해 개념의 교육적 의의를 검토하고자 한다.

이 글은 기독교교육의 여러 가지 접근 방법 중에서 특정한 한 방식만을 주장할 수 없지만, 해석학적 접근 방법이 21세기의 한국의 교회교육에 대안적 교육을 위한 새로운 장(場)을 제공한다고 본다. 다양한 기독교교육의 실천의 접근 방법들은 개인의 발전적 요구에 초점을 맞추려는 사람들과 개인을 사회변화에 노출시키기를 원하는 사람들 사이의 논증에서 나타난다. 따라서 '개인과 사회', '개별적 자기-서사와 거대 담론', '특수성과 전통', '나와 너'라는 구조는 해석학적 접근 방법 속에서 그것의 교육적 의의를 보여줄 것이다.

2) 가다머의 '이해' 개념의 사상적 배경

가다머의 해석학적 이해 개념은 그가 새롭게 창조해낸 개념이 아니고 해석학의 오랜 역사 속에서 발전되어 온 개념이다. 그러나 가다머에 이르러 해석학적 이해 개념이 새롭게 조명될 수 있는 이유는 그가 이해 개념을 통해서 그 이전까지의 주관주의적인 해석학적 순환 구조를 극복할 수 있는 전기를 마련하였기 때문이다. 이 장에서는 가다머가 두 명의 사상가—헤겔과 하이데거—를 중심으로 이해 개념과 관련하여 그들의 어떠한 입장을 비판하고 수용하였는지를 검토한다. 가다머의 '이해' 개념의 사상적 근거는 헤겔의 반성적 철학의 변증법과 하이데거의 세계-내-존재(being-in-the world) 개념에 토대를 둔다.

(1) 헤겔의 역사의 경험과 가다머의 '영향적 역사'

첫째, 가다머는 헤겔의 역사적 정신의 의미를 정신의 '역사의 경험'
으로부터 이해하려고 시도한다. 이러한 맥락에서 가다머는 자연과학
과는 구별되는 헤겔의 '역사적 경험' 또는 '역사적 변증법'에 토대를
둔다. 가다머는 헤겔의 역사의 변증법을 받아들여 우리가 이미 역사의
경험에 참여할 뿐 아니라 영향을 받고 있다는 '영향적 역사'(effective-
history)[8]의 개념으로 발전시킨다. 즉 가다머가 헤겔로부터 취한 입장
은 '정신의 역사의 경험'이다.[9]

둘째, 가다머의 이해 개념은 헤겔의 변증법의 부정성과 내적 자기
반성의 역동성을 변증법적 방법론으로 취한다. 헤겔의 변증법의 중요
한 개념인 '자의식의 반성'은 헤겔 변증법의 역동성과 부정성을 낳는
다. 헤겔은 정신의 본질적 완성을 향하는 경험의 변증법적 운동을 강조
하면서 그것은 절대이성(absolute knowledge)으로 성취된다고 본다.[10]

가다머는 헤겔의 '타자화의 경험' 및 '자의식의 반성'이라는 입장을
수용한다. 그러나 가다머는 헤겔의 절대지(absolute knowledge)의 상정

---

8 영향적 역사(effective-history)란 전통이 전통에 속한 것에 대해 작용하는 힘이다. 이것
  은 유한한 인간 의식에 대해 작용하는 역사의 힘이다. 영향적 역사는 우리가 문제를 선택
  하고 그 문제의 해결 방안을 모색하는 데에 이미 작용한다. 따라서 우리가 역사적인 현상
  을 자신이 처한 역사적 상황에서 역사적인 거리를 두고 이해하려 할 때에는 영향적 역사
  의 작용을 받게 되어있다. G. Warnke, *Gadamer: Hermeneutics, Tradition and Reason*
  (Stanford, CA: Stanford Uni. Press, 1987), 79-80을 참조하라.
9 김원율, 『가다머에서의 이해의 역사성: 하이데거에서 가다머로』(서울: 조명문화사,
  1992), 80-81.
10 H-G. Gadamer, *Truth and Method* (New York: Crossroad, 1988), 319.

또는 정신의 절대성의 개념을 수용하지는 않는다. 왜냐하면 헤겔의 절대지의 상정이나 정신의 절대성은 주관성에 정초하려는 객관주의적 모순이기 때문이다.

가다머는 진정한 의미의 경험이란 헤겔의 주장처럼 절대지로 마무리되는, 즉 타자와 낯선 것을 절대지로 마무리 짓는 완성의 변증법이 아니라, 경험을 위해 개방되어 있는 미완성의 변증법적 과정이라고 본다.[11]

(2) 하이데거의 '세계-내-존재' 개념과 가다머의 '이해' 개념

가다머는 헤겔의 '역사의 경험'의 의미를 '영향적 역사'의 개념으로 발전시켜서 그의 '이해의 역사성'을 설명하는 근거로 삼았고, 또한 헤겔의 변증법의 부정성과 자기 내적 반성의 역동성을 취했다. 그러나 헤겔의 변증법이 정신(Geist)을 궁극적으로 주관성에 정초시켰던 것과는 달리 가다머는 '정신'을 하이데거의 '세계-내-존재'(being-in-the world)라는 이해 구조에 관련시킨다. 가다머가 해석학적 역사에 전환점을 이룰 수 있었던 것은 그가 하이데거의 이해 개념에 뿌리를 두었기 때문이다.

해석학의 역사를 살펴보면 슐라이어마허(Schleiermacher), 딜타이(W. Dilthey) 그리고 하이데거에 이르기까지 일관되게 중요한 개념은 '이해'이다. 그러나 세 사람의 '이해'에 대한 견해는 상이하다. 가다머는 슐라이어마허가 보편적 해석학을 시도하고 딜타이가 '체험' 및 '역

---

11 김원율, *op. cit.*, 83, 85.

사성'을 제시한 점은 해석학의 역사에서 중요하게 평가되지만, 결국 그들의 노력도 해석학적 '이해'를 객관화시키려는 주관성으로 다시 우회하게 되었다고 비판한다. 달리 말하면 슐라이어마허의 보편적 해석학은 대화 속에 들어 있는 제(諸) 조건에서 그 토대를 찾으려 했고, 딜타이는 이해를 '역사적' 이해 또는 '객관적으로 타당한 인식'에 대한 요구로 보기 때문에 그들의 해석학적 이해에 대한 노력은 또다시 '삶'을 헤겔의 '객관 정신'에 범주화시키는 모순에 빠진다는 것이다. 가다머는 딜타이의 이 같은 모순적인 태도가 결국 힘들게 얻어낸 역사성 혹은 시간성에 대한 자신의 탁월한 통찰을 폐기시키고 전통적인 해석학의 원리로 회귀하는 원인이 되었다고 비판한다.[12] 그러나 해석학의 전환점을 이루는 하이데거의 '세계-내-존재' 개념은 다음과 같은 해석학적 이해를 함의한다.

첫째, 하이데거는 딜타이와 마찬가지로 자기 이해의 구조 또는 현존재(Dasein)[13]가 스스로 어떻게 이해하느냐의 문제를 출발점으로 삼고 있다. 그러나 하이데거는 딜타이와 달리 이해의 객관성의 문제를 탐구하지 않고 이해 그 자체가 무엇인지를 탐구한다. 왜냐하면 하이데거는 이해를 객관적으로 설명할 수 없는 것으로 보고 이미 우리가

---

12 Warnke, *op. cit.*, 39.

13 팔머, *op. cit.*, 192. 하이데거의 해석학은 텍스트 해석에 대한 하나의 해석이 아니라, 사상 (事象)을 은폐로부터 벗겨내는 근원적인 해석 행위를 말한다. 따라서 그의 해석학은 '현존재'의 존재에 대한 해석이며 이것은 곧 '실존의 실존성에 대한 분석'이다. 다시 말하면 하이데거의 해석학은 '현존재'가 스스로에게 존재의 본성을 알려주는 근본적인 언표적 기능이다.

이해의 역사성의 제약 아래 있음을 이해에 '참여'하는 것이라고 파악하기 때문이다.

둘째, 하이데거의 이해 개념은 자신이 실존하고 있는 생활 세계의 맥락 내에서 자신의 존재 가능성을 파악할 수 있는 능력이다. 이해의 또 다른 측면은 항상 미래와 관계한다는 사실이다. 이것이 이해의 기투(企投)적 성격이며, 이 기투는 기반을 가져야 하기 때문에 이해는 또한 현존재의 상황성과 관련된다. 이러한 맥락에서, 인간의 세계와 역사를 이해하는 근본적인 조건은 '피투성'(被投性, throwness)과 '기투성'(企投性, projection)이다. 하이데거의 피투성이란 '그때그때에 스스로 모든 가능성 자체인 존재자의 존재양식', '현존재가 존재해 있다는 사실' 또는 과거로부터 세계 속에 내던져있음을 의미한다. 반면, 기투성이란 미래에의 개방성이다. 다시 말해서 피투성이란 과거로부터 떠맡겨졌으며 내던져졌음을 의미한다. 인간은 피투된 처지에 단순히 놓여있지 않고 하나의 가능성을 향해서 기투해야 한다는 점에서 존재에 대한 이해를 구조화한다. 현존재는 세계 안에서 그때마다 자신의 존재를 이렇게 또는 저렇게 이해하고 있는 것이다. 이러한 자기 이해는 현재의 자리에서 현존재가 창조하지 않은 과거의 전통에 참여하는 것이며 현존재의 통제능력이 미치지 않는 미래를 포괄하는 것이다.[14] 이 주장이 갖는 의미는 현존재가 스스로를 이해하는 방식이란 시간에 의해 제약되는 것이고 우리의 이해가 선구조(prestructure)[15]적 성격을

---

14 Warnke, *op. cit.*, 71-74.

15 하이데거의 '이해'는 모든 해석에서 작용하는 일종의 '선구조'(prestructure)를 갖는다. 특히

갖는다는 것이다.

가다머는 하이데거의 이해의 선구조가 주관과 객관이라는 이중적 도식에 빠지지 않고 오히려 주관과 객관을 이미 포괄하고 있는 세계의 연관성에 의존하기 때문에 하이데거의 이해의 선구조적 성격을 해석학의 새로운 전기로 받아들인다. 그러므로 이해의 선구조적 성격에 기초한 피투(被投)된 현존재는 자기 자신을 시간적 구조에서 해석해야 하며 일정한 방식으로 삶을 살아야 하고 미래를 기투(企投)하면서 과거의 의미를 규정해 나아가야 한다는 것이다. 그래서 하이데거는 현존재의 자기 이해를 '내던져진 기투'라고 보았다.[16]

이렇게 하이데거의 '세계-내-존재'의 해석학적 전환을 따르는 가다머는 하이데거의 이해의 선구조적 성격과 내던져진 기투라는 개념으로부터 '지평'의 개념을 발전시킨다. 가다머는 인간이란 누구나 자신의 지평을 갖고 있으며, 지평이라는 공통성을 지닌다는 것은 이미 주관적인 것이 아니고 그 지평에 참여한다는 것은 또한 객관적인 것도 아니라고 주장한다. 이와 같이 가다머는 우리의 지평이 주관과 객관을 포함하는 것을 '지평들의 융합'(the fusion of the horizons)으로 설명한다. 즉 지평들의 융합이란 역사적으로 제약된 우리의 관심사를 이해의 대상과 통합시키는 것이다. 그래서 가다

선구조는 3중적인 요소가 있다. 즉 '무엇을 무엇으로서 해석하는 일에는' 본질적으로 선취, 선입견, 선파악이 있다는 것이다. *Ibid.*, 82 참조하라.

16 *Ibid.*, 39-40.

머가 성공적인 해석학적 이해를 대화의 합의와 동일시하는 것은 과거와 현재, 낯섦과 친숙한 것 간의 융합을 의미한다.17

또한 가다머는 각각의 지평은 융합이 일어날 때 진정한 이해가 있는 것이고 그러한 이해의 과정에서 자기를 해석해 나갈 때 그것이 실천적 이해라고 본다. 이러한 맥락에서 가다머의 해석학적 이해는 실재에 대한 과학적 이해가 아니라, 인간의 삶과 가능성에 대한 실천적 이해이다.18

지금까지 해석학의 역사 속에서 가다머의 이해 개념이 어떻게 영향을 받았는지를 살펴보았다. 정리해보면 가다머는 헤겔의 역사의 경험 및 변증법적 부정성과 역동성의 입장을 취해서 이해의 역사성을 강조하고 영향적 역사의 작용을 주장하면서 경험의 부정성, 개방성, 관계성 그리고 언어성의 특징을 지니는 해석학적 경험을 발전시킨다. 마지막으로 가다머는 하이데거의 '세계-내-존재'라는 이해 구조에 토대를 두고 지속적인 자기 해석의 과정을 강조하면서 그러한 이해 구조가 곧 해석학적 '이해'임을 주장한다.

3) 가다머의 철학적 해석학의 교육적 의의

가다머의 철학적 해석학은 종래의 해석학과는 달리 '이해'의 역사성을 강조함으로써 해석학의 역사에 전환점을 제공한다. 가다머는

---

17 *Ibid.*, 90-91.
18 *Ibid.*, 94-95.

헤겔의 '영향적 역사'의 개념을 수용함으로써 우리가 이미 역사의 경험에 참여할 뿐 아니라 영향을 받고 있다는 '영향적 역사'(effective-history)의 개념으로 발전시킨다. 또한 그는 헤겔의 부정성(negativity)과 내적 자기반성의 역동성을 변증법적 방법론으로 취한다. 가다머는 진정한 의미의 경험이란 언제나 개방되어 있는 미완성의 변증법의 과정이다.

필자는 가다머의 '이해' 개념의 대화적 성격을 통하여 교육적 의의를 발견하고자 한다. 가다머는 대화를 다음과 같이 설명한다. 대화란 두 사람 사이의 이해에 이르는 과정이다. 그러므로 모든 진정한 대화의 특성이란 각자가 자신을 타자에게 열어놓는 것이다.[19]

가다머는 이해 개념을 자연과학적인 방법론인 '경험'과는 다른 '해석학적 경험'이라고 주장한다. 따라서 교육과 관련하여 볼 때, 해석학적 경험에 근거한 가다머의 '이해'란 교사가 학생에 비하여 더 많은 정보를 안다거나 학생이 많은 지식을 획득했다는 의미가 아니며, 오히려 교사와 학생 서로가 각자의 상이한 삶의 경험과 인식의 차이를 인정하고 수용할 수 있는 태도이다. 해석학적 경험인 부정성, 개방성, 관계성, 언어성은 '나-너(그대)'(I-Thou)의 관계성의 구조 속에서 설명된다. 그는 너를 살아있는 인격체로 보고 너의 주장을 경청하고 나의 경험을 성찰함으로써 더 나은 이해를 할 수 있는 관계의 유형을 강조한다. 이러한 구조 속에서 지평의 융합이 일어나며 이것은 개방적인 관계이다. 대화의 성격을 지니고 있는 가다머의 '해석학적 이해'에 근

---

19 Gadamer, *op. cit.*, 385.

거한 '대화 모형'은 언어성, 관계성과 서사/이야기들을 통한 그리스도인의 자아정체성의 형성에 도전을 준다.

2. 가다머의 해석학적 경험의 의미로 본 '이해' 개념

이상의 해석학의 역사적 배경을 살펴볼 때, 비록 학자들은 다양하지만 그들의 공통된 관심사는 '해석학적 이해'이다. 그러나 해석학적 이해라는 공통된 주제 안에서도 그것은 추체험, 역사적 이해 그리고 '세계-내-존재로서 이해'라는 상이한 개념으로 규정되어 진다. 이 장에서는 한편으로는 공통의 관심사이면서도 다른 한편으로는 상이한 개념으로 나타나는 '해석학적 이해'의 의미를 가다머는 어떻게 탐색하고 있는지를 그의 해석학적 '이해' 개념을 통해서 살펴본다. 가다머는 '이해'가 '해석학적 경험'(hermeneutical experience)이라고 주장하고 '이해'를 방법이 아닌 인간의 존재 방식으로, 인식이 아닌 경험으로 본다. 해석학적 경험은 부정성, 개방성, 관계성, 언어성이라는 성격을 갖는다.

1) 해석학적 경험의 부정성과 개방성

가다머는 우리가 어떤 대상을 경험했다는 것은 경험 전보다 그것을 더 잘 안다는 것을 의미하는 것이 아니라 그것을 그 전과는 다르게 이해한다는 뜻이라고 주장한다.[20] 가다머는 이것을 경험의 창조적 부정성(negativity)이라고 정의한다. 경험이란 우리가 기대하는 바 그대로를 말해주기보다는 그러한 기대들을 재평가하고 부정하는 경향이 있다. 이와 같이 경험의 부정성은 생산적 의미를 갖는다. 그러나 이러한 경험은 우리가 경험한 것과 관련해서 함부로 선택된 대상이 아니라 그것을 통해 얻은 더 나은 지식이어야 한다.[21] 다시 말해서 부정성은 기존의 인식과 가치의 틀이 더 타당한 것에게 패배할 수 있고, 그럴 경우 기존의 것이 다른 것으로 대체될 수도 있다는 가능성을 말한다.[22] 그러한 경험이 많은 사람은 새로운 경험에 대해 또한 개방적인 사람이다. 경험의 변증법은 절대적인 지식의 성취가 아니라 경험 그 자체에 의해 고무된 경험에 대한 개방성이라는 점에서 성취이다.[23] 즉 경험의 개방성(openness)은 다양성을 존중하고 경우에 따라 수용하는 것을 의미한다.[24] 경험의 부정성과 개방성은 가다머가 제시하는 세 번째 대화적 관계 속에서 변증법적 관계성으로 설명된다.

2) 해석학적 경험의 관계성

이제 경험이 부정성과 개방성을 반영하는 '나-너' 구조를 논의하겠

---

20 팔머, *op. cit.*, 322.

21 Gadamer, *op. cit.*, 317.

22 이기범, "세계화, 통일, 지방화를 지향하는 사회변화와 한국교육의 윤리적 과제," 「교육연구」 3(1994), 124-126.

23 Gadamer, *op. cit.*, 319.

24 이기범, *op. cit.*, 125.

다. 가다머는 해석학적 경험의 이해를 '나-너'(I-Thou)의 관계성(relation-ship)의 구조를 통해서 설명한다. 가다머는 '나'와 '너'의 관계에 대해 해석학적 경험 방식을 세 가지 유형으로 설정한다. 첫째 유형은 '너'를 인격이 아닌 사물적인 대상으로 보고 예측 가능한 존재로 파악하려는 태도이다.[25] 이러한 태도는 방법적으로 모든 주관성을 배제하려 하고, '너'를 인간 행동의 규칙성과 전형성에 의존하여 이해하는 것이다.

둘째 유형은 '너'를 인격체로 다루기는 하지만 '너'를 있는 그대로 보지 않고 '나'의 관점에서만 '너'를 인정하려는 태도이다. 이러한 태도에서 '너'는 한 인격으로 인식된다. 그러나 '너'의 경험을 인격적으로 인정하지만 이것은 여전히 자기 안에서만 이해하려는 형태이다. 즉 자신의 이해를 상대에게 강요하는 관계이다. 이러한 너와 나의 관계에서 '나'는 오직 타인을 예견하고 그 예견에서 어긋남을 저지하는 것이다. 따라서 나는 다른 사람과의 관계에서 어떠한 반성을 하지만 그 반성은 '나'와 '너'가 함께 참여하고 반성하는 것이 아니다. 가다머는 이러한 유형의 예로, 교육이 복지사업의 권위적 형태 속에서 나타난다고 명시한다.

셋째 유형은 '너'를 살아있는 인격체로 보고 '너'의 주장을 경청하고 '나'의 경험을 성찰함으로써 더 나은 이해를 할 수 있는 관계이다. 해석학적 경험의 세 번째 유형은 대화적 성격을 지녔으며 물음과 답변의 구조를 지닌다. 해석자 자신은 텍스트가 말하는 바를 경청하고 자신의 입장을 수정하는 개방적 관계에 참여해야 한다. 가다머는 이러한

---

25 Gadamer, *op. cit.*, 322.

개방성을 가장 합당한 태도로 여긴다. 그런데 가다머의 개방성에는 텍스트의 말에 귀 기울이는 것과 마찬가지로 텍스트에 대해 묻는 계기도 포함된다. 전통의 이해란 말은 질문의 개방성 속에서 질문의 재구성이 이루어질 것을 항상 요구한다.[26]

다시 말해서 텍스트가 고정되거나 닫혀있는 것이 아니라 해석자의 지평에서 함께 움직이고 변화하는 것이다. 이러한 움직임과 변화 속에서 지평 융합이 일어나고 이 일어남은 언제나 개방적인 관계인 것이다. 가다머는 이 세 가지 유형의 관계성 중에서 세 번째 유형인 대화적 성격의 관계성을 해석학적 경험에 적용시킨다. 이러한 해석학적 경험의 관계성은 언어의 맥락 속에서 이루어진다.

3) 해석학적 경험의 언어성

가다머는 두 가지 입장의 언어(language)적 특성을 다음과 같이 설명하고, 그중에서 해석학적 경험의 언어적 특성을 강조한다. 첫째로 모든 담화는 공통의 언어를 전제하거나 공통의 언어를 창조하기 때문에 담화의 언어적 본성은 해석학적 요소의 기초가 된다.[27] 따라서 언어는 인간의 세계 경험을 가능하게 하는 '보편적 매개'이다. 인간은 언어로써 세계를 소유한다는 것이며 세계를 소유한다는 것은 세계관을 담고 있는 언어를 사용함으로써 세계에 대한 일정한 태도를 가질

---

26 *Ibid.*, 337.
27 *Ibid.*, 341.

수 있다는 것을 의미한다. 이와 같은 언어 이해는 텍스트의 의미를 이해하는 것과 함께 고찰될 수 있다. 즉 텍스트의 의미를 이해한다는 것은 원저자가 상정하고 있는 언어적 관례를 재구성하는 것만으로 끝나지 않고 공통의 언어를 세우고 이리하여 텍스트의 '진리'에 대한 이해에 도달한다는 것을 포함한다. 가다머에 의하면, 한 사람의 언어는 다른 세계에 대한 개방성을 담고 있다.

둘째, 가다머는 또 다른 언어적 특성을 실증주의적 언어라고 이해한다. 즉 가다머는 언어를 도구나 기호로 간주하여 '객관성'을 확보하려는 보편적인 '대상언어'의 개념으로 보고, 이러한 언어의 개념을 거부한다.[28] 가다머는 이러한 언어적 특성을 실증주의적 언어 이해로 보고, 실증주의적 언어 이해란 해석학적 상황에서 행위나 행위의 규범 의미를 부여해주는 언어 놀이를 제외시킨다고 보았다.

이와 같이 두 번째의 언어적 특성인 보편적 대상언어는 첫 번째 언어적 특성인 보편적 매개로서 언어 이해와는 구분된다. 보편적 매개로서 언어는 사건이나 그 의미를 보편적 경험으로 이해하는 것은 불가능하며, 적어도 부분적으로나마 그것이 속해 있는 언어 놀이에 의해 이해해야 하는 것을 의미한다.[29]

요약하면 가다머는 언어란 실증주의자들의 주장처럼 보편적인 대상언어만을 의미하는 것이 아니라 보편적 매개라고 주장한다. 즉, 가다머는 언어란 사물이나 개념을 가리키는 기호가 아니라고 주장하고

28 Warnke, *op. cit.*, 69; 109-110.
29 *Ibid.*, 81-82.

언어는 삶의 형식에 뿌리박고 사회 내에서 이루어지는 통제의 실제 및 형식 간의 관계들에 얽혀 있다고 본다.[30] 정리해보면 해석학적 경험이란 내 자신의 입장이나 인식의 틀을 기꺼이 포기할 준비가 되어있는 부정성, 서로 다르게 이해하고 있음을 수용하는 개방성, 상호 대화적 관계성, 보편적 매개로서 언어성을 의미한다.

3. 기독교교육의 해석학적 대화 모형

가다머의 해석학적 이해 개념은 교육에 대한 의미를 재정립하는 데 기여한다. 이 장은 해석학적 대화 모형의 기독교교육적인 의의와 그것의 한계를 살펴보고, 해석학적 이해와 자아의 서사적 통일성의 관련성을 제시하겠다.

1) 해석학적 '대화 모형'의 교육적 의의

필자는 가다머의 해석학적 경험의 관계성의 유형 중 세 번째의 대화적 관계유형을 기독교교육적 대화 모형으로 발전시켰다. 가다머의 이해 개념을 교육 현장에서 조명하기 전에 살펴보아야 할 것은 가다머가 중요하게 다룬 해석학적 경험에서의 부정성과 개방성 그리고 관계성과 언어성이다. 이러한 해석학적 경험의 특성은 교육적 경험

---

30 *Ibid.*, 172-173.

속에서도 혼재되어 사용되기도 한다. 관계성의 유형 중에 두 번째 권위적 관계와 세 번째 대화적 관계유형 그리고 보편적 매개로서 언어적 특성과 보편적 대상으로서 언어적 특성은 해석학적 경험이 왜 또는 어떻게 교육적 경험과 구분되거나 구분되어야만 하는지를 설명할 수 있다. 일반적으로 교육적 경험으로서 '이해'란 가다머가 지적한 두 번째 권위적 관계성의 모형과 보편적 대상언어의 특성으로만 파악되어졌다. 즉 우리는 학습자가 교사에게 얼마나 많은 지식을 전수 받았고, 얼마만큼 알고 있는가의 정도와 객관적으로 점검할 수 있는 기호화된 언어(예: 과제, 점수)를 표현할 줄 아는 정도에 따라 그 학습자의 '이해'를 평가했다. 물론 일반적으로 교육적 경험이 이러한 권위적 관계성과 보편적 대상언어의 특성을 기본적으로 갖고 있지만 가다머는 이러한 수준으로만 '이해'를 설명하기를 거부한다. 오히려 가다머는 진정한 경험과 이해를 해석학적 경험의 세 번째 대화적 관계성의 모형과 보편적 매개로서 언어성에서 찾으려 한다. 그러므로 가다머의 세 번째 대화적 관계의 유형에서, 교사와 학생의 이상적 '반성적 관계'의 모형을 발견할 수 있다. 이러한 세 번째 대화적 유형의 관계성은 지식의 전달 관계와는 다른 것이다. 지식 전달을 위해서는 두 번째 권위적 관계유형이 필요조건일 수 있지만 자기 성찰과 고양을 위해서는 세 번째 대화적 관계유형이 필요조건일 뿐 아니라 충분조건이다. 따라서 진정한 자기성찰은 서로의 지평을 인정하고 개방하고 부정하면서 함께 끊임없이 참여하는 반성인 것이다.

교사와 학습자, 성직자와 성도, 성도와 성도의 구도 속에서 볼 때,

해석학적 경험의 관계성의 유형들 중에서 세 번째 유형인 '대화적 관계유형'이 바람직하다. 그러나 현재 지역 교회들에서 주로 시행되는 다양한 교회교육 커리큘럼이나 프로그램들이 과연 '대화적 관계유형'을 수용할 수 있는지에 대한 의문이 제기될 수 있다.

예를 들면 제자훈련 프로그램은 단계별로 점진적 훈련을 교육과정의 내용으로 삼고 있다. 제자훈련 프로그램은 개방성보다는 엄격성을, 관계성의 상호소통보다는 일방적 관계를 지지하고 있다. 다시 말해서 제자훈련 프로그램은 해석학적 경험의 관계성의 두 번째 형태로써 '너'를 한 인격으로 대하지만 여전히 자기 안에서 이해하는 형태이고, 자신의 이해를 상대에게 강요하는 관계이다.

> … 제자를 만들라고 명령하신 분은 전 우주의 권세를 가지신 예수 그리스도시다. … 누가 제자훈련을 시킬 수 있는가? 먼저 자신이 제자로 만들어진 사람이어야 한다. 왜냐하면 예수님 자신이 3년 동안 훈련을 시킨 제자들에게 그 일을 부탁하셨기 때문이다.[31]

유의사항[32]
1. 지도자를 사랑하고 신뢰하며 그를 위해 열심히 기도해 주어야 한다. 그렇지 않으면 자신에게 별 유익이 없을 것이다.

---

31 옥한흠, 『평신도를 깨운다. 제자훈련 I:제자훈련의 터다지기』(서울: 국제제자훈련원, 2008), 5-9.

32 *Ibid.*, 9.

2. 결석을 하거나 중도에 하차하지 않도록 각별히 노력해야 한다.

3. 교재 예습을 반드시 해야 한다….

4. 우리의 지·정·의가 모두 집중되는 훈련이라야 거기에 성령의 놀라운
   개입을 체험할 수 있게 된다.

제자훈련 프로그램은 가다머의 관계성의 유형 중에 두 번째 관계
인 '권위적 관계'에 적합한 듯 보인다. 또한 제자훈련 프로그램의 '유의
사항'에서 볼 수 있듯이 교육과정을 통해서 성령의 개입을 체험하기를
제안할 경우, 성령의 개입과 지·정·의가 집중되는 훈련이라는 판별을
누가 할 것이냐가 문제로 남는다. 성령의 체험은 개별적인 것임에도
불구하고, 객관적이고 중립적인 척도가 요구된다면 이러한 프로그램
은 대화적이고 해석학적인 기독교교육의 접근 방법이 될 수가 없다.

물론 학생에 대한 교사의 전 이해와 서로 간에 인식의 지평의 차이
가 '교육적 경험'의 출발점이 될 수 있지만, 그것만으로는 교육적 경험
을 충분히 설명할 수 없다. 교육적 경험은 도야와 자기성찰이라는 해
석학적 경험을 수반해야 한다. 즉 진정한 교육적 경험이 되기 위해서
는 교사와 학습자가 상호 간에 인식의 지평의 차이를 인정하는 동시에
끊임없이 자기성찰의 과정에 참여해야 한다. 가다머는 교육받은 사람
또는 도야된 사람은 개인의 이해와 관심의 좁은 테두리를 벗어나서
보다 넓은 세계와 과거에 대해 관심을 갖는 사람이다. 즉 자신을 특수
성으로부터 보편성으로 고양시켜 보편적인 관점을 지닌 사람이다.
또한 이러한 도야는 끊임없는 자기 성찰의 과정이며 완성점을 갖지

않는다. 성경에서도 완성점이 아닌 열려진 도야의 과정을 제시한다.[33]

2) 해석학적 이해와 자아의 서사적 통일성

가다머는 '앎' 또는 '지식'(knowledge)이란 기술적이고 도구적인 것이 아니라, 실천이며 그 실천은 공동체의 연대성 안에서 이루어지는 것이고 또한 그것은 자기 정체성을 형성하는 길이라고 제시한다. 따라서 해석학적 경험의 특성을 지닌 '이해'란 자아의 서사적 통일성을 이룰 수 있는 토양이 된다.

가다머의 해석학적 이해 개념은 '지평들의 융합'(the fusion of horizons)을 포함하며 과거와 현재, 낯섦과 친숙한 것 간의 융합을 의미하며, 그러한 이해의 과정에서 자기를 해석해 나갈 때 그것이 '실천적 이해'라고 본다.

교회교육 커리큘럼이나 프로그램들이 때로는 공공성, 전문성과 대중성을 갖춘 대중매체의 거대한 힘에 의해 공공의 교재로 표명되기도 한다.[34] 공공의 의견이 독단적으로 조작적으로 형성될 위험성이 있는 대중성은 교회교육 안에서 다른 사람들의 이야기들을 통해서 자기 자신을 해석해나가는 과정을 배제하고 결국은 자기 정체성의

---

33 에베소서 4:13; 고린도전서 13:11; 히브리서 5:13-14.

34 예를 들면 『목적이 이끄는 교회』(새들백교회 이야기), 『목적이 이끄는 삶』 혹은 『야베스의 기도』 등 대형출판사와 소위 대형 교회에서 사용하는 교재나 프로그램들이 개교회의 특성이나 필요성에 대한 점검 없이 지역 교회들에게도 파급되었다. 일종의 트렌드(trend) 혹은 이벤트(event)형 교육 자료로 제공되기도 한다.

위기를 초래할 수 있다.

가다머가 말하는 '해석학적 이해'란 자아의 '서사적 통일성'과 관련한 기독교교육적 접근이 되어야 한다. 교회교육의 구성원들의 '자기정체성'은 대중성과 공중성에 의해 형성된다기보다 오히려 지역성, 특수성 그리고 자기-서사적 이야기들의 담론을 통하여 자아의 서사적 통일성을 성취한다고 볼 수 있다.

서사[35]는 자신의 이야기를 포함하기도 하지만, 근본적으로 남의 이야기다. 남의 이야기를 하는 까닭은 그런 이야기를 통해서 내 삶의 의미를 발견하고, 삶의 가치를 성찰할 수 있기 때문이다.[36] 현실과의 관계에서 욕망을 이루지 못할 때 서사는 그러한 실패에 작용한 원인이 무엇인지 찾아내거나 사건의 결과를 자신의 욕망에 부합하는 형태로 전환한다. 김혜영은 "이야기가 이야기를 요구하는 자의 결핍을 보상할 수 있는 수단이 되는 것은 이야기가 결핍과 생명을 매개하기 때문이다"[37]라고 주장한다.

다시 말해서 서사는 현실의 실패를 보상하는 작용을 하기 때문에 서사를 통해서 현실에 대한 좌절을 극복할 수 있다. 예를 들어 이솝의 우화 "여우와 신 포도" 이야기에서 포도를 먹기 위해서 여우는 온갖 방법을 동원하지만 포도는 끝내 여우의 손에 닿지 않는다. 포도를 먹고 싶은 욕망과 포도를 손에 넣지 못하는 현실 사이의

---

35 이 글에서 서사란 거대 담론, 자기-서사적 이야기들, 소외된 담론, 스토리텔링(storytelling)과 남의 이야기까지를 포함한다.

36 우한용, "서사의 위상과 서사교육의 지향," 『서사교육론』 (서울: 동아시아, 2001), 31.

37 김혜영, "서사의 본질," 『서사교육론』 (서울: 동아시아, 2001), 123.

괴리를 극복하기 위해 여우가 생산해 내는 이야기는 "저 포도는 분명히 신포도일 거야"이다. 달리 말하면 여우는 자기 욕망의 지향성이 훼손되지 않도록 하려고 현실을 허구적으로 재조정한다.[38]

서사적 자아는 해석학적 이해—개방성, 관계성, 언어성 등—를 통해 현실의 삶을 대응하기 위해 서사를 생산하며 인식을 조정하기도 한다. 이런 행위는 하루를 성찰하는 일기와 같은 글쓰기에서 생산적이 될 수 있다.

기독교교육의 관점에서 볼 때 '성경 일독 쓰기' 혹은 경건의 시간(Quiet Time)을 통해 말씀을 읽고 묵상하고 적용하며 쓰는 과정을 통하여 주체는 해석적 과정을 거치고 현실을 극복하는 주체가 될 수 있다. 거대서사인 성경은 '자기-서사'들을 지니고 있는 패배한 주체에게 결핍과 생명을 매개해주고 생산적인 서사를 생산해 준다.

한편 현실의 좌절을 극복하기 위해 서사를 구성해 내는 경우와는 달리 이야기하기 자체를 통해서 현실의 억압을 벗어나는 경우도 있다.[39] 예를 들면 정신분석학에서 환자에게 자신의 이야기를 하게 함으로써 억압으로부터 벗어나게 하는 것이다. 이야기하는 행위가 기억 현실에 대응하여 현실에서의 실패를 보상하는 작용을 하는 것이다. 이러한 의미에서 볼 때, 교회교육에서 자기-서사적 이야기들을 들어줄 수 있는 창구가 필요하다. 예를 들어 아버지학교, 주부교실, 결혼예

---

38 *Ibid.*, 126. 이솝우화 "여우와 신포도"는 다양한 텍스트로 사용된다. 정신분석학에서는 여우의 행동을 '방어기제' 중 '합리화'에 속하는 행위로 이해한다.

39 *Ibid.*, 127.

비학교, 어머니학교 등이 교회 공동체 구성원들의 이야기를 들어주고 현실의 실패를 드러내고 스스로 재구성해나갈 수 있는 '이야기 행위'의 장(場)이 되어 주어야 한다.

서사/이야기는 우리의 도덕적 실천과 정체성 형성에 크게 기여한다. 우리 개인들의 이야기들은 경험의 서사적 구조로부터 시작하며 동시에 그것을 재구성할 수 있다. 우리는 서사적 맥락에 의존된 존재이지만 다른 한편, 우리는 상상적인 서사적 존재이기 때문에 새로운 방식으로 삶을 재구성할 수 있다.[40]

푸코(M. Foucault)가 자아의 윤리라는 개념을 메타서사[41]에 의존해서 정당화하기를 거부한다는 점에는 포스트모던 이론가들과 유사하지만, 푸코의 독특성은 근대적 진리 개념을 부정하면서도 동시에 '진리' 개념을 사용한다는 점이다.[42] 푸코가 후기에 사용하는 '진리'는 자유롭게 말할 수 있는 권력, 지배자의 행위에 문제를 제기하고 도전할 권력을 사용할 수 있는 개인들이 추구해야 할 대안 혹은 비-공식적 (non-official) 지식이다. 그의 '진리' 개념은 '자유로운 언론'(parhesia)[43]

---

40 마크 존슨/노양진 옮김, 『도덕적 상상력: 체험주의 윤리학의 새로운 도전』(서울: 서광사, 2008), 333.

41 이 글에서 메타서사란 거대 담론(grand theory/narratives)과 동일한 의미로 사용된다. 또한 의심 없이 받아들여 온 무 역사성으로서 근대적 개념 또는 '진리'라고 간주 되어온 개념을 의미한다.

42 로이스 맥네이/황정미 편역, "푸코와 포스트모던 -페미니즘 논쟁," 『미셸 푸코, 섹슈얼리티, 정치와 페미니즘』(서울: 새물결, 1995), 87-95.

43 Ibid., 87. 파르헤지아는 '자유언론'(free speech)을 의미하는 데, 이때의 언론은 제도화된 언론을 가르키는 것이 아니다. 푸코는 억압받는 주변적 집단들도 누구나가 자신의 입장에서 자유롭게 말할 수 있는 넓은 의미의 정치적 실천의 차원, 근원적인 의미에서 '자유롭게

혹은 '대항 기억'(counter-memory)이라는 개념과 같은 맥락에서 이해될 수 있다. 예를 들면 여성들은 그들 스스로 이야기들을 공론화시킬 수 있다. 성경의 여성들 중에서도 기생 라합,[44] 에스더,[45] 나오미와 룻,[46] 옥합을 깨뜨린 마리아[47] 등의 이야기들은 늘 주변의 이야기였다. 이방 인이고 소외되었던 그들을 통하여 말씀하고자 하셨던 하나님 말씀의 은유를 드러내고, 그 이야기를 통하여 기독교 공동체의 연대감, 자아 정체성의 형성과 인식을 조정하여 현실을 재구성할 수 있어야 한다.

거대 담론인 성경의 이야기와 주체들의 자기–서사적인 이야기들이 기독교교육의 해석학적 접근을 통하여 조명되어야 한다. 해석학적 이해와 실천은 하나님 아버지의 거대 담론이 우리 인간의 개별적인 서사적 이야기들과 만나게 되고, 기독교의 전통과 우리의 개별적 전통이 조우하게 되는 것을 함의한다.

3) 해석학적 대화 모형을 넘어서

1970년대 이후 한국교회는 교회의 양적 성장에 몰두하기 위해서 선교, 전도, 교회 부흥은 강조했지만, 교육, 봉사, 가정 사역은 목회의 부가사항이나 목회의 관심에서 제외된 실정이다.[48] 그러나 한국교회

말하기'를 강조하는 것이다.

44 마태복음 1:5; 야고보서 2:25; 여호수아 2장; 여호수아 6:25.

45 에스더.

46 룻기.

47 마가복음 14:1-10; 누가복음 7:36-50.

는 1990년대부터 교육을 통한 교회의 내적 성숙과 질적 성장 없이 이루어지는 교회 성장에는 한계가 있음을 깨닫기 시작했다. 교회의 리더들은 목회와 교육은 상호보완적이고 협력관계임을 인식해야 한다.

이러한 교회교육의 현실 속에서 가다머의 해석학적 이해 개념은 교육에 대한 새로운 통찰력을 제공한다. 교육이란 학생에게 얼마나 많은 지식을 전수하느냐의 문제가 아니라 해석학적 경험을 통한 해석학적 이해에 도달함을 의미한다. 해석학적 이해는 서로 다른 지평들의 융합, 차이의 인정, '나와 그대'(I-Thou)라는 인격적인 관계성의 형성을 의미한다. 또한 교회 공동체의 주체들은 해석학적 이해를 통하여 자아의 서사적 통일성을 지향하게 되고, 현실의 어려움들을 거대서사인 성경과 자기-서사적 이야기들을 담론화하고 서사를 생산하거나 재구성하면서 자기 정체성을 형성해 나갈 수 있다.

그러나 비판적 관점에서 볼 때, 가다머의 대화적 유형의 관계성은 대화 과정에 잠재적 권력의 작용 등에 대한 비판적 영역이 결여되었다. 또한 여전히 우월한 전통으로써의 '이성'의 전통에 기초하는 '나-너'의 대화 모형은 내가 주체, 기득권자, 거대 담론, 대문자와 된 지식으로 환원되어 그대(Thou)와의 의사소통이 체계적으로 왜곡되어지는 위험성이 내포되어 있음을 인식해야 한다.

정리하면 교회 공동체 주체들의 자기 정체성은 권위적 관계 또는 기존의 교육적 이해 속에서는 형성되기 어려우며 교회 공동체를 포함

---

48 이규민, "포스트모던 시대의 기독교교육," 『기독교교육 과정론』(서울: 한국장로교출판사, 2003), 155.

하여 가족 공동체, 학교 공동체 더 나아가서는 사회 공동체 속에서 직면하는 다양한 삶에 대한 참여로서 과정인 것이다. 여기서의 참여란 개방성과 부정성을 갖고 끊임없이 자기성찰의 이해 구조를 함양하는 것이다. 따라서 자기 형성 또는 자기 정체성의 형성은 참여의 자기 성찰을 통해서 이루어지는 것이다. 즉, 자기 정체성은 교육적 이해가 해석학적 이해를 수용하여 공동체의 연대감을 이루는 과정에서 형성된다고 볼 수 있다.

맺는말

이 글은 가다머의 '해석학적 이해'와 그의 해석학적 경험과 전통, 공동체, 지평의 맥락에서 설명했다. 또한 진정한 이해란 부정성, 개방성, 관계성 그리고 언어성의 특징을 지니는 해석학적 경험을 통해서 이루어진다고 보았다. 가다머의 이해 개념은 해석학적 경험 속에서 발전된 개념이다. 또한 이 글은 우리의 교육 현장에서 중요한 주제로 거론되는 '이해'라는 요소가 교육적 경험뿐 아니라 해석학적 경험 속에서 실현되는 것이며, 실용적 지식뿐 아니라 인륜적 지식으로 실현된다는 점을 강조하였다. 따라서 가다머의 '이해' 개념은 이해를 방법론으로만 생각하고 적용하려고 했던 기독교교육 현실에 다음과 같은 새로운 관점을 제공했다.

첫째, 교육적 경험으로서 우선시 되었던 권위적 관계유형과 보편적 대상으로써의 언어성만으로는 교육적 경험의 한계를 드러낼 뿐 교육적 의의를 더이상 진전시킬 수 없다. 그러므로 교육적 경험은 해석학적 경험을 요청한다. 달리 말하면 '이해'란 교사와 학습자가 교육적 경험뿐 아니라 해석학적 경험인 대화적 관계와 보편적 매개로서 언어성을 중시하고 개방성과 부정성을 통해 반성적 참여를 할 때야 비로소 이루어지는 것이다.

둘째, 비록 가다머가 완전하고 획일된 인간상을 구현하지는 않지만 인간의 도덕적 기반의 회복을 위해서 규범적 방향성을 제시한다. 그러나 규범적 방향성 또는 규범적 이상이란 가다머가 이미 해석학적 경험을 통해서 설명했듯이 언제든지 기꺼이 대화하고 수용할 수 있고 포기할 수 있는 가능성을 동시에 포함한다. 이러한 가다머의 해석학적 이해 개념은 우리에게 공동체 속에서 연대성을 통한 끊임없는 합의의 태도와 반성적 자기성찰 교육을 요구한다.

셋째, 가다머의 해석학적 경험의 특성인 개방성과 부정성의 의의는 교육이 동일한 내용을 동일한 결과에 터해야 한다는 교육의 결정론적 입장 또는 결과 지향적인 입장에 경종을 울린다. 즉 교육은 자기를 형성해 나가도록 돕는 것이지 마무리되는 인간상을 주형하는 것이 아니다. 그러므로 가다머의 개방성과 부정성은 획일화될 수 있는 결과 지향적인 입장으로부터 상이한 학습자들의 지평을 이해하고 자기를 형성해 나아가는 과정으로서 교육이라는 새로운 관점을 제공한다.

이 글은 계몽주의적 산물로서 '합리성'과 '실용적 지식'이 전통과 맥락을 무시했다고 비판하는 가다머의 주장을 논의의 초점으로 삼고 가다머의 '이해' 개념을 검토해 보았다. 기독교교육은 가다머가 말하는 '해석학적 이해'를 자아의 '서사적 통일성'과 관련하여 해석학적 접근을 시도해야 한다. 교회교육의 구성원들의 '자기 정체성'은 대중성과 공중성에 의해 형성된다기보다 오히려 지역성, 특수성 그리고 자기-서사적 이야기들의 담론을 통하여 자아의 서사적 통일성을 성취한다고 볼 수 있다. 서사/이야기는 우리의 도덕적 실천과 정체성 형성에 크게 기여한다. 우리 개인들의 이야기들은 경험의 서사적 구조로부터 시작하며 동시에 그것을 재구성할 수 있다. 우리는 서사적 맥락에 의존된 존재이지만 다른 한편, 우리는 상상적인 서사적 존재이기 때문에 새로운 방식으로 삶을 재구성할 수 있다.

대화의 성격을 지니고 있는 가다머의 '해석학적 이해'에 근거한 '대화 모형'은 언어성, 관계성과 서사/이야기들을 통해서 그리스도인의 '자기 정체성' 형성에 도움을 줄 것이며, 진정한 이해를 위한 참조점이 될 것이다.

하버마스의 '의사소통적 합리성'을 통한 담론 능력 함양과 기독교교육의 가능성

> 하버마스의 합리적 의사소통 방식을 적용하자면, 의사소통의 한계상황을 극복하기 위해서 상호 이해를 기반으로 한 상호 간의 양(兩)방향적 의사소통을 하고, 문제가 제기되었을 때는 '담론'이라는 과정을 거쳐 상호 이해를 전제로 한 합의점을 도출해낼 때 행위의 변화가 이루어질 수 있다. 하버마스의 의사소통 합리성을 통한 사유 능력을 함양하는 교육은 기독교 학교의 학생들뿐 아니라 한국 교회들에게 큰 도전이 될 것이다.

시작하는 말

오늘날 우리 사회가 자유 민주주의 사상을 사회의 기본이념으로 수용한 이래, 크게는 다양한 정당 활동과 작게는 시민들의 각양의 모임들이 정당성을 확보하고 있다. 그러나 서구의 전통과는 달리 우리

---

* 이 글은 「복음과 교육」 18(2015), 147-170 에 게재된 글을 수정ㆍ보완하였다.

사회의 시민들은 다양한 모임들 속에서 자신들의 목소리를 내고 합의를 이끌어내는 데 아직은 익숙해 있지 않다. 우리가 합의를 이끌어내기까지는 미숙하지만, '합의'가 민주주의의 출발점이고 합의를 이끌어내는 기본적인 토대는 '의사소통'이라는 점에 동의한다. 그러나 일련의 공동체에서 의사소통이 왜곡되지 않고 바람직하게 이루어지는가에 대하여 의구심이 든다.

특히 이 글은 대학 교양수업에서 '조별 과제 프로젝트가 수업에서 민주시민의 자질 즉 합의에 도달하는 합리성을 함양시킬 수 있는가?'라는 문제의식에서 출발하며, M 대학의 기독교 교양수업을 한 실례로 검토한다. 2013년부터 2014년까지 2년간 교수학습 방법론의 일환으로써 학생들의 발표를 참여 관찰한 결과, 학생들의 조별 발표 프로젝트가 민주시민의 합의를 이끌어내는 담론 능력을 함양시킬 수 있는지에 대한 문제를 하버마스(J. Habermas)의 '의사소통적 합리성'의 관점에서 연구한다.

이를 위하여 필자는 하버마스의 의사소통의 합리성을 주장하며 그것을 지지할 수 있는 근거를 제시한다. 이렇게 의사소통적 합리성이 강조되는 것은 그것이 추구하는 바가 '좋은 삶'과 관련되어 있기 때문이다. 인간은 누구나 좋은 삶에 대한 꿈과 이상을 지니고 있다. 물론 무엇이 좋은 삶의 '내용'인가라는 질문과는 별도로, 좋은 삶의 틀을 공유하기 위한 필요조건은 비판이론의 틀이고, 충분조건은 의사소통 행위이론이다. 여기서 비판이론의 틀이란 비판성을 의미하고 의사소통 행위이론이란 합의를 목표로 하여 의사소통적 합리성을 규명해 내는 작업을 의미한다. 따라서 이 글은 하버마스가 주장하는 의사소통적 합리성을 통한 비판적 성찰의 가능성은 무엇이고, 그것은 과연 좋은 삶을 위한 준거점이 될 수 있는지를 검토한다.

첫째, 대학 기독교 교양수업에서의 조별 발표 프로젝트와 관련하여 의사소통의 합리성을 통한 담론 능력의 함양 가능성에 대하여 살펴본다. 둘째, 하버마스의 의사소통의 합리성을 이해하기 위해서 하버마스의 이론적 배경과 의사소통의 의미를 검토한다. 셋째, 교양수업에서 의사소통의 합리성을 통한 담론 능력 함양이 민주시민의 정체성을 형성하는 데 어떤 영향을 주는지, 이러한 담론 능력이 기독교교육의 가능성을 제공할 수 있는지를 살펴본다.

1. 하버마스의 의사소통적 합리성의 이론적 배경

하버마스는 공적 의사소통을 재구성하여 시행함으로써 시민사회의 규범적 토대를 재구성하고 그 자율성을 확보할 수 있다고 주장한다. 하버마스는 시민사회의 의사소통과 공공성의 중요성을 강조한다. 공교육이 시민사회의 성장에 기여할 수 있는 공공성을 고양하고 합의를 이끌어내는 민주적 시민을 양성하는 것에 관여한다고 볼 때, 의사소통적 합리성은 학습자를 능동적이고 자발적인 시민으로 준비시키고 다른 한편, 실제 수업 시간에 참여를 독려해야 한다.

이 장은 행위이론에서 의사소통과 담론의 차이점을 검토하고 의사소통적 합리성이 정당화될 수 있는 근거를 살펴보겠다. 또한 의사소통적 합리성이 담론의 논리성을 통해 정당화되는 절차를 검토하고 그러한 과정이 생활 세계의 합리성을 공고히 할 수 있음을 제시한다.

1) 행위이론: 의사소통과 담론의 구분

하버마스는 의사소통적 합리성을 통해 생활 세계의 영역을 공고히 할 수 있으며 제도의 균형도 이룰 수 있다고 본다. 의사소통적 합리성을 생활 세계의 영역에서 확보할 때만이 경제, 물질, 도구적 체계의 영역 침범을 견제할 수 있다고 본다.

하버마스는 행위이론에서 인간의 행위를 '사회적 행위'와 '비사회적 행위'로 나누고 사회적 행위를 '전략적 행위'와 '의사소통 행위'로 구분한다. 또한 비사회적 행위는 자연을 대상으로 하는 성공 지향적 행위로서 '도구적 행위'이다.

여기서 비사회적 행위와 도구적 행위는 '도구적 합리성'이 지배하는 행위이다. 하버마스의 도구적 합리성(이성)은 의사소통적 합리성과 상치된 개념이다. 하버마스에게 도구적 합리성이란 과학기술적 합리성과 같은 것으로써 자연의 통제와 그 결과로 풍요를 가져온 과학기술에 의한 합리화는 인간의 자유 실현의 기회를 제공하고 사회의 해방을 실현하는 필요조건이다. 그러나 하버마스는 과학기술적 합리성과 같은 도구적 합리성 혹은 목적 합리성의 개념을 합리성 일반의 개념 그 자체로 환원하려는 시도를 거부한다.[1]

한편 사회적 행위란 전략적 행위와 의사소통 행위로 나뉜다. 전자는 도구적 합리성이 지배적인 '체계이론'과 맥을 같이하고 시행하는 것에 기초하는 것이며, 후자는 생활 세계의 합리성을 지닌 '행위이론'으로 볼 수 있는데 그것의 기초는 정당성 요구에 대한 합리성을 제공할 수 있는 가능성이다.

행위이론에서 사회행위를 세분해서 나누면 목적론적, 규범적, 표현적 그리고 의사소통적 행위로 나눌 수 있다.[2] 이러한 구분은 행위자와 세계의 관계 그리고 행위 안에서의 언어의 역할이 이 사분법에 근거한다고 보는 데 있다. 따라서 필자는 이러한 사분법의 차이점을 검토하고 특히 의사소통 행위가 왜 가장 중요한 위치를 차지하는가를 살펴본다.

첫째, 목적론적 행위란 행위자가 효율성을 극대화하려는 목표를 가지고 수단과 목표를 측정, 선택하는 것이다. 행위자가 목표를 달성하는 데 가장 효과적인 수단을 설정할 때, 목적론적 행위는 합리적이라 불린다.

둘째, 규범적 행위란 사회집단의 구성원들이 자신들의 행위를 공통된 가치나 규범으로 정립시킬 때가 규범적 행위의 표본이다. 이 유형에서의 행위자의 주된 목표는 자신들의 행동을 공통된 가치나 규범에 순응시킴으로써 행위에 대한 사회적인 기대를 충족시키는 데 있다. 여기서 규범이란 사회집단 안에서 성립한 합의를 지칭한다.

---

1 J. Habermas, *Knowledge and Human Interests* (Boston: Beacon Press, 1971), 81.
2 Habermas, *Ibid*.

셋째, 표현적 행위란 행위자들이 공중 앞에서, 자신의 주관성을 드러내는 것이다. 표현적 행위의 주된 목표는 자기 표상에 있으며 자기 표상이 진지할 때 그리고 표출된 의도가 진정한 것일 때, 표현적 행위는 합리적인 행위가 된다.

마지막으로 의사소통 행위는 하버마스의 분류에서 가장 중요한 위치를 차지한다. 의사소통 행위는 객관적, 주관적, 사회적 세계라는 세 종류의 세계를 동시에 포괄하며, 상호주관적 의사소통을 위한 성찰적 매체로서 언어에 뿌리박고 있다. 물론 다른 세 가지 행위 유형도 언어 행위에 의해 매개되고 있지만 각각은 수행적 효과의 달성, 상호 관계의 성립, 주관적 경험의 표현이라는 언어 기능의 한 측면만이 부각된다. 반면 의사소통 행위는 언어의 모든 기능을 동등하게 고려한다. 다시 말해서 지금까지 묘사된 세 종류의 행위 유형은 인간의 행동을 그 전체성이라는 맥락에서 포착하지 못하지만, 의사소통적 행위의 대화자들은 세 종류의 세계 개념을 모두 전제하며, 그 공통 전제에 근거하여 상호 이해에 도달하려고 한다.

진리성(truth), 정당성(rightness), 성실성(truthfulness)의 효력 주장은 각기 객관적(inner nature), 사회적(society), 주관적(outer nature) 세계와 조응한다.3 오직 의사소통 행위 안에서만 이 효력 주장들이 모두 검증될 수 있음을 원칙으로 하며, 상호 이해(comprehensibility)에 도달한다는 목표가 다른 행위 유형들에 의해 추구되는 목표들을 압도한다. 의

---

3 T. McCarthy, "Foundation: A Theory of Communication," In *The Critical Theory of Jürgen Habermas* (Cambridge, MA: The MIT Press, 1988), 281, 337.

사소통 행위가 여러 행위 유형 가운데 가장 합리적인 것은 이 때문이다. 다른 행위 유형에서 오직 일면적으로만 사용되는 언어가 의사소통 행위에서는 합리적, 성찰적으로 사용되고 있기 때문이다.[4]

하버마스는 이상과 같이 행위이론 중에서도 의사소통 행위를 가장 중요한 것으로 본다. 또한 하버마스는 의사소통 행위를 다시 두 가지로 구분하게 되는 데 하나는 일상적 '의사소통'이고, 다른 하나는 '담론'(discourse)이다. 일상적 의사소통이란 무비판으로 생활의 규범, 사회적 실천, 신념체계를 받아들이는 사회적 상호작용의 형태를 지칭하는 것이다. 한편, 담론이란 일상생활에서 당연한 것으로 받아들이는 신념체계, 규범, 가치, 이데올로기에 관한 합의들을 명시적인 논쟁을 통해서 타당성 요구를 구체화하는 것으로써 정당성 여부를 검증하는 것을 의미한다.[5]

요약하자면 하버마스의 행위이론은 의사소통 행위이론을 주요 핵심으로 삼고 있다. 또한 의사소통 행위이론의 합리성이란 이상적 담론 또는 이성적 합의라는 '진리 요구의 기준'을 위한 담론의 논리를 요구한다.

2) 담론의 논리: 의사소통적 합리성

의사소통 행위의 최절정의 모형으로 볼 수 있는 담론이란 의사소

---

4 윤평중,『푸코와 하버마스를 넘어서』(서울: 교보문고, 1996), 118-120.
5 R. 로데릭/김문조 옮김,『하버마스의 사회사상』(서울: 탐구당, 1992), 98-100.

통적 합리성을 명시화할 수 있고, 상호주관적으로 검증할 수 있는 의사표시가 용납되어야 한다. 더욱 구체적으로 담론이란 상호 논증적으로 대화하는 형식을 말한다. 담론은 의견들과 규범들이 문제화되는 타당성의 요구를 논증하는 데 중요한 역할을 한다. 즉, 담론은 일상적 의사소통과 구분되어야 하고, 더욱이 형이상학적이고 선험적이기만 한 논리가 이 담론에서는 불가능하며, 오히려 어떠한 담론의 논리가 분명히 있다는 것이다. 이 담론의 논리학이 하버마스에게는 다름 아닌 실용적 논리학이고, 그러한 논리학은 논증의 연관성이 있는 형식적인 특성을 띠고 있다.[6]

이러한 담론을 통해서 최종적으로 도달하게 되는 것이 '합의'이다. 하버마스는 합의를 위한 담론을 이론적 담론과 실천적 담론이라는 두 형식으로 구분한다. 하버마스의 담론 모델은 진술의 참(truth)과 규범의 옳음(rightness)을 위한 조건을 밝히려고 하는 시도이므로 결국 이론적 담론(theoretical discourse)과 실천적 담론(practical discourse)의 논리학이 가능하고, 그러한 논리학은 의사소통의 형식 조건과 구조를 분석하는 일이 된다.

(1) **이론적 담론의 논리성: 진리**(truth)

하버마스의 담론 모델은 참을 위한 조건을 밝히려고 한다. 그는 담론이 행위의 제한성과 정당성을 명시화할 것을 요구한다고 본다.

---

6 백승균, "하버마스의 담론이론과 진리 이념," 『하버마스의 비판적 사회이론』 (서울: 문예출판사, 1996), 104.

즉 이상적 담화에 들어가는 것은 한편으로는 합리적으로 동의에 도달하려는 의지를 제외한 모든 동기의 작용을 배제하는 것이고, 다른 한편으로는 규범의 타당성(rightness)에 대해서 판단을 유보하려는 의지를 요구한다.7 하버마스는 담론이란 우리가 정당성에 관한 합의에 도달하려는 목표를 지니고 더 나은 강요되지 않은 힘에 위탁하는 가상의 의사소통 형식이라고 정의한다. 더 나아가서 이론적 담론의 논리성이란 진리의 요구가 논쟁적으로 검토되고, 거절되고, 수정되고 또는 수용되어질 의사소통의 형식의 조건들과 구조를 분석하는 것이다.8 '진리의 요구'는 '이론적 담론의 논리성'의 형식을 취한다. 즉, '진리의 요구'란 논쟁을 통한 합리적 합의에 도달하려는 가능성의 조건들에 대한 검토이다.

하버마스는 가끔씩 우리가 '진리'에 대한 합의 이론을 두 가지 측면에서 오해한다고 지적하면서, 진리의 합의에 대한 가능성의 폭을 열어놓았다. 첫째 하버마스는 단순히 '진술이 참되다'는 것에 합리적으로 합의하는 것이 진리가 의미하는 바가 아니라고 말한다. 오히려 진리의 의미란 합의에 대한 정당성의 의미를 구성해 나가는 것이고 또한 진리의 안정성은 논쟁적인 이성에 의존한다는 것이다.

진리에 대한 두 번째 오해의 측면은 '진리가 규범적 개념'이라면 참된 합의와 거짓된 합의에 대한 기준은 무엇인가에 대한 의심이다.

---

7 J. Habermas, *Moral Consciousness and Communicative Action* (Cambridge, MA: The MIT Press, 1990), 291; T. McCarthy, *op. cit.*, 291.
8 McCarthy, *op. cit.*, 299.

또한 그러한 기준이 왜곡될 수 있다는 의심이기도 하다. 이것에 대해 하버마스는 합의의 기준의 딜레마를 다음과 같이 지적한다. 만약 거짓된 합의로부터 참된 합의를 구분할 수 있는 기준이 정당성을 요구한다면 우리는 일련의 계열을 따라야 하며, 만약 그러한 기준이 정당성을 요구하지 않는다면 우리는 이미 체계화된 합의의 틀을 벗어난 것이다.9 하버마스는 이러한 딜레마를 벗어날 수 있는 길은 이성적으로 동기화된 합의를 통해서만이 가능하다고 본다. 하버마스는 이것을 구체적으로 더 나은 논쟁을 위한 힘 또는 담론의 형식적 특성이라고 정의한다.10

정리하면 하버마스의 이론적 담론의 공헌은 이성적 논쟁, 더 나은 논쟁을 위한 발생학적이고 맥락적인 힘 그리고 합의에 이르려는 조건이라는 절차적 논리성을 제공한 점이다.

(2) 실천적 담론의 논리성: 규범성/옳음(rightness)

합의란 하버마스에게는 참과 옳음을 위한 하나의 새로운 표준이다. 그러나 합의를 위한 진리성, 정당성, 성실성이라는 준거를 유일한 표준으로 삼게 되면 합의에서 동떨어진 생명 없는 객관성의 한 규범으로 전락하고 만다. 그래서 하버마스는 판단의 표준이란 비로소 발전되어야 할 비판적 척도이어야 한다고 주장하고, 그러한 비판적 척도란 사실상 이론적 논리성이 적용된 합의까지도 문제 삼아 그것이 현실

---

9 위르겐 하버마스/장은주 옮김, 『의사소통의 사회이론』(서울: 관악사, 1995).
10 McCarthy, *op.cit.*, 304.

적 상호소통을 위한 충분한 지표가 될 수 있는가를 재검토하는 '자기 반성'을 의미한다. 실천적 담론에서 관계하는 옳음은 정당성의 책임이 내재하는 규범적 타당성을 요구한다.

합의가 실천적 담론 속에서 이루어질 수 있는 논리적 조건들은 이론적 담론에서 이루어지는 것과는 다르다. 다시 말해서 이론적 담론이 실재의 문제가 '참'인가에 대한 주제라면 실천적 담론은 상호주관적 관계성 속에서 '타당성'의 문제를 주제로 삼는 점이 다르다. 그러나 실천적 담론은 '옳음'의 문제를 해결하기 위해 상호주관적인 탐색을 제외한 모든 동기를 제외시키는 조건을 규정하는 점에서는 이론적 담론의 논리성을 포함한다.[11] 또한 실천적 담론이 합리적 합의에 도달하려는 목적을 위해서 합의된 기초에 대하여 계속적인 상호작용의 방편으로서 비판적 논의를 시도한다는 점에서는 이론적 담론과 공통점을 갖는다.

이성적으로 동기화된 합의가 실천적 담론 속에서 이루어질 수 있다는 것은 인간이 전달하고 싶어 하는 내적 성실성(truthfulness)과 언어의 상호주관성의 관련성 속에서 명확하게 된다. 실천적 담론은 논쟁적인 합리성을 통해서 '진리'와 '옳음'의 해결이 보편적인 의사소통 능력의 실현임을 보여주는 것이다.[12] 실천적 담론의 논리성은 보편화의 원리에서 이루어지는 데 이로써 타당성의 영역에서 보편적 승인을 인정받는 규범들은 논증적 정당성을 위해 용납될 수 있다. 이것은 곧

---

11 위르겐 하버마스, *op. cit.*

12 Habermas, *Moral Consciousness and Communicative Action, op. cit.*

모든 규범이란 그 자체로서는 합의적일 수 없는 것이고, 이러한 보편적 규범을 목적으로 하지 않는 합의는 인식관심을 보편화하는 과정에서 그 정당성을 도출하고자 하는 합의와는 분명히 구별된다.[13] 그러한 보편화의 인식관심의 모델은 지금까지 수용되어 온 조건들과 강제성들을 이데올로기 비판으로 재구성하지 않으면 안 된다. 그러나 그러한 재구성의 장소는 경험과 행위의 억압에서 해방되어 있는 '담론'이라는 것이다. 그래서 하버마스는 '이데올로기 비판적 사회이론은 한 사회의 제도적 체제를 구성하는 규범적 힘에 일치한다'라고 주장한다. 제도적 체제라는 면에서 규범의 정당성은 양면성을 띤다. 즉, 규범의 정당성은 한편으로는 일상 세계의 제도화에 근거를 두지만, 다른 한편으로는 담론을 통해서 제도를 비판 및 재구성할 수 있다. 하버마스는 이상과 같이 해석학적 틀을 수용하면서 그것의 한계를 극복할 수 있는 대안으로 담론의 논리성을 통한 비판적 성찰이라는 가능성을 제시한다.[14]

정리하자면 하버마스는 논의의 유형을 전형적으로 두 종류로 나눈다. 그것은 '이론적 담론'과 '실천적 담론'이다. 이들은 전자가 목적론적 행동의 효율성이나 명제의 진리성 주장을 정당화하는 형식이고, 후자가 행동규범을 검증하는 논의의 영역이라는 점에서 서로 구별된다. 그렇지만 이론적 담론과 실천적 담론은 모두 합리적으로 동기화된 합의의 실현을 추구하는 점에서 공통된다.[15] 이러한 담론에서 지배

---

13 백승균, *op. cit.*, 109.

14 백승균, *op. cit.*, 109.

적인 신념체계, 이데올로기, 규범, 가치 등 모든 것을 자유롭게 주제화하고 비판적으로 논의할 수 있다. 하버마스는 행위이론에서 이론적 담론과 실천적 담론의 논리성이 왜곡된 의사소통으로부터 인간의 해방을 가능하게 하는 요인으로 보고 그러한 논의의 절차를 통해서 우리는 한편으로는 비판적 성찰과 다른 한편으로는 규범성에 토대하여 체제, 제도 그리고 도구적 합리성에 의해 왜곡되지 않은 '좋은 삶'을 지향할 수 있다는 것이다.

2. 대학교 기독교 교양수업의 의사소통적 합리성을 통한 담론 능력 함양의 가능성

이홍균[16]은 하버마스의 다양한 저작과 이론들은 '의사소통 이론으로서 패러다임의 전환'이라고 규정할 수 있다고 제시한다. 현대 사회의 가장 큰 문제가 의사소통의 단절이다. 하버마스가 제시하는 의사소통의 방식은 타당한 주장의 보편적 기준인 진실성, 올바름, 포괄성 가지고, 이상적 담화의 보편적 상황인 보편성, 호혜성, 전도성을 추구하는 것을 주장하는 의사소통 방식이다. 이 글은 M대학교 기독교 교양수업 교과목을 수강하는 학생들의 주제발표를 통해서 담론의 과정

---

15 김재현, 『하버마스의 사상: 주요 주제와 쟁점들』 (서울: 나남, 1996).
16 이홍균, "하버마스의 이론적 전략: 의사소통이론으로의 패러다임 전환에 대하여," 「사회비평」 15(1996), 72-73.

을 거쳐 합의를 도출해나가는 가능성을 살펴본다.

1) 대학교 기독교 교양수업 교과목의 특성

이 연구는 의사소통적 합리성의 담론 능력을 함양할 수 있는 가능성을 M 대학교의 기독교 교양과목을 수강하는 학생들의 조별 발표 프로젝트를 탐색하는 데서 출발한다. 2013년부터 2014년까지 2년간 교수학습 방법론의 일환으로써 학생들의 발표를 참여 및 관찰한 결과 학생들의 조별 발표 프로젝트가 민주시민의 합의를 이끌어내는 합리성을 함양시킬 수 있는지에 대한 문제를 하버마스의 '의사소통적 합리성'의 관점에서 연구한다.

학생들은 한 학기 16주 동안 10번을 열 개의 조가 조별 발표 프로젝트에 참여하게 된다.

순서	강의 주제	조별 발표
1	대중문화와 지배 이데올로기	'행복'에 대한 프로젝트
2	권력과 통제	'권력'에 대한 프로젝트
3	자본주의와 신계층 출현	드라마 〈상속자들〉 프로젝트
4	상처와 치유	〈힐링〉에 대한 프로젝트
5	죽음과 대중문화	영화 〈시〉 프로젝트
6*	정의란 무엇인가?	드라마 〈펀치〉
7	기독교문화와 문학	애니메이션 〈강아지똥〉
8	신앙과 문화 간의 아노미 현상	영화 〈미션〉
9	욕망의 주체	영화 〈시간〉
10	죽음을 넘어선 비전	애니메이션 〈토이스토리 3〉

강의 첫 시간에 조장이 되길 원하는 학생들에게 책임과 가산점에 대하여 설명해주고 조장이 되길 원하는 학생들은 자신의 의사를 밝히게 한다. 학생들 각자가 조원이 되고 싶어 하는 학생들은 자원해서 이름을 써서 교수에게 제출하고, 그중에 조장이 되기 원한다고 표시한 학생들 10명을 선정해서 최종 확인하여 결정한다.

조별 발표 주제는 10명의 조장이 제비뽑기식의 방식이나 가위바위보를 해서 선순위가 된 조장은 조원들과 상의하여 선착순으로 조별 발표 프로젝트를 선택한다. 이 연구는 조별 발표 팀 중 6번째 "펀치"팀의 보고서 사례를 토대로 한다. 이 조별 발표 사례 분석의 취지는 조원들 간의 상호 이해를 기반으로 권위적이지 않은 환경에서의 양(兩)방향적 의사소통을 하고, 공통의 관심사를 공유하고 의사소통의 합리성을 통한 담론 과정을 거쳐서 상호 이해를 전제로 한 합의를 이끌어내는 것이다.

2) 보고서: 드라마 <펀치>를 통해서 본 정의란 무엇인가?

팀명: 펀치(Punch)
참여자: 조○○ 외 11명
주제: 일반적 정의(Justice)와 기독교문화의 입장에서의 정의 탐구하기

조원들은 드라마 〈펀치〉 조별 발표를 위해서 다음과 같은 문제를

제기하면서 하버마스의 의사소통의 합리성을 토대로 담론 과정을 거친다.

조원 1: 더 큰 정의를 위해 다른 정의들을 희생하는 것은 과연 옳은 것일까요?

조원 2: 이 과목과 관련하여 성경에서 말하는 정의관이 무엇인지 찾아볼까요?

조원 3: 남발하는 권력남용과 비리 그사이에서의 '정의'에 대해서 생각해 봅시다.

조원 4: 드라마를 보면서 개인의 사리사욕을 위한 정의란 공동체를 무너트린다고 생각됩니다. 이것이 자유주의에서의 정의의 문제라고 생각합니다.

조원 5: 내가 만일 드라마의 주인공이라면 어떻게 행동할 것인지를 생각해 보게 됩니다.

조원 6: 드라마를 보고 정의에 대해 조사하다 보니, 대한민국은 민주주의 국가인데도 정의가 세워지지 못하고 갑들이 비리를 저지르는 갑질이 정의를 조정하는 것 같습니다.

조원 7: 그러나 우리가 규칙과 절차에 동의하고 합의한 것이 정의를 세우는 것이라면 일차적으로 그 규칙과 절차에 대해 만족할 수 없더라도 따라야 한다고 생각합니다.

(1) 정의란 무엇인가?

정의(Justice)란 사상적으로 자유주의와 공동체주의 사상적 배경에서 오랫동안 논의되어온 주제이다. 우리 팀은 현재 우리 삶에서 규정되고 있는 정의의 개념을 살펴보고, 정의가 무엇인지를 드라마 〈펀치〉의 인물들을 통해서 살펴본다. 또한 우리 팀은 정의의 개념을 명확하게 알아보기 위해서 사상적 관점을 토의하게 되었다.

정의에 대하여 살펴보기 위해 우리 팀은 두 갈래의 정의에 관한 입장을 살펴보았다. 우리 팀은 두 조로 나눠서 롤스(J. Rawls)의 정의론과 샌들(M. Sandel)의 정의론을 살펴보고 정의, 자유, 공동선 등에 관하여 자료를 조사하기로 했다.

(2) 드라마 〈펀치〉의 인물 소개

박정환: 정의보다는 권력을 선택하여 이태준의 오른팔이 되어 이태준을 검찰총장까지 만든다. 검찰 권력을 자신의 목적을 이루기 위해서 사용하는 것을 서슴지 않는다. 하지만 자신이 추앙하던 이태준이 그의 형의 살인 혐의를 벗기기 위해서 박정환의 아내인 신하경 검사에게 누명을 씌어서 감옥에 넣은 것을 알게 된다. 이때 자신이 뇌종양으로 인해 시한부 인생이 남은 것을 알게 되고 이태준에게 등을 돌리고 정의를 실천하겠다고 다짐한다.

▸ 〈펀치〉 동영상 보기

신하경: 박태준의 아내이자 강력부 검찰이고 처음부터 끝까지 정

의를 지키기 위한 유일한 인물이다. 처음에는 윤지숙 법무장관의 편에서 일하지만 윤 장관이 변질되면서 남편 박정환을 적극적으로 돕게 된다.

▸ 〈펀치〉 동영상 보기

이태준: 어려운 환경에서 자란 이태준은 법관이 되어서도 온갖 비리와 부정부패를 저지르고 박정환의 도움으로 검찰총장의 자리까지 오른다. 그러나 박정환을 배신하고 박정환과 윤지숙 장관과의 갈등관계를 갖게 되고, 윤지숙과 대적 관계에서 권력 최후의 몰락을 보여준다.

▸ 〈펀치〉 동영상 보기

윤지숙: 드라마 초반에는 정의롭고 청렴한 이미지로 등장하지만 과거에 자신의 아들의 병역비리 사건을 덮기 위해서 그녀의 정의관은 변질된다.

▸ 〈펀치〉 동영상 보기

(3) 현실 속 정의롭지 못한 사례

현실 속의 정의롭지 못한 예를 찾기 위해서 팀원들은 뉴스 및 기사 등을 찾아보고 몇 가지 무분별한 권력 행사를 하는 어린이집 원장들의 비리를 살펴보았다. 특히 우리 팀원들은 어린이, 교육, 권력, 교사라는 교육과 관련된 중요한 책임자들의 비리를 보면서 참된 정의의 실현이란 개인의 행복한 삶을 위해 타인이나 공동체가 희생되어야 한다는 입장에 대한 찬반 토론을 하였다.

토의 1) 세 명의 사람이 똑같이 배가 고픈 상황에서 빵 하나를 나누어 먹어
야 한다. 셋이 최소한 공정한 분배하여 나누어 먹을 수 있는 절차와 합의를
도출하라.

토의 2) 우리 팀은 이 주제에 대하여 의사소통을 충분히 하여 발표 전까지
정의가 무엇인가에 대한 합의를 도출했다.

A라는 사람과 B라는 사람이 자신이 생각하는 정의의 기준이 다를
수 있지만 둘 다 공통으로 옳다고 생각하는 정의 그것이 그 둘 간의
최소한의 정의인 것이다. 즉 이 드라마의 나오는 사람들 간의 정의로
운 행동과 정의롭지 못하게 행동하는 것의 옳고 그름인 기준은 법 즉
최소한의 정의로 평가될 수 있다고 본다(조원들의 의사소통을 통한 합의점).

(4) 기독교에서 정의와 일반적 정의 비교

정의	공통점	차이점
기독교적 정의	모든 인간은 평등하다.	법은 정의를 실현시키는 방법 중 하나이므로 하나님의 말씀 아래 문화, 윤리, 도덕을 두는 것이다.
일반적 정의		법이라는 정해진 정의에 의해 실행됨으로써 최소한의 정의를 지키며 법 자체가 정의가 될 수 있다. 롤즈(J. Rawls)와 샌들(M. Sandel)의 입장은 법을 정의라는 큰 개념에서 포괄하고 있다.

[그림 1] 최소한의 정의 = 법

(5) 우리가 알아야 할 바람직한 정의

정의를 실현하기 위해서 우리 팀은 자유주의적인 정의론과 공동체주의적인 정의론의 입장을 토의하고 그 둘의 공통점과 차이점 그리고 장점과 단점에 대해서 논의했다.

3. 의사소통 합리성을 통한 담론 능력 함양과 기독교교육의 가능성

하버마스의 의사소통적 합리성을 함양할 수 있는 가능성은 그의 행위이론에 나타난 '비판적 성찰'의 가능성 때문이다. 하버마스 주장의 요지는 비판 사회이론의 목표—모든 억압과 왜곡으로부터의 인간 해방—가 우리의 의사소통 구조 안에 전제되어 있다는 사실이다. 굴

절되지 않은 의사소통이라는 원리는 우리가 자의적으로 선택할 수 있는 주관적 규범이 결코 아니고 우리를 규정짓는 언어적 상호 주관성의 구조 자체에 근거한다는 것이다. 하버마스는 더이상 권력의 산물이 아닌 진리의 상태를 지향하면서 그것을 터 닦을 수 있는 가장 유망한 도구가 의사소통적 합리성의 개념이라고 믿는다. 하버마스는 이상적 담화 상황에서 달성된 이성적 합의야말로 진리와 정당성을 판정할 수 있는 궁극적 기준이라고 믿는다. 따라서 이론적 담론과 실천적 담론의 논리성을 통해서 확보된 의사소통적 합리성은 사회, 정치, 경제, 제도 등 여러 관계에서의 지배 현상에 도전할 수 있는 규범적 토대를 제공한다.17

하버마스는 해방적 관심이 심화되고 구체화된 것으로 나타나는 것이 '비판적 성찰'이고, 그것은 오직 의사소통적 행동의 원리 또는 의사소통적 합리성에 의해 지배되야 한다고 주장한다. 또한 의사소통적 합리성은 담화의 진리 주장을 추구하는 '이론적 담론'의 논리성과 행위규범의 정당성 문제를 도덕적 관점에서 합의에 의해 해결하려는 '실천적 담론'의 논리성에 토대한다.

정리하면 하버마스는 의사소통적 합리성을 통해서 비판적 성찰을 지향하는데, 비판적 성찰이란 '실천'이다. 실천은 사회의 구성원들이 자신의 편파성이나 즉각적 관심사에 굴복하지 않고 이를 도덕적 관점에서 판단하고 합의에 의해 해결하려는 강력한 전제에서의 담화를 시작하여 결국은 도구적 이성이나 합리화에 의해 지배받지 않는 '합리

---

17 윤평중, *op. cit.*, 188-189.

적 사회' 또는 '좋은 삶'을 지향해 가는 것이다.

현재의 포스트모던 문화적 특성을 염두에 둔 기독교 대학 교양수업은 강의법 위주의 교사 중심의 교육 방법을 재고해야 하고, 학습자의 목소리를 실제 교육의 커리큘럼에 반영하고 실천해야 한다.[18] 이러한 입장에서 하버마스의 의사소통 합리성을 통한 사유 능력을 함양하는 교육은 기독교 교양과목을 수강하는 학생들뿐 아니라 한국 교회들에게 큰 도전이 될 것이다. 해방 이후 다수의 한국 교회는 일반 회중들로 하여금 신학적 지식에 접근하는 것을 제한하여 왔다. 목회자들은 성경 해석의 참된 해석자와 설교자로 자신들의 권위와 힘을 극대화하여 습득한 헤게모니에 근거하여 공공연하게 회중들을 수동적으로 만들었다. 이런 토양 속에서 자라난 대부분의 한국 교회들과 그 목회자들이 하버마스 의사소통의 합리성을 함양하는 데 귀를 기울인다면, 기독교교육은 하버마스의 의사소통 합리성을 통해서 현재 교회에서 필요한 담론 능력의 가능성을 제시할 수 있을 것이다.

필자는 하버마스를 연구함으로서 교회교육 사역 역시 종종 억압적인 방식으로 진행되곤 했다는 사실을 인정하게 된다. 연구자 역시 고분고분한 학생들, 순종적인 교인들이 더 좋았고, 성서해석과 가르침에 대해서 문제를 제기하는 '지적인' 평신도들이나 소위 '똑똑한 학생'들을 상대하게 될 때면 종종 불편한 마음을 갖기도 했다. 연구자의 지도를 받는 청년들과 교인들 모두 연구자가 제시하는 정보와 지식과 훈계들만을 '비판적 성찰'이나 '합리적 의사소통' 없이 수용해 주기를

---

18 함영주, "포스트모던 학습환경과 기독교교육방법," 「복음과 교육」 14(2013), 67.

바랐다. 이러한 이유로 인해 사실은 하버마스의 이론은 기독교교육과 무관하다고 치부했었다.

그러나 이제 기독교교육은 교회의 평신도들과 학교의 학생들을 수동적인 학습자로 만들려 애쓰기보다는 그들의 지적 창의성과 비평 의식의 성장을 북돋아 줄 수 있는 교육 프로그램을 개발하고 활용할 때가 되었다.

한편, 이 글은 대학교 기독교 교양수업의 한 예를 분석하는 것을 통하여, 여전히 의사소통의 필요성을 잘 깨닫지 못하고 수동적인 학습자의 태도로 일관하는 데 익숙해 있는 학생들에게 의사소통의 합리성을 스스로 깨닫게 하고 참여하는 방식을 배워나가게 하는 데 글의 목적이 있다. 교수자와 학습자 모두는 수업 시간에 절차와 규칙을 만들고 따름으로서 의사소통의 합리성을 배워나가고 정치적 주체임을 스스로 깨닫고 자기결정권을 주장하기도 하고, 협력하기도 하면서 성숙한 시민적 자질을 함양할 수 있다.

이제 대학교 기독교 교양수업 특히 기독교 관련 교과목은 교수 자신의 지식을 수동적으로 전수하는 데서 머물지 말고, 하나님의 진리를 향해서 타자들과 함께 배움의 여정에 소통하는 합리성을 함양시켜야 한다.

몇 해 동안 필자는 대학교 기독교 교양수업에서 학습자들에게 의사소통의 합리성을 강조했으며 그러한 철학적 관점에서 학습자들의 참여와 소통을 독려하고 지지했었다. 기독교교육의 실천 즉 프락시스(Praxis)는 "머리와 가슴과 삶의 방식 모두를 아우르는 전인의 활동"[19]

으로 제시되어야 한다.

대학교 기독교 교양수업은 학습자들에게 의사소통의 합리성을 통한 담론 능력을 함양시키는 새로운 패러다임을 제시해야 할 것이다.

맺는말

이 글은 의사소통적 합리성의 담론 능력을 함양할 수 있는 가능성을 M대학교의 기독교 교양과목을 수강하는 학생들의 조별 발표 프로젝트를 탐색하는 데서 출발한다. 2013년부터 2014년까지 2년간 교수학습 방법론의 일환으로써 학생들의 발표를 참여 관찰한 결과, 학생들의 조별 발표 프로젝트가 민주시민의 합의를 이끌어내는 담론 능력을 함양시킬 수 있는지에 대한 문제를 하버마스의 '의사소통적 합리성'의 관점에서 살펴보았다.

이 글은 의견 불일치의 갈등을 내포하고 있는 학생들의 의사소통 행위를 담론이라는 과정을 거쳐 상호 이해를 전제로 합의점을 도출해내는 하버마스의 의사소통 행위 이론을 배경으로 실제 사례를 분석하여 봄으로써 담론 능력 함양의 가능성을 제언하였다. 연구 결과에 따르면, 발표 조의 조원들의 의사소통은 처음에는 서로의 대화를 경청하기보다는 개인들의 의사를 전하는 데 중점을 두었고, 조장의 주장

---

19 T. Groome, *Christian Religious Education: Sharing Our Story an Division* (SanFrancisco: Jossey-BassPublishers, 1980), 152.

이 조원들과 대립되면 갈등은 언제든지 유발될 가능성을 내포하고 있어 의사소통 방식은 한계점을 가지고 있었다.

또한 이 글은 의사소통의 한계상황을 극복하기 위해서 상호 이해를 기반으로 한 상호 간의 양(兩)방향적 의사소통에 참여하고, 문제가 제기되었을 때는 '담론'이라는 과정을 거쳐 상호 이해를 전제로 한 합의점을 도출해낼 때 행위의 변화가 이루어질 수 있다고 본 하버마스의 합리적 의사소통 방식을 적용할 수 있도록 제시하였다. 강조하자면 하버마스의 의사소통 합리성을 통한 사유 능력을 함양하는 교육은 기독교 교양과목을 수강하는 학생들뿐 아니라 한국교회들에게 큰 도전이 될 것이다.

카푸토의 급진적 해석학과 유동 모형의 관점에서 본 한국 기독교 공동체의 '관계성의 가치'

> 카푸토의 유동 모형(flux model)에 의하면 '이해'란 언어를 매개로 한다는 가다머의 '지평의 융합'이나 하버마스의 보편적 담화의 절차성을 통해서 이루어지는 것이 아니라, 결정불가능성(undecidability)이라는 매개를 통해 서로 간의 다양성과 차이성을 인정하고 존중하며 함부로 명명(named)하지 않는 관계성임을 보여준다.

시작하는 말

기독교교육과 관련된 최근의 논의들 중 가장 큰 화두가 되고 있는 것은 '인식론적 존재론'(epistemic ontology), '해석학'(hermeneutics), '포스트모더니즘'(postmodernism) 그리고 '인식론적 전환'(epistemic shift)

---

* 이 글은 「복음과 교육」 4(2008), 121-159에 게재된 것을 수정·보완하였다.

에 관한 것이다.[1] 이러한 논의는 소위 주체/객체, 몸/마음, 합리성/비합리성, 이성/신앙이라는 철학적 이원론으로부터의 인식의 전환을 전제한다.

필자의 견해로는 20세기 이래로 한국의 기독교교육은 한편으로 근본주의 신학에 기반하고, 다른 한편으로 민중신학에 기반하는 기독교교육이 주된 두 축을 이루어 왔다. 근본주의 교육은 이원론적 철학적 입장을 고수하면서 교회 공동체는 완전하고 세상은 악한 것으로 간주하여 세상과 문화와의 대화를 거부해 왔으며, 민중신학적 교육은 정치적 자유의 표현 등에 기초한 '민중,' 즉 '억압자'를 위한 교육에 주력했다.[2] 이러한 두 가지 주된 기독교교육에 영향을 받은 기성세대, 즉 건설 세대(Builder Generation) 및 베이비붐 세대(Baby Boomers Generation)는 포스트모더니즘의 도전에 긴장하면서, 다른 한편으로는 그러한 근본주의 교육과 민중신학적 교육으로는 새로운 화두로 떠오른 '세대 간의 갈등'의 문제를 풀어나가지 못해 진퇴양난에 위기에 처했다. 사회 전반에 걸친 부모 세대와 자녀 세대의 가장 큰 갈등의 원인은 '세대 차이'[3]이다. 세대 차이라는 사회갈등의 가장 기본적인 원인은

---

1 고용수, "공동체 중심의 교육목회: 포스트모더니즘의 도전과 대응 방향," 『포스트모던 시대의 기독교교육』(서울: 장로회신학대학교 기독교교육연구원, 2006), 12-14.
2 김성재는 한국의 기독교교육의 역사를 크게 두 가지 주류로 구분한다. 하나는 민족 교육이며 민중 교육의 차원이고, 다른 하나는 미국선교의 영향으로 인한 보수신앙과 이원론적 신앙교육으로 구분한다. 구체적인 설명은 김성재, "간추린 기독교교육사," 『교회학교 교사와 기독교교육 전문가를 위한 기독교교육』(서울: 대한기독교교육협회, 1999), 109-127 참조하라. 필자는 이 글에서 미국의 선교사의 영향으로 이원론적 신앙교육 고착화된 교육을 근본주의로 명명하고 민중 교육의 뿌리는 민중신학적 교육으로 명명한다.

갈등 당사자들 사이의 특정한 쟁점을 둘러싼 차이에 의한 갈등이다.[4] 다시 말해서 한 집단이 추구하는 궁극적인 가치가 상대 집단으로는 도저히 받아들일 수 없는 기본적인 차이를 나타낼 때 야기되는 갈등이다. 따라서 이 연구는 기독교 공동체[5] 안에서도 역시 문제가 되고 있는 '세대 간의 갈등'이 비단 모든 세대가 직면하는 연령별 주기적 갈등이 아니라, 두 가지 교육, 즉 근본주의 교육과 민중신학적 교육에 영향을 받은 기성세대와 포스트모더니즘적 문화에 영향을 받고 있는 차세대와의 갈등이라고 전제한다.

포스트모던 철학은 상대주의적 특징을 지녔으나, 반이성주의나 허무주의로 머무는 것이 아니라 오히려 다름의 인정을 통한 강한 공동체 의식과 대화의 정신에 바탕을 두고 있다.[6] 필자는 이러한 전제를 바탕으로 카푸토(J. D. Caputo)[7]의 급진적 해석학이 암시하는 포스트모

---

3 특정 기간 내에 주요 생활 사건을 공통으로 체험한 사람들이라는 의미의 동기 집단 (cohort)이 오늘날 세대 연구의 중심개념이며, 세대 차이(generation gap)라고 알려진 세대 효과(generation effect)는 이 동기 집단 효과(cohort effect)와 연령 효과 (age effect)의 합이라 할 수 있다. 사회학적으로 의미 있는 세대 차이를 형성하는 데에는 동기집단과 연령이라는 두 가지 변수가 함께 작용한다. 김희재, 『한국 사회변화와 세대별 문화코드』 (부산: 신지서원, 2004), 85 참조하라.

4 *Ibid.*, 86.

5 필자는 이 글에서 기독교 공동체라는 용어를 사용한다. 이것은 교회, 기독교 학교, 신학대학, 가족 등 개신교 공동체의 얼개망(net work/community)을 일컫는다.

6 조화태, "포스트모던 철학과 교육의 새로운 비젼," 『현대사회와 교육의 이해: 교육철학의 최근동향』 (서울: 교육과학사, 1994), 11.

7 카푸토는 데리다와 철학적 노선을 같이하는 철학자로서 방대한 그의 저서에서 하이데거를 중심으로 가다머를 우파의 철학적 해석학으로 데리다를 좌파인 급진적 혹은 콜드 (cold) 해석학으로 구 같이하는 금세기 북미를 대표하는 기독교 배경을 가진 그의 입장

던 철학의 긍정적 측면을 수용하고, 다른 한편으로 이러한 논의가 기독교 공동체의 '관계성의 가치'를 재발견하고 세대 간의 갈등을 이해하는 데 어떠한 통찰력을 줄 수 있는지 다음의 주제를 갖고 살펴본다.

첫째, 기독교교육의 새로운 인식론의 전환을 모색하고자 한다.

둘째, 급진적 해석학의 시대적 요청을 살펴보고 가다머(H-G. Gadamer)의 '대화 모형'8과 하버마스(J. Habermas)의 '담론 모형'을 검토하여 그것의 교육적 의의와 한계를 검토한다.

셋째, 급진적 해석학의 '유동 모형'을 통해서 한국 기독교 공동체의 '관계성의 가치'의 재발견의 가능성을 살펴보고 그것의 교육적 의의를 살펴보겠다.

을 발전시켰다.

8 이 글은 의사소통 형태를 교육모형의 공통의 얼개망으로 보고 가다머의 '대화 모형'(Dialogue Model), 하버마스의 '담론 모형'(Discourse Model), 카푸토의 '유동 모형'(Flux Model)으로 명명한다. 일반적으로 대화, 담론, 담화, 의사소통 등이 유사한 의미로 쓰이지만, 필자는 의사소통의 특성에 따라 상기와 같이 구분을 하였다. 가다머의 '대화 모형'이란 '나(I)와 너(Thou)'의 관계성 속에서 '지평의 융합', '거리둠', '자기-교화/자기계발'(self-education/enculturation/Bildung) 등 해석학적 이해의 특성에 초점을 맞추었고, 하버마스의 '담론 모형'은 그의 '의사소통 행위이론'에 기초하며, 왜곡된 의사소통을 극복한 이상적 담화상황은 의사소통 능력을 갖는 자율적 개인과 억압 없는 자유로운 대화가 가능한 '왜곡되지 않은 의사소통', 이상적 사회상태 및 대화 공동체의 이념을 따른다. 카푸토의 '유동 모형'은 의사소통의 매개가 단지 언어가 아니라, 결정불가능성이라는 매개를 통해 이루어질 수 있다는 가능성에 착안하여 명명했다.

1. 급진적 해석학의 시대적 요청

1) 인식론적 전환의 요청

(1) 세대 간의 갈등과 기독교교육의 새로운 모색

일반적으로 네 가지 중요한 시대적 기점을 중심으로 건설 세대, 베이비붐 세대, 제너레이션 X/버스터(Buster) 세대 그리고 Y 세대/N 세대로 구분된다. 건설 세대는 1925년부터 1945년 해방 세대, 베이비붐 세대는 1946년부터 1964년까지, 제네레이션(Generation) X 세대는 1965년부터 1976년까지로 구분된다. 또한 1990년대 중반에 이해하기 힘들다는 의미의 'X'에서 시작한 신세대의 명칭은 계속 변하여 Y 세대/N 세대[9] 등으로 불려 왔다. 물론 세대를 구분하는 것은 각 나라별로 약간의 차이가 있지만 필자는 한국의 역사적 상황과 관련하여 해방 세대, 6·25 전쟁 이후 세대, 현대 사회 속에서 경제적 이념적으로 과도기를 지난 갈등 세대와 물질이 풍요한 지구촌 시대를 살고 있는

---

9 Y 세대는 베이비붐 세대가 낳았다고 해서 에코(echo/메아리) 세대라고도 한다. Y는 X 세대의 특성을 거의 그대로 수용하고 있지만 생활양식 면에서 차이를 보인다. 대부분 컴퓨터를 보유하고 서구식 사고나 생활방식에 거부감이 없으며 쇼핑을 즐기는 세대이다. 기업의 마케팅 전략 차원에서 X 세대라는 말을 버리고 Y 세대라는 새로운 이름이 붙여졌다고도 본다. 김희재, *op. cit.*, 77 참조하라. N 세대는 요즘 세대를 지칭한다. 인터넷 (Internet Generation)을 줄인 말로서 미국의 사회학자 탭스콧(Don Tapscott)이 1997년에 그의 저서 "디지털의 성장: 넷세대의 등장"에서 처음 사용했다. 그는 "N 세대는 디지털 기술, 특히 인터넷을 아무런 불편 없이 자유자재로 활용하면서 인터넷이 구성하는 가상공간을 생활의 중요한 무대로 자연스럽게 인식하는 디지털적인 삶을 영위하는 세대"라고 규정한다. 김희재, *op. cit.*, 79-80, 재인용.

Y 세대/N 세대로 구분을 했다.[10] 이러한 맥락에서 부머 세대와 Y 세대
/N 세대와의 갈등을 중심으로 살펴보고, Y세대와 N 세대를 같은 맥락
에서 차세대(次世代)로 명명한다. 이상에서 구분한 다양한 세대가 상이
한 기독교교육의 인식론의 영향을 받아 갈등한다고 전제하고, 기독
교교육[11]의 학문적 정체성을 추구하는 과정이 필수적이라고 본다.

　　대체로 근본주의와 민중신학 교육에 기초를 두고 있는 기성세대
의 기독교 공동체는 세대 간의 갈등에 주된 요인이 되고 있는 가치관
의 재발견 및 인식론의 전환의 요청 그리고 기존의 두 가지 주류 교육
에 대한 비판과 도전에 대해 새로운 대안을 모색해야만 한다.

---

10 1980년대 이래로 미국은 세대 간의 문제와 갈등의 주제를 꾸준히 연구하고 있다. 특히 Ken
　　Dychtwald는 *Age Wave*라는 저서에서 동시대적 세대 간의 갈등을 주된 논의로 삼고 있다.
　　맥킨토시는 건설 세대를 1926~1945년 사이의 세대를 명명하고, 베이비붐 세대를
　　1946-1964년으로 칭하며, 버스터(Buster) 혹은 제너레이션 X(신세대)를 1961-1981년 혹은
　　1965-1983년으로 명명한다. Douglas Coupland의 소설에서 사용된 제너레이션 X는 1960년
　　초반과 중반에 걸쳐 태어난 세대를 지칭하며, 한국에서 이 용어는 1990년 젊은 남성용 샴
　　푸 선전에서 사용되었다. 본 논문에서 필자는 제너레이션 X세대란 넷트 세대와 부머 세
　　대와 중복된 가치관을 공유하는 세대로 본다. D. Coupland, *Generation X: Tales for an
　　Accelerated Culture* (New York: St. Martain's Press, 1991); G. L. MacIntosh, *Three
　　Generation: Riding the Waves of Change in Youth Church* (Grand Rapides, MI.: Fleming
　　H. Revell, 1995), 27; 75; 130.
11 기독교교육은 크게 세 가지로 나눈다. 첫째는 교회교육이고, 둘째는 기독교 학교교육이며,
　　셋째는 에큐메니컬 교육이다. 장종철, "기독교교육이란 무엇인가?," 『교회학교 교사와 기
　　독교교육 전문가를 위한 기독교교육』(서울: 대한 기독교교육협회, 1999), 12-30 참조하라.

(2) 인식론적 전환: 인식론적 존재론(epistemic ontology)

기독교교육의 두 주류 중 근본주의 교육에 영향받고 양육 받은 세대들은 교조주의적이고 획일화되고 이원론적 사고에 익숙하며, 민중신학적 교육에 영향을 받은 세대들은 상황에 대한 비판력과 사회 속의 교회의 실천에 집중하다 보니 인간 이해를 억압자와 억압받는 자의 이원론적 구도로만 보게 되는 한계를 갖게 되었다. 물론 다양한 세대들은 이러한 주된 두 가지 교육의 영향으로 인해 갈등하기도 하지만, 다른 한편으로 그러한 교육의 인식론을 공유하기도 하다. 근본주의 교육이나 민중신학적 교육이 비록 교리와 상황이라는 이분화된 구도로 복음과 상황을 이해한다고 할지라도 그들의 공통된 인식론은 이원론적이고 교조적(doxastic)이며, 화석화(fossilized)된 인식론을 기초로 한다.

기독교교육이 교육을 수행하려면 인식론이 전제된다. 두 가지 형태의 기존의 인식론은 이원론적인 인식론이었다. 그것은 다양성과 차이성을 인정할 수 없는 흑·백의 논리로 이해되는 인식론이었다. 근본주의 교육이 교리와 교조 중심적인 인식론이었다면, 민중신학적 교육은 억압자와 억눌린 자로 구분하는 이원론적 인식론이다. 이러한 인식론에 기초하여 기독교 공동체의 갈등과 제(諸) 문제들을 인식하고 풀어나가는 데 한계가 있다. 따라서 작금 기독교교육은 새로운 인식론이 필요하다.

기독교교육의 학문의 새로운 정체성을 위하여 '인식론적 존재론' (epistemic ontology)에 대한 이해가 전제되어야 한다. 기존의 인식론이 이원론적 혹은 상황적 인식론에 기초했다면, 인식론적 존재론은 '인식론'(epistemology)과 '존재론'(ontology) 혹은 '앎'(knowing)과 '존재'(being)로 연계된 새로운 인식론적 전환이 될 것이다.[12] 이러한 인식론의 전환은 기독교 공동체의 갈등과 교육의 제(諸) 개념들을 새로운 시각으로 재정립하고 재해석하는 데 기여할 것이다.

(3) 관계성의 가치의 재발견과 기독교교육의 향방

교육자는 인식론의 전환과 함께 기독교 공동체의 '관계성의 가치'를 재발견해야만 한다. 또한 우리의 과제는 기독교 공동체의 세대 간의 갈등의 원인을 발견하고 그 관계성의 가치를 재발견하는 것이다. 기존의 인식론으로는 세대 간의 갈등을 풀어낼 수 있는데 한계가 있다. 이 글은 세대 간 갈등의 요인과 관계성의 가치의 척도를 주로 네 가지 관점의 세계관의 유형으로 설문조사 및 인터뷰를 시행했다.[13]

---

12 T. Groome, *Sharing Faith: A Comprehensive Approach to Religious Education and Pastoral Ministry* (New York: Harper Collines Publishers, 1991), 8-11.

13 필자는 기성세대와 차세대 간의 세계관, 신앙관, 가치관 등을 조사하기 위해 주로 질적 연구에 치중했으나 비공식적인 인터뷰와 설문조사도 병행했다. 자료 수집은 2005년부터 2006년 사이(2005년 9월부터 2006년 3월까지)에 이루어졌다. 자료 연구대상은 임의로 한국개신교 교회의 10개를 선정하여 베이비붐 세대와 차세대 각각 150명씩에게 설문지를 분배했으며 전체 250명이 분석대상자로 확정되었다. 그중 130명이 베이비붐 세대이고 120명이 차세대 응답자였다. 각 교회의 교육 전도사와 여전도회와 남전도회에서 주관하여 질문지를 직접 실시하고 회수하였다. 특히 질문의 기본 범주는 월시와 미들턴(B. J. Walsh & R. Middleton, eds. *The Transforming Vision: Shaping a Christian World View*, Downers Grove: Inter Varsity Press, 1984, 35 참조하라)의 세계관에 대한 네 가지 범주를 기초로 했다 ― "나는 누구인가?; 나는 어디로부터 왔는가?; 죄와 구원은 무엇인가?; 믿음은 무엇인가?" 첫째, '나는 누구인가(Who am I?)라는 범주 ― (1) 누가 당신에게 가장 중요하고

또한 한국적 관계성의 가치의 중요성을 파악하기 위한 설문조사도 병행했다. 그 결과 각각의 세대들이 유교적인 영향에 뿌리를 두고 있는 '정'(情)의 개념을 최고의 관계성의 가치로 간주함을 발견할 수 있었다.[14]

영향력을 미치는가? (2) 다음 질문 중 더욱 흥미로운 질문은? 우리의 가치관이 무엇인가?/ 무엇이 나를 행복하게 하는가? (3) 당신을 가장 적합하게 묘사한 것은 어떤 것인가? 나는 개별적이고 독립적인 자아이다/ 나는 한 사람의 한국인이다. (4) 어떤 이야기를 당신은 더 좋아하는가? 하나의 주제로 된 토론 가능한 이야기/ 다양한 주제로 이루어진 이야기들. 둘째, "나는 어디로부터 왔는가?"(Where am I?)라는 범주―(1) 당신이 살아온 곳을 가장 적절히 설명한 것은 무엇인가? 나는 잠재력이 풍부하고 아름다운 나라에서 살고 있다/ 나는 세계 부강의 나라가 될 가능성이 있는 나라에서 살고 있다. (2) 가족 외에 당신이 가치관의 영향을 받은 것은? 학교/ 교회/ 대중문화 (3) 학교 외에 배울 수 있는 곳이 있다면 어디인가? 텔레비전/ 인터넷 혹은 컴퓨터. (4) 한국인의 관계성의 최고의 가치는 무엇이라 생각하나? 우리/ 정/ 효도/ 한/ 인내심/ 착함/ 무속적 정신/ 저항력(데모와 같은 사회운동). (5) 가장 한국적인 가치를 대표할 수 있는 것이 무엇이라 생각하나? 세종대왕과 한글/ 춘향전/ 남대문/ 여의도 순복음교회(세계에서 가장 큰 교회)/ 2002년 월드컵/ 세계적 연예인 (배용준, 비, 이영애, 이효리 등)/ 심청전/ 유관순/ 조수미. 셋째, 죄와 구원은 무엇인가?(What is Sin and Salvation?)라는 범주―(1) 무엇이 죄인의 모습인가? 하나님을 믿지 않는 것/ 친구나 가족 간의 불화와 단절된 모습/ 법에 위반된 범죄를 저지르는 것/ 그런 문제를 생각해본 적 없음 (2) 당신은 어떻게 구원받은 삶을 사는가? 종교적인 의식을 잘 지키며 사는 삶이 구원의 삶이다/ 행복한 삶을 사는 것이 구원의 삶이다. 넷째, "무엇이 믿음인가"(What is Faith?) 라는 범주―(1) 무엇이 믿음의 기준인가? 성경적 교리와 지식을 많이 아는 것/ 하나님에 대한 경험이 있는 것. (2) 무엇이 '선'인가? 믿음을 지키는 것/ 행복감에 넘치는 것. (3) 천국과 지옥은 무엇이라 생각하나? 다른 세계에 존재한다/ 현재 내가 살고 있는 나의 삶에 관한 이야기다. (4) 어떠한 진술이 당신을 잘 묘사한 것인가? 나는 기독교인으로서 믿음 자체보다 성경의 말씀과 교리에 관심이 더 많다/ 나는 기독교인으로써 성경의 말씀과 교리보다 믿음 자체에 더 관심이 많다. (5) 기독교인이 된다는 것은 무엇이라고 생각하나? 기독교인이 된다는 것은 의심하지 않고 성경의 말씀과 교리를 그대로 믿는 것을 의미한다/ 기독교인이 된다는 것은 의심과 질문 없이 무조건 성경 말씀과 교리를 그대로 따르는 것이라고 생각하지 않는다.

14 필자가 한국적 관계성의 가치관을 조사했을 때 기성세대 및 차세대는 동시에 '정'(情)을 가장 최고의 한국적 관계성의 가치로 인정했다. 정(情) 외에도 한(限), 효(孝), 등 우리의 관계

따라서 이 글은 해석학적 의사소통 모형을 통해서 인식론의 전환뿐 아니라 기성세대와 차세대 간의 관계성의 가치를 재발견하고자 한다.

2) 해석학적 접근으로서 기독교교육

해석학은 일반적으로 의미의 해석에 관한 이론이나 철학으로 정의된다. 해석학은 단순한 해석의 기술이 아니라, 인간의 존재 자체를 문제시하여 '이해의 현상'을 철학적으로 반성하는 것이 주된 목적이다.[15] 해석학적 과제는 전승된 문서뿐 아니라 삶의 전통과 경험들이 의미하는 바를 오늘의 삶의 상황에 타당한 형식으로 새로이 구성하고 해석하는 작업이다.

교육은 이해의 과정이 없이는 불가능하다. 그 이해는 자연과학의 '이해'와는 구분된다. 자연과학이 관찰, 분석, 종합의 법칙을 통해 규명하려 한다면, 교육의 이해는 그러한 이해뿐 아니라 과거(이야기, 전통, 기억 등), 현재, 미래가 통합되는 활동이다. 기독교교육이 과거로부터 전수된 신앙의 내용을 현재와 미래의 삶으로 연결하는 문제라면, 해석학적 접근은 이러한 과제에 공헌할 수 있는 하나의 학문적 시도가 된다. 이러한 시도를 위해 그룹(T. Groom)은 '나눔의 실천'(shared praxis)이라는 기독교 종교교육의 해석학적 접근 모형을 제시했다. '실천'으

성의 가치들을 높이 평가했다. 이 글은 효의 개념을 정의 한 부분으로 이해하고 비교 평가하였다.

15 고용수, 『현대 기독교교육 사상』 (서울: 장로회신학대학교 출판부, 2003), 197.

로 번역되는 프락시스는 행동(action)과 성찰(reflection)의 끊임없는 변증법적 과정을 수반한다.[16]

필자는 그룹의 기독교 종교교육의 해석학적 접근이 기독교교육에 새로운 전환점을 제공했으나, 그의 교육이론에서 사용하는 실천이 파울러 프리이리(P. Freire)가 의식화의 도구로 사용한 프락시스 개념에 대부분 의존한다고 간주한다. 따라서 그의 교육이론이 여전히 '주체/객체', '억압자/피억압자'. '남성/여성', '기성세대/신세대' 등의 이분화된 구조 속에 머물 수 있다. 필자는 해석학적 접근으로서 기독교교육을 심화시켜 기독교 공동체의 세대 간의 갈등을 극복하기 위하여 가다머와 하버마스의 의사소통 모형을 살펴보고 그것의 의의와 한계를 살펴보고자 한다.

(1) 가다머의 철학적 해석학과 '대화 모형'(Dialogue Model)의 한계

가다머의 이해의 틀을 통해 교육의 '대화 모형'을 발전시켜서 교육적 이해의 수준이 변하고 개방성을 지닐 수 있는 가능성을 살펴보고, 세대 간의 갈등에 대한 이해 및 그 한계를 검토해 보자. 가다머의 철학적 해석학은 종래의 해석학과는 달리 이해의 역사성을 강조함으로써 해석학의 역사에 전환점을 이룬다. 가다머의 '이해' 개념이 대화적 성격이 강하다는 점에 강조점을 두고, 그의 이해 개념이 교육적 대화를 위한 '대화 모형'이 될 수 있다고 가정한다.

가다머는 "대화란 두 사람 사이의 이해에 이르는 과정이다. 그러므

---

16 고용수, *Ibid*, 222.

로 모든 진정한 대화의 특성이란 각자가 자신을 타자에게 열어놓는 것이다"[17]라고 설명한다. 가다머는 이해의 올바른 개념 정립을 위해 '경험'의 두 가지 의미를 구분한다. 하나는 자연과학에서 확립된 경험 개념으로서 절차 및 결과의 반복 가능성에 바탕을 둔 과학적 의미의 경험이다. 가다머가 관심을 갖는 다른 경험 개념은 어떤 의미에서는 반복될 수 없고 기존의 견해를 부정하는 경험이다. 즉 이러한 가다머의 경험 개념은 과거의 경험을 추체험(reexperience)[18]할 수 없음을 의미한다. 가다머는 이해란 자연과학적 방법론인 '경험'과는 다른 '해석학적 경험'(hermeneutical experience)이라고 주장한다. 해석학적 경험은 부정성(negativity), 개방성(openness), 관계성(relationship), 언어성(language)이라는 성격을 갖는다.

가다머는 경험의 부정성과 개방성을 반영하는 해석학적 경험의 이해를 '나-너'(I-Thou)의 관계성의 구조를 통해 설명한다. 그는 너를 살아있는 인격체로 보고 너의 주장을 경청하고 나의 경험을 성찰함으로써 더 나은 이해를 할 수 있는 관계의 유형을 강조한다. 이러한 관계성은 대화적 성격을 지녔으며 물음과 답변의 구조를 지닌다. 이 속에서 지평융합이 일어나며 이것은 언제나 개방적인 관계이다. 이러한

---

17 H-G. Gadamer, *Truth and Method* (New York: Crossroad, 1998), 385.
18 추체험이란 원저자가 체험했던 바를 그대로 다시 체험한다는 개념인데, 가다머는 이러한 추체험이나 재구성 또는 재생이 이해를 위해서 꼭 필요하지만 이러한 재구성을 해석학의 근본적 혹은 최종적 작업으로 간주하거나 심지어는 이해의 핵심으로 간주하려는 태도를 경계한다. 따라서 가다머는 해석학의 과제를 재생이 아닌 통합으로 본다. Gadamer, *op. cit.*, 353 참조하라.

해석학적 경험의 관계성은 언어의 맥락에서 이루어지는데, 가다머는 언어란 인간의 세계 경험을 가능하게 하는 '보편적 매개'라고 본다.

이러한 맥락에서 가다머의 해석학적 경험이 교육적 경험이 될 수 있느냐에 대한 물음에 대하여 필자는 자기성찰과 고양을 촉진 시킬 수 있는 해석학적 경험은 교육적 의의가 충분하다고 본다. 그러나 여전히 우월한 전통으로서 이성의 전통에 기초하는 '나-너'의 대화 모형은 내(I)가 주체, 기득권자, 거대 담론, 대문자화된 지식으로 환원되어 너(Thou)와의 의사소통이 체계적으로 왜곡되는 위험성을 여전히 내포한다.

(2) 하버마스의 비판적 해석학과 '담론 모형'(Discourse Model)의 한계

대화의 성격을 갖고 있는 가다머의 '이해'에 근거한 '대화 모형'은 기독교교육학자들이 이 세상에서 더욱 책임 있게 행할 수 있도록 도울 수 있다. 그러나 가다머의 대화 모형은 대화 과정에 잠재적 권력의 작용 등에 대한 비판적 영역이 결여되었다. 그러나 하버마스는 가다머의 대화 모형과 의사소통이 체계적으로 왜곡될 수도 있다는 가능성을 지적한다. 다시 말해서 가다머의 철학적 해석학은 우월한 전통으로서 권력과 지배의 문제에 대해서는 침묵하기 때문에 왜곡된 의사소통의 취약성을 지닐 수 있다는 것이다. 한편, 하버마스의 왜곡된 의사소통을 극복할 수 있는 '이상적 담화'는 이상적 사회 상태, 이상적 대화 공동체의 이념으로 나타나게 된다.[19] 이러한 이상적 담화를 전제하는

---

19 김재현, "하버마스 사상의 형성과 발전," 장춘익 외, 『하버마스의 사상: 주요 주제와 쟁점

하버마스의 '담론 모형'의 핵심은 공공 담화의 절차를 중요시하는 것으로 나타난다. 이기범[20]은 하버마스의 견해를 '절차적 견해'를 중시하는 의사소통 형태로 보았다. 하버마스의 절차주의는 공중의 절차화(proceduralization)를 위한 것이며 문화적 전통과 본질적 규범이 공중의 토대가 아니라, 합의에 도달할 능력이 있는 자율적 참여자들의 의사소통의 그물망과 절차가 공중의 토대가 되어야 한다는 것이다.[21] 물론, 하버마스는 공공 담화를 이루는 의견들이 특정 전통과 좋은 삶의 개념에 의존함을 인식했기 때문에 특정 집단의 가치와 의미의 얼개망을 중시 여겼다. 그럼에도 하버마스의 절차적 견해가 다양성과 공통점을 조화시키는 과정에 모호성이 여전히 남아 있다.

카푸토(J. Caputo)는 하버마스의 지나친 절차주의에 대하여 다음과 같이 비판한다.

당신이 합리화하기 시작함으로서 인류를 행복하게 만든다. 만일 그것이 당신을 만족시킨다면 그것이 옳은 것이라고 간주할 수 있다. 그러나 그러한 합리화는 물가상승(inflation)과 같은 것이다. 상승/팽창은 경제 분야뿐 아니라 철학에서도 항상 위험성을 내포한다. 그러한 지나침은 하버마스에게서도 볼 수 있다. 후기 데카르트 사상 안에 있는 많은 철학적 도식들이 폭등되고 있다.[22]

들』(서울: 나남출판, 1996), 31.

20 이기범, "참여민주주의와 '공교육'의 의미," 강영혜 외,『현대사회와 교육의 이해: 교육철학의 최근동향』(서울: 교육과학사, 1994), 384-387.

21 이기범, *Ibid,* 384.

카푸토는 가다머와 하버마스가 이해에 도달하기 위해서 보편적으로 유효한 방식들을 가정함으로써 윤리의 토대를 약화시켰다고 믿고, 데리다와의 조우를 통하여 형이상학의 잔재를 지닌 해석학을 비판한다.

2. 카푸토의 급진적 해석학과 '유동 모형'(Flux Model)

가다머의 '대화 모형'은 기독교교육에 영향을 미친 이원론적 인식론을 극복할 수 있는 실마리를 제공할 수 있다. 또한 가다머의 '이해' 개념을 통해 관계성의 새로운 가치를 재발견함으로써 기독교 공동체에 시급한 문제인 세대 간의 다양한 갈등의 문제들을 풀어나갈 수 있는 가능성을 찾을 수 있었다. 한편 하버마스는 가다머의 '대화 모형'의 한계를 극복할 수 있는 대안을 마련하였다. 즉 가다머의 전통에 대한 맹목적인 믿음과 의존이 체계적으로 왜곡된 의사소통을 정당화할 수 있기에 하버마스의 의사소통의 절차성과 합리성을 중시하는 '담론 모형'을 통해 세대 간에 왜곡된 의사소통의 과정을 살펴보고 의사소통의 왜곡의 기저가 될 수 있는 근본주의 교육과 민중신학적 교육의 한계를 살펴볼 수 있었다. 그러나 하버마스의 담론 모형 역시 지나친 절차성과 의사소통의 이론화로 인해 다양성, 차이성 그리고 소수 담론/대립

---

22 J. D. Caputo, "The Philosophical Dialogue: James L. Marsh, J. D. Caputo, and M. Westphal," In *Modernity and Its Discontents*. eds. J. L. Marsh, J. D. Caputo, and M. Westphal (New York: Fordham University Press, 1992), 128-129.

-담론(mini-narrative/counter-narrative)에 참여하는 데 한계를 지니게 된다. 따라서 필자는 세대 간의 다양한 갈등을 해결하기 위한 획일화된 문제해결을 대안으로 내놓는 것이 목적이 아니라, 카푸토의 '유동 모형'을 통해서 세대 간의 갈등과 서로의 다름을 볼 수 있는 대안을 찾을 수 있다고 본다. 그 대안을 통해서 세대 간의 갈등을 해결하기 위해 관계성의 가치를 재발견하고 재해석할 때 각각의 세대가 서로 간의 다양성과 차이성을 인정할 수 있는 성숙한 기독교 공동체가 될 것이다.

1) 카푸토의 급진적 해석학과 데리다의 해체주의의 조우

카푸토는 데리다(J. Derrida)의 '해체'(deconstruction)가 단지 '파괴'(destruction)의 의미를 지닌 해체가 아니라고 주장한다.[23] 오히려 카푸토에게 데리다의 '해체'는 부분들의 운동이며, 재조합이며, 재정렬을 의미한다. 카푸토는 해체란 방법론—즉 독해를 위한 적용으로써 방법론—이 아니라 독해의 한 행위이며, 읽어내는 행위가 매 순간 이루어질 때마다 독특한 것이라고 보았다.[24] 성공적인 독해란 타자가 말할 수 있도록 해주는 독해의 행위이며 어떤 구조가 지닌 의미의 증식과 산종(dissemination)을 뜻한다.[25] 다시 말해서 해체적 독해란 끊임없는

---

23 J. D. Caputo, *Radical Hermeneutics: Repetition, Deconstruction, and the Hermeneutic Project* (Bloomington: Indiana University Press, 1987), 63-64.

24 M. McQuillan, ed. "Introduction: Five Strategies for Deconstruction," In *Deconstruction: A Reader* (New York: Routledge, 2001), 6-7.

25 *Ibid*., 7.

독해의 행위 속에서 이루어지며 '안'(inside)과 '밖'(outside)[26]의 관계성이 이미 해체 '안'에 있음을 우리가 볼 수 있도록 해주는 것이다.[27] 하이데거가 "해체 없이는 해석학적 회복이 없으며 그것을 목표로 삼을 수 없다"라고 주장한 반면, 하이데거의 좌파인 데리다의 해체는 해석학이 담지하고 있는 형이상학의 잔재를 해체하는 것이다.[28] 즉, 데리다의 해체는 로고스 중심주의(logocentrism)[29]속에 모든 의미의 근원을 두려는 폐쇄적 구성주의를 해체시키는 침전 막기(de-sedimentation)이다. 해체는 '진리'라고 믿는 것들이 침전되어 화석화된 것을 벗어나는 탈출과 같은 것이다.

해체란 우리가 기대한 사건의 불가능성에 의해 이루어진다. 예를 들면 우리가 타자가 말하는 것을 들을 때마다 우리는 항상 타자성을 나의 동일성으로 환원시킨다.[30] 그 타자는 데리다가 말하는 텍스트 안에서 계속 말을 하게 된다. 그러므로 우리는 타자성의 효력을 알기

---

26 데리다의 해체를 잘 표현하는 구절은 "There is nothing outside the text" 혹은 "There is nothing but context", 즉 "텍스트 밖은 없다" 혹은 "컨텍스트만 있다"이다. N. Royle, *Jacques Derrida* (NY: Routledge, 2003), 65. 참조하라.

27 N. Lucy, *A Derrida Dictionary* (Malden, MA: Blackwell Publishing, 2004), 12.

28 Caputo, *op. cit.,* 1987, 65.

29 플라톤 이래 서양 철학은 언어(로고스 즉 대화)를 통해 진리가 드러난다고 믿어 언어를 글이나 그림보다 중시했다. 또한 로고스 중심주의는 현전(現前)의 형이상학이 대화를 진리의 통로로 생각한 음성 중심주의(phonocentricism)와 같은 맥락이다. 데리다는 바로 이성과 음성이 담보하는 진리의 현전성을 강조한 서양 철학의 진리관을 비판한다. 이러한 비판은 서구 문화 전반에 대한 비판이다. 신국원, 『포스트모더니즘』(서울: 한국기독교학생회, 1999), 195-196 참조하라.

30 McQuillan, *op. cit.,* 6-7.

위하여 데리다의 해체를 이해해야만 한다. 이와 같이 해체는 끊임없이 읽어내는 행위에 참여하는 것이다. 해체는 한편으로 불가능의 가능성(the possibility of the impossible)을 제공하고, 다른 한편으로 적절한 명명(naming)의 한계를 지적한다.

성공적인 해체는 주어진 진술이 한정된 의미를 지니지 못함을 우리가 깨닫게 해준다. 또한 성공적인 해체란 모든 텍스트, 사회적 제도들 혹은 가치나 관례들이 현재의 점유된 범주들을 초과하고 있음을 우리가 인식하도록 돕는 것이다.[31]

카푸토의 '유동'(flux) 개념은 대부분 모호성과 이성 사이의 상징적 관계의 불명료성과 이해관계의 다의성을 함의한다. 또한 카푸토의 유동 개념은 그의 급진적 해석학과 관련된다. 카푸토는 해석학의 노선을 버리지 않고 그것의 한계를 극복하고 급진적 해석학을 발전시키기 위하여 데리다의 해체 개념을 수용한다.[32]

카푸토는 공동체 혹은 제도라는 전통적이고 영구적 구조들을 필수적인 것으로 수용함으로써 해석학적 전통을 따르지만, 더 나은 도덕성과 윤리를 위해서 모더니즘 혹은 포스트모더니즘, 절대주의 혹은 상대주의 등 어느 한쪽과의 단절을 시도한다. 그는 통제의 요소가 완전히 배제된 자유와 논쟁을 추구하는 포스트모더니즘에 대해 회의적인 반면, 모더니즘의 절대적이고 대문자화된 이성(Reason)과 지식

---

31 J. D. Caputo. *The Prayers and Tears of Jacques Derrida: Religion without Religion* (Bloomington: Indiana University Press, 1997), 31.

32 J. D. Caputo, *More Radical Hermeneutics: On Not Knowing Who We Are* (Bloomington: Indiana University Press, 2000), 55-56.

(Knowledge) 등을 또한 거부한다.33 데리다가 해석학의 억압적 측면을 비판하면서 해체의 필수불가결함을 주장했다면, 카푸토는 인간의 억압화 과정에서 부지불식(不知不識) 중에 나타난 과학과 신앙이라는 이분법을 구현시킨 전통적인 형이상학적 구도에 맞서는 상황화된 대안, 즉 자아와 타자를 동시에 발전시키는 양상을 강조한다.

2) 결정불가능성, 유동성 그리고 이해

(1) 결정불가능성(Undecidability)

가다머와 하버마스가 이성을 방어하려고 노력했음에도 불구하고 이성과 불명료함/애매모호성의 관계를 매개하려는 어떠한 시도도 선험적(transcental) 이성의 측면과 불명료함을 함께 전제하고 있다고 카푸토는 주장한다.34 따라서 이성과 모호성 사이에 추정된 매개란 없다. 그러나 카푸토는 유동성(flux)과 소위 추정된 '합리적' 과업 속에 있는 결정불가능성(undecidability)이라는 포스트모더니즘적인 용어들을 매개의 개념으로 간주한다. 달리 말하면 매개란 '자기-반성'이 인간 조건에 대한 '내적-매체'로 드러나는 것이다.

카푸토는 데리다의 인식론적, 존재론적 목적론적인 주장들을 그의 이론에 수용한다. 실제로 그는 '결정불가능성'이라는 개념을 유동(flux), 심연(the abyss), 진행-과업(the ongoing task)으로서 사용한다. '결

---

33 J. D. Caputo, *On Religion* (New York: Routledge, 2001), 62.
34 Caputo, *op. cit.*, 1992, 4.

정불가능성'이란 항상 우리와 함께하며 우리가 확언하는 주장들에 대해 계속 문제를 제기하는 것이다.[35] 데리다와 마찬가지로 카푸토는 '결정불가능성'이란 행위를 결정하는 데 망설이거나 나약해지는 것을 의미하는 것이 아니라고 지적한다. 그것은 예측, 설득, 보급, 결심을 따르는 조건이다.[36] 따라서 '결정불가능성'은 삶을 결정을 하는 데 조력한다. 카푸토는 '결정불가능성'에 대한 그의 입장을 다음과 같이 밝힌다.

> '결정불가능성'이란 회의주의, 현실도피주의 혹은 정치적 무관심(apoliticism)을 목표로 하지 않는다. 우리가 결정을 해야만 하는 상황에 대해 해석학적 민감성을 촉진하기 위해 나는 '결정불가능성'을 주장한다.[37]

카푸토의 '결정불가능성'의 심연은 회의주의적 결론에 도달하지 않는다. 오히려 카푸토가 '결정불가능성'에 관심을 갖는 가장 큰 이유는 중단 없는 '진행-과업'(the ongoing task)이다.[38] 달리 말해서 '진행-과업'이란 계속적인 성찰과 확신하지 못하는 것조차 계속해서 신념을 갖고 나가며 결코 열정을 버리지 않는 것이다. '결정불가능성'은 신앙이 발생하는 장소이며, 대문자화된 (혹은 절대적) 지식이 없이도 신앙이 진실될 수 있는 이유가 된다.[39] 카푸토에 따르면 신앙은 일종의 열정이며,

---

35 Caputo, *op. cit.*, 1997, 138.

36 Caputo, *op. cit.*, 2000. 131.

37 Caputo, *op. cit.*, 1992, 141.

38 D. Goicoechea, "Caputo's Derrida," In *Religion with/out Religion: The Prayers and Tears of John D. Caputo*, ed. J. H. Olthuis (New York: Routledge, 2002), 83.

최상의 열정은 결정불가능성에 의해 추동된다. 우리의 다양한 성찰에
도 불구하고 우리가 스스로 누구인지 실제로 무슨 일이 진행 중인지
알지 못함을 인정할 때 우리의 마음은 초현실적 경험을 하게 된다.[40]

(2) 유동성(Flux)

카푸토의 '결정불가능성'은 그의 또 다른 개념 '유동성'과 관련된
다. 그의 유동성은 데리다의 '원문자'(arche-writing)와 관련된다. 데리
다와 카푸토는 언어, 의미, 전통, 진리라는 것은 초시간적으로 주어진
것으로 간주한다. 그것들은 원문자의 흔적 속에 새겨짐으로 인해 가
능하거나 무력해진 흔적의 결과들이다. 데리다는 기표들의 차별적
구조를 따르는 세상으로부터의 흔적과 전 흔적과 같은 것을 원문자라
고 부른다.[41]

카푸토는 원문자에 대한 인식은 우리의 격언들, 본질들, 제도들,
자기-확증적 원칙들, 선험적(apriori) 진리들, 소중한 관습들이 우리
에게 어떻게 주어졌는지를 생각해 보도록 도와주며 또한 그것들은
항상 불안정한 상태 속에 있다는 것을 상기시켜 준다. 그럼에도 불구
하고 우리에게 주어진 전통, 관습, 제도들 등이 얼마나 우리의 삶에
강력한 힘을 발휘하는지를 우리가 인식할 수 있도록 돕는다. 대부분
의 서양 철학이 정의, 결정, 변증법, 예증들을 통해 배타성과 수용성에

---

39 Caputo, *op. cit.*, 2001, 128.

40 *Ibid.*, 2001, 128-129.

41 Caputo, 1987, 138.

대한 정확한 기준을 설정하기 위해 노력한 반면, 데리다와 카푸토는
'결정불가능성', '산종'(Dissemination) 그리고 '차연'(Différance) 등의 개
념을 우리가 인식하도록 도와준다. 카푸토의 유동성 개념은 '… 함께/
… 함께하지 않고'(with/out)라는 것에 관하여 우리가 더욱 많은 것을
배울 수 있는 기회를 제공하며, 이성을 포함하여 권력이라는 것은 우
리가 한때 그 속에서 혹은 그것에 대항하였던 상태의 결과임을 알도록
해준다. 결정불가능성, 원문자, 차연, 유동성 등의 개념들은 텍스트의
계속적인 움직임이며 변동을 의미한다. 동시에 그 흔적의 흔적이, 움
직임이 무엇을 위한 것인지 알 수 없을 때조차도 우리는 열정과 모험
심으로 인해 정진하게 된다.

(3) 이해(Understanding)

가다머는 이해란 '이해를 다르게 하는 것'이라고 정의한다. 그러나
그것은 전통의 활동에 의존된 이해이며 우리의 존재를 구성하는 해석
학적 계속성을 확보하는 것을 의미한다.[42] 가다머가 비록 지평의 융합
(fusion of horizons)의 다양성을 인정하기는 했어도 그는 항상 각각의
지평을 구성해온 지배적 전통과 전체적 통합에 관심을 두었다. 따라
서 카푸토는 가다머의 이러한 성향을 '골수 본질주의자'라고 비난했
다.[43] 카푸토는 가다머의 전통의 활동에 철학적 배경이 되는 대립된

---

42 J. H. Olthuis, "A Cold and Comfortless Hermeneutic or a Warm and Trembling Hermeneutic: A Conversation with John D. Caputo," *Christian Scholar's Review* XIX: 4 (1990), 349.

43 *Ibid.*, 350.

개념들에 대해 '결정불가능성'을 보여줌으로써 계속성과 축적된 '이해'를 강조하는 개념을 해체하고자 시도한다. 가다머가 언어를 '이해'를 위한 매개로서 묘사했다면, 카푸토는 '결정불가능성'을 '이해'를 위한 매개로 간주했다. 다시 말해서 가다머의 이해란 추체험과 재생산을 포함하지만 그 구분이 가능한 것인 반면, 카푸토의 이해란 우리의 정렬된 개념들 속에 있는 원초적인 것과 재생산된 요소들 간의 명확한 구분이 결코 불가능하다는 것이다.

한편 하버마스 또한 의사소통의 매개를 통해 타당성 요구(legitimization of validity)가 가능하며 상호주관적 의사소통의 합리성이 가능하다고 주장한다.[44] 요약하자면 가다머와 하버마스는 이해를 위해 의사소통(언어)을 매개로 삼는다. 그러나 데리다는 이해를 위해 상호주관적 영역에서의 '실제적'(real) 의사소통과 자기 내부의 상상적인 의사소통으로 나눈다. 그는 의사소통이란 실제적이거나 효과적이지 않다고 믿는다. 즉 의사소통이란 단지 사람들이 실제적 의사소통이 일어났다고 믿는 환영일 뿐이다.[45] '실제적' 의사소통이라는 것은 상징들과 매개의 작용이며, 한편으로는 혼란과 실패를 겪는 것이다. 따라서 '실제적' 의사소통이란 소위 상상적인 독백처럼 표상들(represents)을 매개로 연루된다.[46]

---

44 M. Peters & C. Lankshear, eds., "Postmodernism Counternarratives," In *Counternarratives: Cultural Studies and Critical Pedagogies in Postmodern Spaces* (New York: Routledge, 1996), 13.

45 Caputo, *op. cit.*, 1987, 133.

46 *Ibid.*, 132-133.

카푸토는 유동성(flux)의 세계 속에 거대 담론(grand-narrative)뿐 아니라 대립–담론(counter-narrative) 혹은 소수 담론(micro-narrative)[47]이 의사소통의 매개와 저항의 방식으로 공존한다고 주장한다. 결론적으로 필자는 '매개의 작용과 저항'이, '거대 담론과 소수 담론'이 공존하는 심연, 즉 결정불가능성이 카푸토의 이해의 매개라고 본다. 특히 유동성의 세계 속에 있는 소수 담론의 증식과 산종은 '이해'에 대한 모호성을 반영한 것이다. '이해'의 모호성으로 인해서 지금 알 수 없고 이해할 수 없는 것을 깨달을 때조차도 우리에게는 진행–과업(the ongoing project)의 열정이 '결정불가능성'으로 남는다. 이와 같이 카푸토는 거대 담론이란 모호성을 발생시키고 가능하게 만드는 '소수 담론'의 흔적의 흔적임을 보여준다.

3. 카푸토의 '유동 모형'의 기독교교육적 의의와 한계

지금까지 가다머와 하버마스의 의사소통 모형을 살펴보고 비판하였다. 또한 카푸토의 '유동 모형'을 이루고 있는 제 개념들의 의미를 살펴보았다. 이 장은 카푸토의 '유동 모형'의 교육적 과제를 다음과 같은 주제를 설정하여 조명해 본다.

---

47 료타르는 '소수 담론' 혹은 '대립-담론'이란 매개와 저항이 공존하는 방식으로 보았다. 필자는 이러한 방식이 마치 카푸토의 유동성(flux)과 유사하다고 본다. Peters & Lankshear, *op.cit.*, 13 참조하라.

1) 인식론의 전환을 통한 기독교교육의 정체성

　신학과 기독교교육학은 모(母)학문이 무엇이냐는 오랜 논쟁의 결과 기독교교육이 독립 학문으로서 자리매김을 하게 되었으나, 작금 신학적 목적 설정이 교육학적으로 재구성[48] 되기 위하여 인식론의 전환이 요청된다. 게다가 절대주의, 이원론적 사고, 객관주의, 합리주의 등 전통적 인식론에 근거한 근본주의 기독교교육과 민중신학적 교육의 인식론은 오늘날 기독교 공동체 내의 교육 현상을 인식해 내고 그 대안을 마련하기 어려운 실정이다. 특히, 세대 간의 갈등은 어떤 세대나 겪을 수 있는 연령 주기적인 차이와 갈등이 아니라, 포스트모던 시대라는 이질적인 사회에서 더욱 심화되어서 "한 집단이 추구하는 궁극적인 가치가 상대 집단으로는 도저히 받아들일 수 없는 기본적인 차이"[49]가 두드러지는 갈등이다. 세대 간의 갈등은 기독교 공동체뿐 아니라 사회 전반에 걸친 부모 세대와 자녀 세대의 가장 큰 갈등의 원인이다. 한국의 아동과 청소년의 부모에 대한 지각을 분석한 표집[50]에 따르면, 자녀들이 부모와 느끼는 갈등의 가장 대표적인 이유는 '세

---

48 "재구성이란 교육과정을 위한 신학의 응용이 아니라, 신학적 내용이 지시하는 의미를 동시에 교육의 문제 영역 안에서 철학적으로 반성 내지 성찰하는 작업을 말하거나 혹은 신학적으로 해소될 수 없는 교육 현상을 고유하게 인식해 내는 것을 의미한다." 송순재, "기독교교육의 학문적 가능성,"『교회학교 교사와 기독교교육 전문가를 위한 기독교교육』(서울: 대한 기독교교육협회, 1999), 99 재인용.

49 김희재, *op. cit.*, 86.

50 박영신 외,『한국인의 부모자녀 관계: 자기개념과 가족 역할 인식의 토착심리 탐구』(서울: 교육과학사, 2004), 253; 261-262.

대차이'이다. 두 번째로 갈등을 느끼는 원인은 '학업 문제'임이 밝혀졌다. 여기서 학업 문제란 '공부를 못 한다'든가 '공부를 안 한다'든가 또는 '놀기만 한다' 등과 같은 맥락으로 이해할 수 있고, 이러한 갈등의 원인은 부모에 대한 죄송한 이유 중 하나로서 응답 결과가 나타났다.

이러한 사회적 현상과 관련하여, 기독교 공동체의 지도자 혹은 교육자들은 현재 교회교육의 실체를 직시해야만 한다. 소수의 학생부 모임 및 최소한의 행사, 심지어 예배와 성경공부는 학원 시간을 피해야 한다. 또한 '학교 성적'이 부모와 학생들의 최우선 관심사라는 것이 현재 교회교육의 현실이다. 필자의 연구 분석에 따르면, 신앙을 간직하기를 원하는 학생들이 연구 대상의 80%를 차지했으나, 그들은 부모가 강요하는 소위 '교리대로 사는' 전형적인 기독교인이 되기를 거부한다. 또한 전근대적인 권위주의와 교리주의는 거부하나 부모에게 효(孝)를 다해야 한다는 생각은 지배적이다. 여기서 효란 교회 출석과 학업 문제로 인해 부모와 갈등하지 않는 것을 포함한다. 따라서 일반 청소년에 비해 교회 공동체의 청소년들은 더욱 위축된 심리적 현상을 나타낸다. 따라서 포스트모던 시대의 이러한 제 현상을 인식하여 대안을 마련할 수 있는 인식론적 존재론(epistemic ontology)이 요청된다. 교육은 인식론을 버릴 수 없다. 달리 말하면 기독교교육의 인식론이란 앎(knowing)과 존재 혹은 삶(being)은 분리된 것이 아니라 함께하는 것이며, '무엇'을 사랑하느냐 혹은 '무엇'을 행하느냐의 문제가 아니라 '어떻게' 사랑하느냐 혹은 '어떻게' 행하느냐[51]의 문제이다. 어떠한 것

---

51 카푸토는 어거스틴의 진술을 인용하는 데, "내가 하나님을 사랑할 때 나는 무엇을 사랑하

을 안다는 것은 그것을 행하는 존재 혹은 삶을 함의한다.

이 글은 가다머, 하버마스 그리고 카푸토의 의사소통 모형을 통해서 기독교교육의 인식론적 전환을 제시하고자 시도했다. 비록 데리다와 카푸토의 사상이 가다머와 하버마스와는 달리 해체주의, 포스트모더니즘 혹은 상대주의 등으로 불리기는 하지만 필자는 그들의 사상적 범주를 넓게는 해석학의 범주로 규정하여 급진적 해석학으로 구분하였다. 더 나아가서 포스트모더니즘의 부정적 측면보다는 교육과 관련하여 어떻게 새로운 인식론적 전환에 기여하는가에 강조점을 두었다. 데리다는 해체를 독해(reading)의 한 방식으로 규정하였고, 서구 철학의 형이상학적 이분법적 구도의 좌편에 놓인 신앙, 여성, 동양, 감정, 객체 등 소수와 약자로 구분되는 영역을 우리가 볼 수 있는 독해력을 제공했다. 반면, 카푸토는 데리다의 해체주의가 지니고 있는 회의주의, 비이성주의, 냉소주의 등 부정적 요소를 거부하면서, 한편으로는 해체가 제공할 수 있는 구조가 지닌 의미에 대한 '침전-막기'(desedimentation), 모든 것을 종속시키는 절대화된 대문자로서 '이성'(Reason) 및 '지식'(Knowledge)의 거부, 예상치 못하고 훈련되지 않았던 미래에 대해 대처하는 능력과 열정 등을 수용한다. 카푸토의 이러한 행동의

는가?"(When I Love my God, what do I love?)라는 문장을 만약 바꾼다면 카푸토는 "내가 하나님을 사랑할 때 어떻게 사랑하는가?"(How do I love when I love my God?)로 바꾸고 싶다고 주장하면서 실천과 행동의 해석학을 강조한다. 그러나 여기서 '어떻게'란 방법론의 문제가 아니라 어떻게 '사느냐'에 강조점이 있다. 신의 이름은 행동화되는 것을 의미하며, 무한한 질문성, 끊임없이 질문 가능한 것의 이름이며, 예측할 수 없는 미래를 향해 열려있고 불가능의 가능성(the possible of impossible)의 이름이다. Caputo, *op. cit.*, 2001, 134; 138-139 참조하라.

해석학은 기독교교육의 인식론에 중요한 기점이 된다.

근본주의 교육의 교조 중심적인 교육을 거부하고, 동시에 민중신학적 교육인 억압자와 피억압자의 이분법적 구도에 자신들은 속하지 않는다고 믿는 N 세대를 이해하고 교육하기 위해서 대문자화된(Capitalized) '이성' 및 '지식'에 근거한 인식론을 벗어나야만 한다. 기성세대는 이전까지 열등하고 냉소적으로 범주화시켰던 여성, 하위문화(자녀들을 포함한 청소년 문화), 전통문화, 동양, 감성, 비이성, 놀이 등에 대하여 서로의 다름과 가치를 볼 수 있어야 한다. '이성'은 기성세대가 알고 있는 절대화되고 교리화된 '이성'과 '지식'만이 아니라, 열등하다고 범주화시켰던 그들 속에 있는 건전하고 다양한 '이성들'(reasons)을 인정해주어야 한다. 기성세대가 차별화시켰던 그것들은 유동(flux)하는 물속에서 춤추는 것 같아 옳고 그름으로 이분화시킬 수 없으며, 불확실성/결정불가능성한 듯 보이지만 혹여 예상치 못하고 경험치 못한 상황을 헤쳐나갈 수 있는 능력과 열정을 지니고 있다.

이러한 인식론적 존재론의 과제는 오늘의 삶을 해독하고 해체하며 앎의 문제와 삶의 문제를 새로이 구성해 나가는 작업이다.

2) '유동 모형'을 통해서 본 새로운 '이해' 개념의 교육적 의의

가다머의 이해의 매개는 해석학적 경험이며 그것은 부정성, 개방성, 관계성, 언어성이라는 성격을 갖는다. 그것의 핵심적 개념은 '지평들의 융합'(fusion of horizons)과 '거리둠'(distance)이다. 지평의 융합을 통해 전통과 전통이 만나고 거리 둠을 통해 서로의 차이를 살펴볼 수 있는 인식의 틀을 제공한다. 그러나 전통의 옷을 입은 절대화된 대문자로서 이성은 항상 우위를 점하고 권력을 행사할 수 있는 억압의 관계로 자리 매겨질 수 있다. 그리하여 가다머의 '대화 모형'은 해석학적 이해의 결여된 부분으로 남게 되었다. 반면 하버마스의 '담론 모형'은 가다머의 대화 모형의 한계를 극복하여 의사소통의 체계적 왜곡의 가능성을 지닌 공공 담화의 절차를 중시하는 의사소통 형태이다. 그러나 이것 또한 의사소통의 관계를 지나친 절차, 타당성, 이론화 등에 점철시켜서 '나와 너'가 다양한 방법을 구상하고 실천하려는 노력을 약화시킬 수 있다. 또한 하버마스의 절차적 견해는 "보편적이고 형식적인 담화 절차에 의해 공중의 절차적 토대가 특정 전통과 그 좋은 삶의 견해에서 독립하여 보편적인 것으로 될 수 있다."[52] 하버마스의 공공 담화란 N 세대가 지니고 있는 가치의 선호 혹은 다양한 '좋은 삶'[53]에 대한 관심의 문제가 아니라 행위규범의 타당성을 다루는 것이다. 이럴 경우 하버마스의 담론 모형은 공공과 규범성이라는 보편적 원리에 제한받게 되고 N 세대의 다양한 요구는 공공 담화에 제외될 가능성이 높다. 이러한 가다머와 하버마스의 의사소통 모형의 한계를 극복하기 위한 대안으로 카푸토의 유동 모형은 규범과 가치의 선호, 공공과 다양한 '좋은 삶'의 이분법적 구도를 탈피하여 이해의 매개를

---

52 이기범, *op. cit.*, 389.

53 필자의 조사에 따르면, 차세대가 선호하는 좋은 삶이란 기성세대의 것과 달리 나타나며, 기성세대는 '좋은 삶'이란 규범을 따르는 삶으로 나타났고, 차세대에게 '좋은 삶'이란 '좋은 느낌을 갖는 것'이 좋은 삶을 대표하는 것으로 나타났다.

결정불가능성 혹은 유동성으로 삼는다.

달리 말하면 급진적 해석학의 인식론적 존재론은 '나'(기성세대/ 주체/ 서양/ 남성/ 교육자/ 절대적 '이성')와 '너'(차세대/ 객체/ 동양/ 여성/ 피교육자/ 전통)의 이해의 매개를 '결정불가능성' 혹은 '유동성'으로 본다. 또한 그러한 불확실함과 불안정한 매개가 이해의 출발점이 된다. 이러한 인식론은 '종교 없는 종교'(religion without religion),[54] 즉 화석화되고 교조화된 신앙이 아닌 야성적이고 불안전한 미래를 향해 기투(project)하는 능력과 열정의 신앙을 지향한다. 유동 모형을 통해서 본 세대 간의 갈등은 난제가 아니라, 곧 우리의 삶 자체이다. 이러한 삶을 읽어내고 타당한 형식으로 해체하고 구성해 나가는 것이 앎이며 삶이다.

'믿음'이란 이해의 한 방식, 사물에 대해 말하는 방식, 표적들을 독해하는 방식, 활동과 흔적들을 통해 우리의 길을 형성해 나가는 해석학적 방식으로부터 발생한다.[55] 달리 말해서 기독교란 어떻게 유대인의 경전을 독해해야 하는지, 예수의 죽음과 부활의 표적들을 어떻게 읽어내야 하는지에 대한 인식/앎(knowing)에 의존하는 경전의 종교이다.[56]

카푸토는 이러한 의미로 성경의 '엠마오로 가는 제자'[57]의 이야기

---

54 종교 없는 종교(religion without religion)은 카푸토의 핵심 사상이다. 죽은 종교, 화석화된 종교, 삶이 따르지 않는 탁상공론의 종교가 아닌, 행동하는 종교, 신을 사랑한다면 어떻게 사랑할 것인지를 강조하는 사상이다.

55 Caputo, *op. cit.*, 2000, 196.

56 *Ibid.*, 196.

57 많은 기독교 학자가 누가복음 24장 13-35절의 '엠마오로 가는 제자' 이야기를 언급한다. 해방 교육자 러셀(L.M. Russell)은 이 본문에서 두 제자와 부활한 예수와의 대화의 구체적 사

를 해석한다. 엠마오로 가는 제자들은 우리의 모습과 같다. 신앙을 갖고 있었다고 믿었던 우리가, 서로를 잘 이해하고 있다고 믿었던 다른 세대들이, 어느 날 의심하고 방향을 잃어버렸을 때, 그래서 마치 물속에서 표류하는 듯했으나 그러한 상황 조차에서도 신앙의 열정이 계속되는 것, 그것이 바로 '결정불가능성'이다. 특히 글로바의 명명되지 않은(the unnamed friend) 친구처럼 우리가 누구인지를 모를 때, 하나님의 뜻을 분별하기 위한 표적들에 대한 결정불가능성으로 인해 혼란에 빠졌을 때, 우리는 바로 말씀 속에서 우리 자신을 발견하게 된다. 그러한 깨달음은 마치 글로바가 낯선 사람(예수)이 축사하고 떡을 떼어 줄 때 무슨 일이 일어났는지를 깨닫는 경험과 같다.58 우리는 예수와 제자들과의 담화에서 서로에게 강요하지 않는 모습을 보게 된다. 배신의 길을 가고 있는 제자들에게 예수는 자신의 권위를 내세워 특정하게 명명하고 규정(naming)—비겁자, 도망자, 불신앙자 등—하지 않는다.

례를 근거로 기독교교육 구조의 '대화'의 기본 원리를 제시한다. 선교의 기본 구조는 대화이며 그 과정에서 신앙의 눈이 열려서 하나님께 응답하게 된다는 것이다(고용수, *op. cit.*, 65). 또한 기독교 종교교육의 해석학적 접근 모형을 제시한 토마스 그룹(T. Groome)은 부활하신 예수가 엠마오 도상의 두 제자에게 과거와 현재에 대한 대화를 통해서 그들 스스로 이야기에 참여하고 미래의 비전(vision)을 갖게 하여 실제로 비판적 성찰(praxis), 즉 행동과 성찰의 끊임없는 변증법적 과정에 참여하게 했다고 설명한다. 기존의 전형적인 교육자들은 학생에게 지금 당장 보아야 할 것을 말하지만, 예수는 그들이 스스로 깨닫게 될 때까지 기다려준 것을 그룹은 강조한다. 그룹은 이러한 대화, 깨달음, 참여가 기독교 종교교육을 수행하기 위한 하나의 가능성이라고 믿는다(Groome, *op. cit.*, 136). 카푸토 또한 이 부분을 강조하는데, 믿음을 삶(being)과 앎(knowing)에 관련하여 설명한다. 이런 면에서 기독교교육자들은 초월적이고 논증 불가능한 초월적 표적과 말씀들을 우리가 어떻게 읽고 해석하여 앎(knowing)에 이르는지를 숙고해야 한다.

58 Caputo, *op. cit.*, 2000, 196.

기독교 공동체 내에서 '나와 너'가 특정한 권위를 갖고 서로를 규정하고 명명하지 않으면서 다양성과 차이성을 인정하고 결정불가능성을 담화의 출발점으로 삼는다면 세대 간의 '이해'가 시작될 것이다.

3) '관계성의 가치'의 교육적 의의

카푸토의 '유동'(flux) 혹은 '결정불가능성'의 개념은 가다머의 '대화 모형'과 하버마스의 '담론 모형'을 극복할 수 있는 개념이며, 세대 간의 갈등을 극복할 수 있는 통찰력을 제공한다. 카푸토의 '유동 모형'은 획일화된 은행식 교육체제와 이원론적 인식론 그리고 타자를 명명함으로서 범주화시키는 교육의 제(諸) 현상 등을 비판할 수 있는 패러다임을 함의한다. 한국의 부모 세대와 N 세대, 남성과 여성, 목사와 교인, 교사와 학생이라는 수직적 관계성은 유교 문화의 전근대적인 가부장제도의 전통에 근거한다. 따라서 이들의 관계성은 전자가 후자를 명명(naming)하고 범주화하는 이분화된 구조로 자리매김하고 있으며, 한편으로 '효', '복종', '예'(禮)라는 한국적 관계성의 가치를 부지불식간에 전제하고 있다.

필자의 조사연구에 따르면, N 세대가 한국적 관계성의 가치로 가장 소중하다고 생각하는 것은 '정'(情)59이다. '정'의 개념에는 두 가지

---

59 정 개념은 효와 돌봄의 의미를 포함하고 있는데, 그 이유는 부모에 대한 반항심과 거부반응에도 불구하고 효도를 해야 한다는 것이 미운 정과 같은 범주에 속하며, 부모의 돌봄과 희생이 고운 정과 같은 의미로 이해하고 있다. 따라서 정 개념은 미운 정과 고운 정, 효와 돌봄 그리고 따뜻함, 희생 등을 내포한다.

측면이 내포되는데, 한 가지는 '효'(filial duty)의 의미를 담고 있으며 다른 한 가지는 '돌봄' 혹은 '희생'(care)의 의미를 함의한다. N 세대는 효와 돌봄의 의미를 내포하고 있는 한국적 관계성의 가치로 '정' 개념을 가장 중요하다고 믿는다. N 세대는 한편으로 가부장적이고 권위주의적이며 수직적인 전근대적 혈연과 인맥 중심의 인정주의 관계성은 거부하면서, 다른 한편으로 효와 돌봄의 관계성을 높이 평가한다. 그들은 이러한 관계성의 가치를 형성하는 데 영향을 미친 요인 중 하나는 학교 교육의 교육과정[60]이라고 응답했다. 즉 중학교 및 고등학교 국어 교과서 교과과정에 나타난 대표적 단편 소설은 '정' 개념과 관련되어 이야기가 전개된다. N 세대는 이러한 교과서에서 가장 관계성의 가치로 높이 평가한 것은 '심청전'에 나타난 정의 한 부분인 '효'이다. 그들은 효의 억압적이고 맹목적인 부분에 대해서는 거부감을 갖지만 부모님의 희생[61]이나 돌봄에 대해 보답해야 한다는 의미로 '효'를 '정' 개념의 한 부분으로 평가한다.

이상의 자료를 분석 결과에 기초하여, 필자는 '유동 모형'을 통해서 관계성의 가치의 교육적 의의를 살펴보고자 한다.

---

60 황순원, <소나기>, 중학교 1학년 교과서; 작자 미상, <심청전>, 중학교 1학년 교과서; 이효석, <메밀꽃 필 무렵>, 고등학교 2학년; 허균, <춘향전>, 고등학교 2학년 교과서 참조하라.
61 박영신은 한국의 '아동과 청소년들이 부모에 대해 어떻게 생각하고 있는가'라는 연구에서 한국의 아동과 청소년들은 부모에 대해 매우 고맙게 생각하고 있으며 강한 존경심을 갖고 있다고 결론을 내린다. 또한 그들이 그렇게 생각하는 이유는 부모의 절대적인 희생과 가족을 위한 고생이 부모를 고맙게 생각할 뿐 아니라 존경하는 가장 대표적인 이유이다. 응답자의 약 40%가 부모를 존경하는 이류로서 부모님의 희생을 압도적으로 지적한다. 박영신, *op. cit.*, 286-287 참조하라.

첫째, 기독교 공동체의 교육자는 불명명(不命名/unnamed)의 중요성을 충분히 인식해야 한다. 기존의 인식론에 영향을 받은 교육자와 기성세대는 차세대와 그들의 문화를 하위문화, 뿌리 없는 세대, 표류하는 세대, 효를 모르는 세대, 정이 없는 세대 혹은 불신앙의 세대라고 명명하고 범주화시킨다. '유동 모형'은 N 세대가 마치 흐르는 물속에서 토대 없이 변하며 흔들리는 세대처럼 보이지만 실상은 그 유동 속에서 즐기며 춤추고 기성세대의 전통과 문화의 가치를 인식할 수 있는 세대임을 보여준다. 이미 필자가 설명했듯이, N 세대는 또한 '신앙을 지키는 것'을 중요한 사항으로 평가했다. 그들은 '정' 개념에 대해서도 효의 성격을 가진 권위주의적이고 수직적 관계성은 거부하지만 돌봄 혹은 희생의 성격을 지닌 '정' 개념의 긍정적인 부분은 수용한다. 근본주의와 민중신학적 교육에 영향을 받은 교육자가 전통문화의 부정적인 부분—즉 가부장적이고 권위주의적인 관계성[62] 등—을 기독교 공동체의 기반으로 삼고 있으면서도, 유동하는 물처럼 섞여서 흐르고 있는 관계성의 가치를 재발견하는 일에 대해서는 소홀했다.

유동하는 세대는 기성세대가 생각했던 것처럼 무관심하고 표류하는 세대가 아니라, 전통문화와 기독교문화의 부정적인 측면과 긍정적인 측면을 수용하고 비판할 수 있는 그들의 '결정불가능'한 이해의 매개가 있음을 기독교교육자는 인지해야만 한다.

둘째, 교육자는 소수 담론과 '좋은 삶'의 의미를 볼 수 있는 인식의

---

[62] 2003년 한국의 대표적 교단의 지도자가 여성 목사 안수 사항에 관한 '기저귀 발언'이 그 대표적인 예이다. 「한국성결신문」 제444호(2003. 12. 27) 참조하라.

전환이 요청된다. 근본주의 혹은 민중신학적 교육의 인식론을 넘어서 과거와 현재의 삶을 해석하는 과정으로서 가다머와 하버마스의 의사소통 모형은 여전히 이성 혹은 계몽이라는 서구적 전통에 터하려는 경향 때문에 소수 담론에 대한 대안이 미비하다. 기독교 공동체의 교육자는 N 세대의 소수 담론이 기성세대의 거대 담론으로 인해 무시되거나 존중되지 않는 것을 주시해야 한다. 그들의 담론은 다양하며, 규범적인 삶보다 자신들에게 '좋은 삶'이 무엇인지에 관심이 있다. 예를 들어 믿음이 있다는 것은 교리적 지식과 앎에 있는 것이 아니라 믿음을 갖고 사는 실천적 삶이 '좋은 삶'이라고 간주한다. 교육자는 이러한 소수 담론을 존중하고 섣불리 명명하거나 범주화하지 말고 '결정불가능'하지만 세대 간의 이해를 위한 매개로 인지해야만 한다. 이상과 같이, 카푸토의 '유동 모형'은 앎과 삶(존재)이 함께하는 '인식론적 존재론'이라는 패러다임의 전환을 제공한다.

맺는말

이 글은 세대 간의 갈등을 극복하기 위해 한국 기독교 공동체의 '관계성의 가치'를 중심으로 가다머의 '대화 모형', 하버마스의 '담론 모형', 카푸토의 '유동 모형'을 통해 그 의의와 한계를 검토하고 바람직한 대안을 논의하였다. 가다머의 대화 모형은 이해의 역사성을 강조함으로써 이해의 대화적 성격을 제시하고 해석학적 경험을 통해 상이한 세대 간의 지평을 이해하고 자기를 형성하는 과정으로서 교육이라는 새로운 관점을 제공하였다. 그러나 언어를 보편적 매개로 상정함으로써 우월한 전통—기성세대의 거대 담론, 잠재적 권력—의 작용 혹은 이성에 양보할 가능성을 지닌 것이 세대 간의 갈등을 극복하기 위해 부적절하다.

한편 하버마스가 공공 담화를 이루는 의견들의 특정 전통, 가치 그리고 의미의 얼개망을 중시 여겼을지라도, 지나친 의사소통의 검증을 통한 절차주의는 특수한 경험과 고통, 즉 세대 간의 갈등과 대립 등을 충분히 고려하고 차별화하기 어려운 한계를 지닌다.

마지막으로 검토한 카푸토의 유동 모형에 의하면 '이해'란 언어를 매개로 한 가다머의 '지평의 융합'이나 하버마스의 보편적 담화의 절차성을 통해서 이루어지는 것이 아니라, 결정불가능성이라는 매개를 통해 서로 간의 다양성과 차이성을 인정하고 존중하며 함부로 명명(named)하지 않는 관계성임을 보여준다.

첫째, 유동 모형은 기독교교육의 새로운 인식론을 제공한다. 존재론적 인식론, 즉 앎과 삶은 분리될 수 없음을 제시한다. 우리는 카푸토의 진술처럼 "내가 나의 하나님을 사랑할 때 나는 '무엇'을 사랑하는가?"가 아닌, "'어떻게' 사랑할까?"라는 새로운 인식의 가능성을 볼 수 있다.

둘째, 유동 모형은 결정불가능성을 통해 우리가 회의주의적 결론에 도달하는 것이 아니라. 오히려 중단 없는 '진행-과업', 즉 계속적인 성찰과 불확실한 것에 대해 열정을 버리지 않고 신념을 갖고 나가는 것을 함의한다. 이러한 결정불가능성이 교육적으로 의미 있는 것은 결정불가능성이 세대 간의 이해를 위한 전제로 작용해서, 다양한 세대들, 교사와 학생, 교회 지도자와 성도들로 하여금 서로를 성급하게 판단하고 억압하고 명명하거나 차별화하지 않고 서로를 인정하고 존중할 수 있도록 장려할 수 있기 때문이다.

셋째, 유동 모형은 '유동'(flux)의 개념을 통해서 다양한 세대가 서로 흔적의 흔적, 전통의 전통, 믿음의 믿음으로 얽혀 있음을 보여준다. 특히 모든 세대가 최고의 가치로 인정한 관계성의 '정' 개념은 한편으로 세대 간의 고운 정(감사, 돌봄, 인정, 존중, 희생), 다른 한편으로 미운 정(억압, 강요, 엄격성)이라는 삶의 방식이 지속됨을 보여준다. 비록 '정' 개념이 좋은 것 혹은 나쁜 것으로 분리할 수 없이 우리 삶에 유동하고 있으나 전자를 지속적으로 검토하여 세대 간의 이해의 매개로 삼는 것이 서로의 입장을 공유할 수 있는 공통 기반이 될 수 있다. 이와 같이 카푸토의 유동 모형은 세대 간의 갈등을 극복할 수 있는 하나의 대안이 될 수 있다. 그러나 다음과 같은 이유 때문에 카푸토의 유동 모형이 '교육적 담화'의 모형이 되기에는 계속적 연구가 필요하다.

첫째, 교육적 담화를 통해서 개인의 좋은 삶과 보편타당한 규범성의 문제의 구분에 항상 만장일치가 가능할 수 없지만, 학생 혹은 차세대가 나가야 할 방향성을 제시해야만 한다. 유동에 강조점을 두다 보면 규범과 공통의 입장을 재정립해야 할 방향성이 요청되기 때문이다. 둘째, 교육적 담화가 다양한 세대 혹은 다양한 학생들의 입장을 이해하기 위해 '결정불가능성'이라는 매개를 통해서 함부로 판단, 명명, 억압하는 일을 규제하는 것은 바람직하다. 그러나 그들의 문제를 볼 수 있고 견해의 차이를 비판할 수 있는 적절한 명명(naming)이 필요하다. '엠마오로 가는 제자'의 이야기에 나타난 예수와 제자들의 담화는 강제성이 없고 부적절한 명명도 없다. 그러나 예수는 현재의 불안한 삶과 함께 유동하는 그들이 잊었던 과거의 삶에 관해 담화를 나누며 적절한 명명을 시도한다(누가복음 24:25-31).

예수는 자신이 누구인지를 알려주고 명명한다.

이에 모세와 및 모든 선지자의 글로 시작하여 모든 성경에 쓴바 자기에 관한 것을 자세히 설명하시니라(누가복음 24:27).

강압적이고 부정적인 명명은 교육적 담화에 부적절하지만 서로를 돌아볼 수 있는 적절한 명명과 지시는 서로의 견해를 돌아보고 수정할 수 있는 계기가 될 것이다.

카푸토의 유동 모형이 다양한 세대가 나아가야 할 방향성과 적절한 명명으로 균형을 이룬다면, 기독교 공동체의 관계성의 가치를 재발견하고 발전시켜서 세대 간의 갈등을 극복할 수 있을 뿐 아니라 성숙한 공동체를 형성하는 데 기여할 수 있을 것이다.

2 부

창조적 의미를 위한
포스트모던 접근

1 장

예배, 해체적 주체와 통합적 주체가 만나는 장(場)으로서 축제
— 여성의 주체성에 대한 성찰을 중심으로

예배와 관련하여 포스트모더니즘의 비판적 성찰이 주는 공헌은 음성 중심주의를 해체함으로써 예배에 제한되어온 요소들—우리의 삶의 체험, 나눔, 교제, 감정, 여성성, 상상력, 흔적 등—의 의미를 재해석하여 예배를 풍성하게 할 수 있다는 점이다. 또한 예배에 참여하는 주체는 전통 및 권위의 소리와 현재의 자신의 삶의 이야기들과 감정적 체험 사이(betweenness)에서 긴장하며 결정을 위하여 고뇌하는 해체적이며 동시에 윤리적이고 통합적 주체임을 보여준다. 기독교 공동체는 사이버 스페이스 안에서의 네티즌(netizen)의 이야기들, 인터넷 접속을 통한 상호작용성, 여성들에 대한 소비자본주의의 이미지, 여성의 성(性)에 대한 성담론에 대한 무분별한 감각적 상상력의 부정적 측면을 인식해야 한다. 사이버 스페이스의 네티즌은 동시에 예배의 회중이라는 사실을 인정하고, 서사적 이야기, 상상력, 정복당하고 소외된 여성들의 지식에 대한 숙고와 재해석의 중

---

* 이 글은 「기독교교육정보」 24(2009), 121-150에 게재된 글을 수정 · 보완하였다.

요성을 21세기의 예배를 이해하는 새로운 관점으로 볼 수 있어야 하겠다.

시작하는 말

기독교교육의 중점 관심은 신앙의 신적인 측면으로서 성령의 사역인 신비와 하나님의 은혜에 대한 인간의 반응으로서 신앙의 인간적인 측면이다. 전자가 신앙(faith)이라고 명명된다면, 후자는 신뢰/신념(belief)으로 구분된다.[1] 신념은 심오한 차원에서 기독교 신앙의 의미를 재해석하고 재조화시키는 작업의 통로가 된다. 다시 말해서 신앙과 신념의 관계는 호혜적, 상호관련적이다. 기독교교육의 과제는 성령에 의해 신앙이 일깨워지고, 지원되고, 도전될 수 있는 장(場)을 준비하는 것이다. 기독교교육은 신념 형성은 물론이고 신앙을 형성하는 통로가 될 수 있다. 또한 기독교교육의 커리큘럼은 '교회생활의 전과정'―예배와 예전(leiturgia), 복음 전파(kerygma), 교수와 학습(didache), 섬김(diakonia), 교제(koinonia)―을 포함한다. 그중 예배는 신앙의 신비와 체험을 통합적으로 경험할 수 있는 중요한 장(長)이 된다.

한편 21세기는 사이버 스페이스[2]의 대중성으로 인하여 예배에 대

---

1 필자는 신앙(faith)과 신뢰(belief)의 개념 구분과 그것의 관계성을 박상진 교수의 입장을 인용했다. 박상진, 『기독교교육과정 탐구: 신앙, 인식론, 기독교교육과정』(서울: 장로회신학대학교 출판부, 2007), 28-29 참고하라.
2 사이버 스페이스(cyber-space)는 1980년대 이후 새로운 의사소통의 방식으로 발전되

한 인식이 달라졌다. 사이버 스페이스는 인간의 편리에 의해 예배를 '관람'하는 또 다른 공간이 되어버렸다. 또한 예배는 하나님의 부름에 대한 인간의 응답이라기보다는 온갖 종류의 퍼포먼스(performance)를 통한 관람의 공간으로 그 의미가 재해석되어 가고 있다. 바야흐로 우리는 사이버 스페이스 문화 혹은 영상문화 시대가 불러올 부정적 미래를 직시하면서도, 그것을 새로운 미디어 문화로 수용할 수밖에 없다. 사이버 스페이스의 긍정적인 포스트모더니즘적인 특징은 자기-서사적 이야기(담화)들(self-narrative),3 이미지(image), 상호작용성, 상상력이라고 할 수 있다.

필자가 이 글에서 다루는 예배에 대한 새로운 관점—예배의 교육적 기능은 서사적 이야기들과 상상력의 특성으로서 예배— 역시 포스트모더니즘의 특징인 이야기, 감정, 상상력, 주변의 지식 등의 통찰력에 기인한 것이다. 서사적 이야기와 상상력의 특성으로서 예배에 대한 재해석의 입장에 근거해서, 우리가 '의도적'으로 사람들로 하여금 하나님을 알 수 있도록 도와준다는 점은 기독교교육의 중요한 교육적 기능이다.

이런 견지에서 필자는 예배의 교육적 기능과 관련하여 '여성의 주

었다. 사이버 스페이스 시대에는 극단적인 개인주의가 가정의 의미를 말살하고 가족 구성원을 뿔뿔이 흩어 놓을 것이라고 예측되었다. 다른 한편으로 가부장주의의 몰락과 더불어 남성과 여성의 평등이 사회 경제적으로 실현된 사회가 되어갈 것이라고 예측되었다. 박충구, 『21세기 문명과 기독교윤리』 (서울: 대한기독교서회, 1999), 153.
3 필자는 본 연구에서 자기-서사적 이야기들과 서사적 담론을 같은 의미에서 사용했다. 광의적으로 예배의 서사적 이야기(담론)는 하나님의 이야기, 기독교 전통의 이야기, 우리 (여성) 자신의 이야기를 포함한다.

체성'에 대한 성찰을 중심으로 몇 가지 주제를 살펴보고자 한다.

첫째, 예배의 교육적 기능을 서사적 내러티브와 상상력의 특성의 관점에서 살펴본다.

둘째, 예배의 주체가 '나'의 행위가 아니라, 교회-'우리'[4]라는 점에 기인하여 공동체적 예배라는 입장에서 살펴본다. 예배의 해체적 주체와 통합적 주체라는 사이성(betweenness)의 긴장감을 살펴보고 그것의 건전한 필요성을 탐색하고자 한다.

셋째, 해체적 주체와 통합적 주체로서 여성의 소외된 경험과 지식의 복권을 위해서 미셸 푸코(M. Foucault)의 대항기억(counter-memory)과 대항담론(counter-discourse)을 살펴봄으로써 어떻게 남성 중심적 규범성을 지닌 성서와 예배의 전통을 극복할 수 있는지에 대한 대안을 제시한다.

넷째, 예배란 통합으로서 축제이다. 즉 기독교 전통에 대한 이야기의 전수, '여성과 남성', '나와 너'의 상황에 대한 내러티브, 고백 그리고 참여를 통한 통합으로서 축제이다. 기독교교육과 축제의 의미를 살펴보고 해체적 주체와 통합적 주체가 만나는 장(場)으로서 예배의 의의를 살펴보겠다.

---

4 이 글에서 주체의 의미가 개별적 주체성의 의미도 포함하지만 우리(we-ness), 즉 회중, 신앙의 공동체, 기독교 공동체 등으로 명명되며 '살아있는 관계성'에 근거한 다중적 주체 (multiple subjectivity/ identity)를 함의한다.

1. 예배의 교육적 기능: 서사적 내러티브와 상상력의 특성으로서 예배

예배의 교육적 기능 중 하나는 '의도적'으로 인간이 예배를 통하여 하나님을 만날 수 있도록 돕는다는 것이다. 필자는 이 글에서 예배란 기독교 전통과의 만남이며, 변화와 성장을 통한 하나님과 이웃과의 이야기들/내러티브(stories/narratives)로서 예배이며, 영성과 상상력의 특성을 지닌 예배라고 정의한다.

1) 기독교 전통과 서사적 이야기로서 예배

신앙(faith)은 하나님의 은혜에 대한 인간의 반응으로서, 신적인 차원과 인간적인 차원을 모두 포함한다. 신앙을 육성하는 교육적 기능으로서 예배는 그리스도의 교회의 주요 기능이다. 초대교회는 하나님의 요구인 이러한 예배를 잘 실행했으며, 예수가 요구한 성찬의 예전 행위(leiturgia)를 잘 시행하였다. 초대교회의 예배는 하나님의 말씀을 경청하는 것과 예수가 시행하도록 요구한 세례와 성찬을 위하여 정한 시간에 교회 공동체로 모였다.[5] 이러한 전통은 오늘날 교회가 말씀과 성찬을 중심한 예배 생활을 신앙생활의 근본으로 삼게 하였다. 우리가 믿고 있는 진리에 대한 의미가 공식화되고 내면화되려면 신앙 공동체의 다른 구성원의 통찰력과 지지가 절대 필요하다. 구스타프손(J.

---

5 정일웅, 『교회교육학』(서울: 범지출판사, 2008), 45.

M. Gustafson)은 다음과 같이 신앙공동체의 교육적 기능을 강조한다.

> 인간이란 인간 경험들에 대한 해석과 초월자, 곧 인간의 반응을 촉발시키
> 는 대상인 거룩한 존재에 대한 해석을 제공하는 공동체 안에서 태어나고
> 양육되는 것이다.[6]

예배는 여러 가지 의미로 해석되지만, 그중에 중요한 것은 교회 전통과 이야기의 전수를 통해 하나님을 만나게 된다는 것이다. 시모어(J. L. Seymour)[7]는 교회 교육적 과제를 기독교 전통과 관계성 속에서 서로서로 자신들의 현재 경험의 이야기에 대한 해석이라고 지적한다. 역사적으로 모더니즘 시대에 이성의 보편성은 기독교 공동체와 같이 서사적인 것에 기초하는 '신앙'에 대해 어려움을 주었다. 근대성은 기독교 공동체의 이야기와 전통 그리고 공공 담론의 도덕적 질서를 제거함으로써 세속화되었다. 게다가 보편적 이성을 너머서 그동안 소외되었던 특별한 소수의 이야기를 강조하는 포스트모더니즘 운동조차도 기독교 전통에 관한 이야기에 공적인 영역을 확보해 주지 못했다.[8]

---

6 J. M. Gustafson, *Can Ethics Be Christian?* (Chicago: University of Chicago Press, 1975), 69; 사미자, 『기독교교육 교수방법론』(서울: 한국장로교출판사, 2003), 55에서 재인용.

7 J. L. Seymour, "Approaches to Christian Education," In *Contemporary Approaches to Christian Education,* eds., J. L Seymour & D. E. Miller (Nashville: Abingdon Press, 1982), 28.

8 J. Bolt, *The Christian Story and The Christian School* (Grand Rapids: Christian Schools International, 1993), 156-157.

포스트모더니즘 시대의 인간은 '이성'만으로 살 수 없고 '이야기'가 필요한 것을 알고 있다. 따라서 이야기는 하나의 방법론이다. 지구에 사는 피조물 중 인간만이 유일한 이야기를 하는 서사적 혹은 담화적 동물이다.9 신학자 파크레(G. Fackre)는 담화의 특성과 요인을 다음과 같이 서술한다.

> 포괄적인 의미로서 담화는 시간과 공간을 걸친 참여자들과 사건들에 대한 설명이다. 또한 담화자가 선별한 원칙에 의해 유형화된 시작과 끝을 암송하는 것이다. … 담화는 문제해결을 위해 갈등을 통하여 시간과 공간을 거치면서 하나의 줄거리 속에 나타나는 인물들과 사건들에 대한 이야기이다.10

이야기들은 인간 역사의 필수적인 부분이다. 위젤(E. Wiesel)은 "하나님은 이야기를 사랑하기 때문에 인간을 만들었다"라고 묘사한다.11 그러므로 우리가 속한 공동체의 이야기들을 재발견할 필요가 있다. 벨하(R. Bellha)는 회고의 가치를 아래와 같이 강조한다.

> … 우리가 '기념의 공동체'로서 실제적인 공동체를 말할 수 있는데, 그 공동체는 과거를 잊지 않는다. 과거를 잊지 않기 위하여, 공동체는 공동체의

---

9 *Ibid.*, 160.

10 G. Fackre, "Narrative Theology: An Overview," *Interpretation: A Journal of Bible and Theology* 37(4)(1983), 341.

11 Bolt, *op, cit.*, 158.

이야기와 구성적인 서사적 이야기를 반복해준다. 그리고 그렇게 행함으로써 공동체의 의미를 예시하고 육화해왔던 남성과 여성의 실례들을 제공한다.[12]

건전한 담화들이 우리의 관심을 끄는 이유는 그것의 긴장들, 복잡성, 애매함 그리고 심지어 그 자체가 불확정성을 지니고 있기 때문이다. 담화 혹은 공동체의 이야기는 우리의 체험에 대한 순례자적 특성을 강조한다. 무엇보다도 기독교적 신앙은 하나의 이야기, 즉 삼위일체 하나님과 그의 백성의 참된 이야기이다. 개인적 간증뿐 아니라 예배와 예전에서 행해지는 공동의 고백 역시 근본적으로 이야기 혹은 담화이다.[13] 기독교 공동체의 이야기는 언약적 담화이다. 즉 삼위일체 하나님과 그의 백성 간의 관계성에 관한 담화인 것이다.[14] 기독교의 기념 공동체의 이야기는 남성과 여성의 이야기를 재해석해야 한다. 마가복음에 나타나는 여성들의 이야기들은 적극적이고 창조적인 재해석의 가능성을 지니고 있다.[15] 또한 영웅담을 특성으로 지니고 있는 이야기는 여성 성인(聖人)에 대한 역사적 재창조의 이야기를 발전시켜야 한다.

---

12 R. Bellha, *Habits of the Heart: Individualism and Commitment in American Life* (New York: Harper & Row, 1986), 153; Bolt, *op. cit.*, 157에서 재인용

13 구약성서 신명기 26장 5-9절은 신앙에 대한 공동의 고백이다.

14 Bolt, *op. cit.*, 186.

15 마가복음은 여성에 대한 성서적 재해석의 가능성이 풍부하다. 조태연, 『태의 소생: 여성 지도자를 위한 마가읽기』(서울: 도서출판 한들), 1998 참조하라.

그동안의 예배는 우리들의 이야기들의 재해석으로서 예배라기보다는 남성 중심의 담론이 지배하고 훈육적 권력16의 그물망이 지배적인 예배였다. 하나님의 역사와 우리들의 이야기로서 예배라는 인식론적 전환은 여성들에 대한 소외된 지식, 경험, 정복된 지식17을 재해석해 주고 그들의 목소리를 들려줄 수 있는 예배의 장(場)을 제시하는 기회가 될 수 있을 것이다.

2) 영성과 상상력의 특성으로서 예배

광의적으로 종교적 생활은 레이투르기아(leiturgia)인데 이것은 예배하고 기도하는 목회적 소명에 따른 교회 생활이다. 교회의 예배 행위와 관련해서 개인적 혹은 공동체적 기도는 중요한 요인이다. 그러나 기도 그 이상의 의미를 지닌 것이 영성(Spirituality)이다. 해리스(M. Harris)는 영성의 중요성을 다음과 같이 강조한다.

영성은 근본적으로 우리가 하나님 앞에 선 채 세계 속에 존재하는 방식이

---

16 훈육적 권력이란 미셸 푸코의 개념이다. 다음 2장에서 설명하겠지만, 훈육적 권력이란 "자기만의 지식과 다양한 이해의 영역을 만들어 내며, 훈육적 담화를 전달하고 자연적 규칙으로서 규범이 된다." 콜린 고든/홍성민 옮김, 『권력과 지식: 미셸푸코와의 대담』(서울: 나남출판사, 1991)을 참조하라.

17 미셸 푸코의 '정복된 지식'이란 개념 역시 다음 2장에서 설명한다. 정복된 지식이란 "지금까지 존재해 오면서도 기능주의나 형식주의 이론에 가려진 지식이며, 이론적으로 체계가 갖추어지지 않은 지식, 또는 인식의 수준이 미흡하거나 과학성이 결여 되었다는 이유로 배제된 지식"을 의미한다.

다.… 우리가 어디에 있든지 그리고 우리가 무엇을 행하든지 그것은 하나
님의 신비 안에 잠겨 있을 수 있다는 것이다.[18]

해리스의 영성의 의미는 종교적 신비에 근거를 둔다. 그녀가 '신비
함'과 같은 단어를 사용하는 것은 이 언어가 종교적인 전통의 상징들
과 이미지를 이끌어내기 때문이다. 이러한 단어들은 오랜 세월 동안
인간이 신에 대해서 묘사한 것으로서 육체와 정신(영혼) 가운데 육화
되어온 것이다.[19] 신비함을 전제하는 종교적 상상력은 우리가 교육을
다른 시각으로 볼 수 있게 해준다. 폴 리쾨르(P. Ricoeur)는 상상력에
대하여 교육과 관련하여 통찰력을 제공한다.

상상력은 인간 존재의 선천적인 가능성에 관련된 기대이며 탐구하기를
좋아하는 기능이다. … 인간이 세우고 구성할 수 있는 최고의 탁월한 기능
이다.[20]

리쾨르의 상상력에 대한 정의에서 교육적인 의의를 살펴보자면,
"우리는 우리의 생각(상상력)을 바꿈으로써 우리의 존재를 바꿀 수 있
다"는 것이다.[21] 해리스에 의하면, 앎에 있어서 '육화된 상상'이 중요

---

18 마리아 해리스/고용수 옮김, 『회중 형성과 변형을 위한 교육목회 커리큘럼』 (서울: 한국
   장로교출판사, 1997), 125.

19 *Ibid.*, 42.

20 P. Ricoeur, *History and Truth* (Evanston, IL: Northwestern University Press, 1965), 127; 마리아
   해리스/김도일 옮김, 『가르침과 종교적 상상력』 (서울: 한국장로교 출판사, 2003), 24.

하며 그것은 육화적, 비유적이며 상상적인 것이다. 육화의 형태란 전체 인간의 육체적 참여와 정신적 참여의 모든 것, 즉 만지기, 맛보기, 모방하기, 듣기, 극화하기 등을 포함하는 것으로 이 감각 획득은 가르침과 배움에 있어서 매우 중요하다.[22] 해리스에게 교사의 상상과 학습자의 상상 그리고 상상적인 가르침은 서로 관련된다. 가르침은 그 자체가 하나의 상상력이다. 특히 종교적 상상력은 창조적 상상력의 재해석으로 발전될 수 있다. 다시 말해서 창조적 상상력이란 종교 전통에 새겨져 있는 창조신학 전체를 수용함으로써 현재의 상태는 항상 변화할 수 있다는 것이다. 창조적인 상상력은 그들이 갖고 있는 잠재력을 서로 섬기며 인류를 위해 사용하도록 해준다. 해리스에 의하면, "상상력은 현존하는 실재를 변화시키며 개조할 수 있으며 재창조할 수 있다는 신념"이라고 강조한다.[23]

상상력과 관련해서 제스처(gesture) 혹은 이미지(image)는 이러한 상상력을 제한하거나 발전시킬 수 있는 중요한 상징적 의미를 지닌다. 예배의 회중은 기독교 공동체의 전통과 내러티브에 참여하여 하나님을 만나고 공동체의 이야기를 나누며 그것들을 삶 속에서 육화한다. 그러한 깨달음의 과정에서 상상적 참여가 발생한다. 예배에 참여한 주체들은 예식에 참여하는 모든 참여자의 제스처와 이미지를 보고 상상력을 창조해 나간다. 우리는 예배 속에서 제스처의 입문—기도,

---

21 *Ibid.*, 24.

22 박상진, *op. cit.*, 59.

23 마리아 해리스/김도일 옮김, *op. cit*, 29.

순서에 따른 예배 의식, 고백 등—을 갖게 된다.[24] 이러한 제스처는 삶의 봉사, 친교, 섬김, 중보기도, 심방, 노숙자를 돕는 일까지 확대되는 그리스도의 몸으로써의 이미지이다.

우리는 예배, 친교, 섬김, 복음 전파, 가르침 등의 교회의 교육적 기능을 활용함으로써 그리스도의 제스처에 상상력을 고무시키고 우리의 삶의 이야기들을 재해석해야만 한다. 기존의 예배에서 하나님은 남성적이며 규범적이고 권위적인 남성의 이미지를 지니고 있다. 순종하는 여성성은 여성의 정체성을 대변한다. 여성을 명명하고 규정하는 것은 성서가 아니라 남성적, 규범적 권력의 성서해석이다. 예배를 통하여 우리는 창조적인 상상력을 제공받기도 하며, 다른 한편 창조적인 상상력으로 인해 예배를 재창조해 나가는 일에 참여할 수 있다. 예배에 참여하는 주체들의 제스처와 이미지들은 여성의 이야기들이 늘 주변인으로 맴도는 것을 보게 해준다. 예배에 참여하는 주체들은 거의 남성일 뿐 아니라 남성적인 이미지와 제스처, 심지어 언어까지도—하나님 아버지, 여자 하와의 범죄, 성자 예수님, 동정녀 마리아 등등— 남성 중심적 담론과 영웅 이야기, 인류를 죄인 되게 한 여성, 동정녀와 순결에 대한 사회적 혹은 맥락적 규정 등에 대한 이미지는 창조적 상상력을 통해 재창조되어야 한다.

---

24 B. Webb-Michell, *Christly Gesture: Learning to be Members of the Body of Christ* (Grand Rapids: Wm. B. Eerdmans Publishing Co, 1999), 246.

2. 해체적 주체로서 예배자

교육학은 인간의 자율성과 주체성을 확대하는 것을 교육의 목적으로 삼는다. 그러나 신학적 인간관은 성경에 근거하여 인간 존재는 하나님의 형상으로 지음받았으나 타락된 존재에서 출발한다. 동시에 예수 그리스도를 통하여 재창조되어야 할 인간을 말한다. 작금 기독교교육학의 과제는 신학적 인간관에 근거하여 철학적 인간관으로부터 긍정적인 것과 부정적인 것을 분별하여 인간론에 대해 이해의 폭을 넓혀야 한다.[25] 이러한 인간 이해에 대한 적극적이고 학문적 연구를 통하여 예배자로서 인간의 해체적 속성과 통합적 속성을 이해할 수 있다.

필자는 교육학에서 관심을 두고 있는 주체성 확립과 발전이라는 목표가 과연 기독교교육에서도 동일한 교육 목표가 될 수 있는지에 의문을 갖고, 예배자로서 여성의 주체는 어떠한 갈등, 혼돈 그리고 불일치의 유동(flux) 속에서 다중적 주체(multiple subjectivity/ identity)―해체적 주체(the deconstructed subject)와 통합적 주체(the integrated subject)―를 인식해 나가고 재창조할 수 있는지를 살펴보겠다.

1) 푸코의 주체 및 훈육적 권력

예수 그리스도를 믿어 살아있고 생명력 있는 유기체적 공동체가 회중이며, 예배자로서 회중은 예배와 예전을 통하여 하나님을 체험하

---

25 정일웅, *op. cit.*, 150.

며 공동체 속에서 교육하시는 교육자로서 하나님을 또한 경험하게
된다. 기독교교육을 위한 '신앙의 공동체'의 관점은 바울의 고린도전
서에 기초한다. 바울은 성령의 은사와 그중에 최고의 사랑의 은사에
대한 논의 중에서 고린도 교회의 회중이 예배 중에 그들의 은사들을
활용하고 그것이 교회가 세워져 나갈 목적임을 주장한다.[26] 그럼에도
가부장적 성서 해석에 근거한 전통적 예배는 아직도 예배자를 성별로
구별하여 초대교회에서 제시한 교회가 나가야 할 목적을 간과하고
있다. 대부분 한국교회의 예식 순서에 참여하는 주체는 남성과 여성
을 포함한 회중이 아니라, 거의 남성들이다. 따라서 예배자로서 여성
은 한편으로 교회 전통과 이야기로부터 벗어나려고 하며, 다른 한편
그 전통의 지평을 성찰한다. "예배자로서 여성은 주체자로 자신의 정
체성을 확립할 수 있는가?" 혹은 "예배의 주변인으로 늘 남아있어야
하는가?"라는 논의는 예배자들의 인식의 전환을 위한 과제가 된다.

　이러한 관점에서, 필자는 푸코(M. Foucalut)의 주체(subject) 또는 주
체성(subjectivity) 개념과 그것을 형성하는 권력 및 담론과의 관계성을
살펴봄으로써 예배에 참여하는 회중들이 가부장적 관점에서의 남성
중심적이며 근대적 주체 개념의 틀을 반성하는 자발적이고 수용적인
주체가 될 수 있는 가능성을 살펴보고자 한다.

　먼저 인본주의 개념으로서 주체 또는 주체성은 개인의 의식 및

---

26 C. R. Foster, "The Faith Community as a Guiding Image for Christian Education," In
Contemporary Approaches to Christian Education, eds., J. L. Seymour & D. E. Miller (Nash-
ville: Abingdon Press), 59.

무의식의 사고와 정서를 지칭할 때, 개인의 자의식을 지칭할 때 그리고 개인이 자신과 자신을 둘러싼 사회와의 관계를 이해하는 방식을 지칭할 때 사용된다. 인본주의 담론들은 개인의 가슴속에는 그 개인에게만 독특한 어떤 고정되고 일관된, 그/그녀를 그/그녀이게 하는 그 무엇(essence)이 있다고 생각한다. 이 무엇의 성격은 인본주의 담론의 유형에 따라 다양하다. 그것은 자유주의 정치 철학에서 다루는 통합되고 합리적인 의식(unified rational consciousness)일 수도 있고, 자본주의에 의해 소외된 진정한 인간 본성(true human nature)일 수도 있다.[27]

둘째, 더 이상 축소될 수 없는 인본주의적 본질을 주체성이 지니고 있다는 논의에 반해, 후기구조주의는 주체성이란 불안정한 것이며 모순을 지니고 있으며 진행 중에 있는 것으로서 우리가 매번 말하고 생각하는 담론 안에서 계속 재구성되는 것이다. 주체를 해체시키고 주체성에는 그 무엇이 있다는 믿음을 일단 버리는 것의 정치적 의미는 주체성을 변화에 개방적이게 한다는 것이다. 즉, 주체성은 우리가 살고 있는 사회와 문화의 산물이라고 보고 있고, 주체성의 형식들은 시대적으로 생산되며, 그 형식들을 구성하고 있는 담론 영역들의 넓은 범위 내에서 입장을 바꿈에 따라 변하는 것이라고 본다.[28]

한편 '여성 주체'라는 개념은 여성을 남성 집단과 대비된 이분법적으로 분류한 성별 체계를 지칭하는 의미로 주로 쓰인다. 즉 여성이란

---

27 크리스 위던／ 조주현 옮김, 『여성해방의 실천과 후기구조주의 이론』(서울: 이화여자대학교 출판부, 1993), 44-45.
28 *Ibid.*, 44-45.

존재가 사회 안에서 살아가는 데 영향을 받는 모든 체제, 법, 제도적 장치의 역사적 구성에 의해 규정될 수 있는 존재이므로 여성 주체는 역사적/사회적 실천을 전제로 하는 주체로 규정될 수 있다.

필자는 여성의 정체성은 고정된 것이 아니라 역사적으로 생산되고, 여성 주체란 성별에 회의하면서도 새로운 가능성으로서 제시되는 주체임을 전제한다. 또한 푸코의 분석에 비중을 두어 성(gender) 정체성은 권력과 결부되어 있음을 살펴볼 것이다.

첫째, 여성 주체의 문제는 근대적 기획을 포기할 수 없다. 다시 말해서 근대적 주체성과 성찰의 문제를 여성 정체성의 문제를 연구하기 위한 틀로 수용해야만 한다. 한편 여성의 정체성은 남성과 여성이라는 이원론적 젠더의 차이를 전제하는 사회적으로 창출된 담론이므로 남성성과 여성성을 구분하는 억압적 정체성을 없애야 한다고 주장하는 페미니스트 입장이 있다.[29] 필자는 성 정체성이 사회-문화적으로 구성되고 역사적 담론에 의해 생성되는 것이라는 점에 동의하지만, 여성 정체성은 그 자체가 해체적인 성격을 갖고 있다고 전제하고 새로운 가능성으로서 근대적 주체 개념을 재해석하겠다.

둘째, 푸코는 개인의 주체성 또는 정체성의 영역에서 미지의 잠재성을 발견하기 위해 기존의 주체 위치를 깨어버려야 한다고 주장하지만 이것이 자아를 포기하고 유동, 살포, 파편화로 귀결되는 것은 아니라는 점에서 포스트모던 이론가들과 대조적이다. 오히려 푸코는 자아

---

29 키니스 터커/김용구·박형신 옮김, 『앤서니 기든스와 현대사회이론』(서울: 일신사, 1999), 315.

에 대한 일관되고 체계적인 탐구 혹은 자아의 계보학을 보여준다.[30]

셋째, 푸코에게 주체란 설명되는 것이지 설명하는 것이 아니다. 다시 말해서 푸코에게 논의의 대상은 주체화의 과정들이지 주체라고 하는 실체가 아니다. 따라서 푸코에게 방법론적 측면에서의 객관성이라는 입장은 철저히 견지된다. 그러나 푸코의 후기 입장은 어떤 주체화의 현상들이 또는 어떤 자발성이 발견된다는 사실을 인정한다. 그래서 그의 철학은 어떤 면에서 자발성-수용성이라는 이중구조에 귀착하는 듯 보인다.

사실, 푸코는 주체성 자체를 거부하기보다는 '근대적 주체성'을 비판했다. 푸코에 의하면 근대적 주체성은 계몽주의적 사고에 의해 단일화되고, 호명 받고, 중심적 입장의 주체성이며, 역사적, 국지적 그리고 특수성이 무시된 무역사적으로 간주된 것이었다. 이러한 입장은 푸코뿐 아니라 포스트모더니스트에 의해 비판받기도 한다.

넷째, 푸코의 훈육적 권력(disciplinary power)과 담론에 대한 비판은 '권력과 순종'이라는 지배구조를 비판하는 틀이 될 수 있다. 푸코에 의하면, 지식 속에 권력이 관철되어 있는 동시에 권력은 자신의 행사를 위해 지식을 필요로 한다. 과학을 지향하는 담론으로서 지식이 권력의 행사를 정당화하고 은폐시킴으로써 지배를 재생산하는 데 적극 기여한다. 따라서 권력이란 개인이나 집단을 지배하는 힘이라기보다는 하나의 관계, 전략, 효과, 기능이며 그물망이다. 권력이 지식과 담

---

30 루이스 맥네이/황정미 옮김, "푸코와 포스트모던-페미니즘 논쟁,"『푸코와 포스트모던-페미니즘 논쟁. 미셸푸코, 섹슈얼리티의 정치와 페미니즘』(서울: 새물결, 1995), 86-87.

론을 활용하여 순종하는 인간을 만들어낸다. 다시 말해서 권력이란 사회 속에 유통되면서 하나의 사슬처럼 엮여있는 그물망이다.[31] 푸코는 근대사회 자체가 군주의 권력과 복잡한 양상을 띠고 나타나는 훈육적 권력의 복합체라는 것이다. 즉, 훈육적 권력은 자기만의 지식과 다양한 이해의 영역을 만들어내고 있으며 훈육적 담화를 전달하고 자연적 규칙으로서 규범이 된다. 따라서 훈육이 개념화하려는 코드는 법률이 아니고 규범화의 코드이다.[32]

푸코는 질서와 규칙의 원리가 육체를 움직이게 하고 정신적 구조에 영향을 미치는 것을 '감옥'의 제도 속에서 보여주는 단편적인 예를 다음과 같이 묘사한다.

> 규칙은 감옥 안으로 도입되어 억압적이고 폭력적인 수단을 사용하지 않고 어렵지 않게 그곳을 지배한다. 업무를 부여받음으로써 수감자는 질서와 복종의 습관을 몸에 익히고 과거에 아무리 게으른 자였어도 부지런하고 활동적인 사람이 되며 —때가 되면 감옥의 규칙적인 움직임에서 자신에게 강제된 육체노동에서— 상상력의 일탈을 방지하는 확실한 치료책을 찾아낸다.[33]

한국교회의 여성의 몸에 대한 담론은 유교적 전통인 전근대적 권

---

31 콜린 고든, *op. cit.*, 128-135.
32 미셸 푸코/오생근 옮김,『감시와 처벌: 감옥의 역사』(서울: 나남출판사, 1994), 348-349.
33 *Ibid.*, 349.

위주의에 근거하여 복종하게 만들기 위한 훈육적 권력에 익숙해 있다. 한국의 몇몇 대표 교단은 여성 임직의 반대와 관련된 성경적 근거를 고린도전서 14:34과 디모데전서 2:8-15 말씀을 예로 든다. 그들은 여기서 사도바울의 교훈은 문화적 상황에 제한된 것이 아니라, 남자와 여자 일반에 대한 교훈이라고 강조한다. 또한 여성 안수자를 지지하는 사람들이 강조하는 갈라디아서 3장 28절 말씀은 잘못 해석되었다고 주장하고, 남성의 머리됨의 원리는 타락 이전 창조 질서에 입각한 것이라고 본다.[34]

이러한 일련의 남성 중심적 성서 해석과 여성의 몸에 대한 훈육적 권력은 여성 목사 청빙 문제와 봉사의 문제까지 관련된다. 다시 말해서 여성 임직뿐 아니라 여성 목사 청빙 문제, 친교와 봉사의 몫은 늘 여성의 역할과 관련하여 평가된다. 가사노동은 교회 안에서도 주방 노동으로 대치되면서 여성의 정체성을 대언한다. 교회의 역사 속에서 복종의 미덕을 가진 여성은 지지를 받았고, 유교적 차별의 원리와 결부되어 여성의 규범적 코드로 작용하였다.

이상과 같이 남성들의 권력을 유지하기 위해 신약성서의 몇몇 구절에만 근거한 전근대적 해석과 담론 권력은 일련의 몸을 다루는 훈육적 담론과 지배적 담론이 되어 여성을 순종하게 만드는 규범화 코드로 작동한다. 가부장적이고 남성 중심적인 권력과 담론이 여성을 순종하

---

34 고전 14:34과 관련해서 김세윤 교수의『고린도전서 강해』를 참조하면 여성 임직을 반대하는 해석이 잘못되었음을 볼 수 있다. 김세윤,『고린도전서 강해』(서울: 두란노 아카데미), 2007 참조하라.

게 만드는 코드가 되었다. 그러한 훈육적 담론에 순종하는 여성은 여성의 정체성을 가진 자로 이해되는 것이다. 푸코의 입장을 재해석한다면, 비록 기독교 공동체의 가부장적이고 남성 중심적 권력이 지식과 담론을 통하여 순종하는 여성을 만들어낼지라도, 그 권력의 그물망에는 권력이 권력에 대응하는 반권력적 저항—대항 기억(counter-memory)과 대항 담론(counter-discourse)[35]—이 내재해 있다는 것이다.

2) 데리다의 해체적 주체

오랫동안 어떤 누구도 포스트모더니즘 사상가인 데리다(J. Derrida)만큼 서구 형이상학의 전통과 역사의 필수적 관련성을 보여준 사람은 없다. 다시 말해서 데리다는 교육에 대한 총체적인 철학적 담론의 결합을 분석, 해체 혹은 재구성한 다른 누구보다도 탁월한 철학자다.[36]

로고스 중심주의[37](logocentrism/logocentric)는 한편으로는, 들음으로

---

35 여성의 서사적 이야기와 관련해서 푸코의 '대항 기억'과 '대항 담론'은 이 책 2부 3장에서 다룬다.

36 Gert J. J. Biesta & D. Egéa-Kuehne, eds., *Derrida and Education* (NY: Routledge, 1999), 18.

37 신국원, 『포스트모더니즘』(서울: 한국기독교학생회, 1999), 195-196 참조하라.
플라톤 이래, 서양 철학은 언어(로고스 즉 대화)를 통해 진리가 드러난다고 믿어 음성언어를 글이나 그림보다 중시했다. 또한 로고스 중심주의는 현전(現前)의 형이상학이 대화를 진리의 통로로 생각한 음성 중심주의(phonocentrism)와 같은 맥락이다. 데리다는 바로 이성과 음성이 담보하는 진리의 현전성을 강조한 서양 철학의 진리관을 비판한다. 이러한 비판은 서구 문화 전반에 대한 비판이다. 데리다의 해체주의의 공헌은 음성언어, 대화는 우리의 마음이나 머릿속에 어떤 그림이나 기호가 흔적으로 남아 있어 기억과 소리로 전

써 의미의 관념의 반복, 통찰력, 내재성 그리고 목소리에 우선권을 부여한다. 다른 한편, 음성 중심주의는 육체보다 영혼에 강력한 계층질서의 우선권과 주권을 부여한다. 몸 혹은 보이는 배경(장면)은 계층질서가 새겨진 것으로 간주된다. 그래서 생생한 구두적 '말'에 기초한 가르침은 나가야 할 길을 간파하고, 다른 면에서 말을 통한 가르침은 '아버지'라는 권위에 복종을 뜻한다.[38]

가르침의 두 가지 도식들(schemes)에 기초한 이러한 숙달(통제)은 여전히 오늘날도 실행되고 있다. 다시 말해서 첫 번째 도식은 근대 혹은 학문적(academic) 접근이라고 불린다. 이 도식은 교사는 말하고 그것을 학생들이 듣는 것이다. 이 도식은 사변적 도식 혹은 헤겔적 도식이라고 불리기도 하는데, 이것은 기억에 기초한다. 이것은 절대지(absolute knowledge)를 가정한다. 두 번째 도식은 철학적이며 소크라테스적인 방식인데, 이것은 자신이 간파해나가는 대화적이고 생산적인 자발성에 기초한다. 따라서 교사는 학생들이 교사 자신이 이미 알고 있는 것을 발견하도록 질문하며 인도한다.[39]

교육의 음성 중심주의적이고 권위주의적인 측면과 관련하여 우리의 '예배'의 교육적 기능을 철학적으로 반성해 본다면, 예배의 주체는

달된다는 것을 보여준다. 음성 혹은 소리로 표현되기 이전에 이미 우리의 심상에 흔적들과 기호들인 원문자(arche-writing)로 있었다는 것이다. 음성과 문자, 소리와 기록의 이원화된 구조를 해체하는 것이다.

38 Biesta, op. cit., 19.
39 Biesta. op. cit., 19.

공동체의 나눔과 이야기보다는 집례자(혹은 교사)가 주체가 되어 구두적인 선포와 가르침을 통해 일방적으로 전달되는 '아버지'의 음성을 듣는 참여자(혹은 학생)의 도식을 벗어나지 못하고 있다. '나'(I)가 아니라 우리(we-ness)가 함께하며, '너'(you)가 아니라 그대(Thou)들과 함께하는 예배여야 한다. 그러한 예배를 통하여 권위, 음성, 기억에만 전력하는 주체가 아니라, 상상력, 이야기, 쓰기로서 예배를 경험하는 주체가 있음을 간과하지 말아야 한다.

전자는 권위주의적 음성주의적 주체라고 명할 수 있고, 후자는 문자주의적 주체라고 말할 수 있다. 다시 말해서 음성 중심의 주체(사고)란 권위, 체제, 남성 중심, 이성 중심의 세계를 상징하며, 문자 중심의 주체란 열등, 보충, 여성 중심, 감정의 세계를 의미한다. 그러나 이러한 이분법적 관계는 결코 분리된 관계가 아니다. 상기(上記)한 대로 데리다의 음성 중심주의에 대한 비판과 관련해서 볼 때, 기독교는 권위 중심, 남성 중심, 음성 중심, 서구를 대표하는 이성 중심의 입장의 철학적 이원론에 기초하여 여성, 문자, 보충, 감정, 상상력 등을 차별해왔다는 비판을 받고 있다.

예배와 관련하여 포스트모더니즘의 비판적 성찰이 주는 공헌은 음성 중심주의를 해체함으로써 예배에 제한되어온 요소들—우리의 삶의 체험, 나눔, 교제, 감정, 여성성, 상상력, 흔적 등—의 의미를 재해석하여 예배를 풍성하게 할 수 있다는 점이다. 또한 예배에 참여하는 주체는 전통 및 권위의 소리와 현재의 자신의 삶의 이야기들과 감정적 체험 사이(betweenness)에서 긴장하며 결정을 위하여 고뇌하는 해체적이며 동시에 윤리적이고 통합적 주체임을 보여준다.

　하나님의 권위의 소리, 성령의 임재, 위로부터 내리는 일방적 강론이란 사실상, 그것을 기억해 내려는 원래의 심상(心象)의 흔적이 우리의 기억 속에 먼저 있었다는 것이다. 달리 말하면 음성과 기억만이 텍스트(text)[40]가 아니라, 이미 우리의 심상에 원문자(arche-writing)의 흔적이 남겨져 있다. 사실상 기억이라는 것도 우리의 머릿속에 미리 기록된 어떤 사태의 흔적들(traces)이다. 우리의 마음이나 머릿속에 어떤 그림이나 기호가 흔적으로 남아 있고, 그것이 우리의 기억과 소리로 전달되는 것이다. 이미 소리로 표현되기 전에 우리의 심상에 기호화된 것이다. 따라서 해체적 주체란 음성과 문자, 권위와 열등, 남성과 여성, 이성과 감성의 이원론적 구분의 해체 속에서 불결정성[41](undecidability)과 유동성(flux)의 도상에 있는 것이다.

　데리다는 키에르케고르(S. A. Kierkegaard)의 '반복'의 개념이 포스트모더니즘 최초의 시도라고 간주하면서, "결정이란 총체적 사실들(facts)을 넘어서 '불결정적 도약'을 요구하는 것이라고 주장한다."[42]

---

40 데리다의 해체를 잘 표현하는 구절은 "There is nothing outside the text," 혹은 "There is nothing but context", 즉 "텍스트 밖은 없다" 혹은 "컨텍스트만 있다"이다. N. Royle, *Jacques Derrida* (NY: Routledge, 2003), 65 을 참조하라. 텍스트는 마치 직물의 씨실과 날실의 직물 짜기와 같은 것이며, 음성(소리)과 문자; 기억과 흔적들, 소리와 원문자 등의 이분법적 구도가 해체됨을 의미한다. 따라서 텍스트의 안과 밖을 구분하는 것은 의미가 없다.

41 포스트모더니즘 사상가인 카푸토(J. D. Caputo)는 신학적 철학자로서 데리다의 동료이며, 북미의 기독교적 관점에서의 해체주의를 학문적으로 발전시킨 학자이다. 데리다와 카푸토의 불결정성과 유동성은 해체적 주체가 삶의 도상에 있는 존재임을 잘 대변해 주는 용어이기도 하다.

42 J. Reynolds & J. Roffe eds. *Understanding Derrdia* (NY: Continuum, 2004), 47.

해체적 주체란 상대주의나 우유부단함(indecision)과 구분된다. 오히려 해체적 주체는 윤리적 결단을 촉구하는 가능성에 자신을 드러낸다. 데리다는 키에르케고르의 『두려움과 떨림』(Fear and Trembling)이라는 책을 재해석하면서 키에르케고르의 이중적 비밀을 반추해 본다.

> 여전히 예측할 수 없는 것이 남아있는 반복 속에서… 우리는 알 수 없는 것으로 인해 떨고 있다. 계속하거나 다시 시작하거나 주장하거나 반복되어야 할 것인지―어떻게 어디서 언제 일어날 것인지 그리고 왜 이것은 충격을 주는지―가 이중적 비밀의 형식 안에서 일어난다.[43]

데리다는 키에르케고르가 이러한 이중적 비밀을 반영한다고 본다. 다시 말해서 이중적 비밀이란 제사에 대한 하나님과 아브라함 사이의 비밀뿐 아니라 아브라함과 그의 가족과의 비밀이다. 아브라함과 하나님, 아브라함과 그의 가족과의 비밀의 이중적 구조는 우리 자신과 우리의 이웃(가족, 친구들 혹은 민족이라는 실제적 공동체)과의 긴장이다. 데리다는 이러한 키에르케고르의 이중적 비밀의 관계를 '최상의 윤리적 표현'으로 간주한다.

해체적 주체로서 예배자는 예배 속에서 결단을 요청받는다. 그 순간 해체적 주체는 하나님과 자신 사이에서 사이성, 긴장, 비밀을 느끼며 윤리적 결단 앞에 서게 된다. 데리다와 카푸토의 용어처럼 불결정성과 유동성의 도상에 서게 된다. 해체적 주체는 아버지의 권위, 음성,

---

43 J. Derrida, *The Gift of Death,* trans. D. Wills (Chicago: The University of Chicago Press, 1995), 54.

소리 앞에서 두려움과 떨림으로 서게 되고, 동시에 감성, 기억, 상상력, 수많은 자신과 이웃의 이야기들을 들으면서 윤리적 결단의 긴장에 순간에 서게 된다. 해체적 주체의 건전한 고뇌이다.

데리다와 카푸토(J. D. Caputo)는 언어, 의미, 전통, 진리라는 것은 초시간적으로 주어진 것으로 간주하고, 그것들은 원문자의 흔적 속에 새겨짐으로 인해 가능하거나 무력해진 흔적의 결과들이라고 본다. 데리다는 "주체란 우화적(fable)이고 가공적이다"라고 언급하며, 그러한 주체 개념은 서구 형이상학의 역사 이야기를 이루어낸 것처럼 보인다고 주장했다. 교회의 전통을 포함한 서구 사회에서의 주체(the subject)에 대한 담론은 지배(통제), 자기 정체성, 자아 인식에 관한 것이었다.44 실상 데리다는 주체에 대한 어떠한 해체적 재개념도 '자아'(self)의 비일관성 혹은 '자아'에 대한 비정체성이라는 유한적 경험이 되어야만 한다고 주장한다.45

정리하면 푸코는 한편으로는 그의 윤리 개념의 규범적 근거를 거부하면서도 다른 한편 자율적인 주체성의 속성으로 규정되는 '성찰성'에 근거한 대항의 기억과 반전의 담론을 도입함으로써 딜레마를 남겼다. 그러나 필자는 이러한 딜레마를 비판하기보다는 푸코가 우리의 해석의 몫으로 남긴 자율적 주체의 대항 기억과 대항 담론 개념을 예배자로서 주체를 탐구하기 위한 기본 틀로 삼겠다. 또한 데리다의 해

---

44 S. Lumsden, "Hegel, Derrida, and the Subject," *Cosmos and History: The Journal of Natural and Social Philosophy* 3(2007), 32.

45 Lumsden, *op. cit.*, 33.

체적 주체 개념은 불결정성과 유동성의 도상에 서게 된다. 해체적 주체는 아버지의 권위, 음성, 소리 앞에서 두려움과 떨림으로 서게 되고, 동시에 감성, 기억, 상상력, 수많은 자신과 이웃의 이야기들을 들으면서 윤리적 결단의 긴장에 순간에 서게 된다. 이상으로 '해체적 주체'로서 예배자는 동시에 '통합적 주체'라는 다중적 주체이다.

3. 통합적 주체로서 예배자

인본주의 개념으로서 주체 또는 주체성은 개인의 의식 및 무의식의 사고와 정서를 지칭할 때, 개인의 자의식을 지칭할 때 사용된다. 반면 포스트모더니즘의 주체 개념은 "불안정한 것이며 모순을 지니고 있으며 진행 중에 있는 것으로서 우리가 매번 말하고 생각하는 담론 안에서 계속 재구성되는 것이다."[46] 푸코에 의하면, 주체는 지식과 권력의 그물망에서 한편으로 권력에 순종하기도 하고 대항의 기억을 통해 '주변 지식'을 통한 투쟁의 가능성을 함의한다. 한편 데리다는 주체란 '우화적이고 가공적'이어서, 이러한 주체 개념은 서구 형이상학의 역사 이야기를 이루어낸 것처럼 보인다고 비판했다.

한편 신학적 인간관 혹은 주체 개념은 하나님의 형상으로 지어졌으나 타락된 존재에서 출발하며, 예수 그리스도를 통하여 재창조되어

---

46 위던 크리스/조주현 옮김, 『여성해방의 실천과 후기구조주의 이론』(서울: 이화여자대학교 출판부, 1993), 44-45.

야 할 인간관을 말한다. 남성 중심의 신학적 인간관이 기독교교육학적 인간관으로 재정립해야 될 당위성 중 하나는 기존의 신학적 인간관이 여성을 훈육적 담론과 훈육에 근거하여 '순종하는 여성'이라는 정체성을 규범화하고 여전히 권력의 대상으로 간주하고 있기 때문이다. 이 장은 철학적 인간관으로부터 인간론을 재해석하여 기독교교육학적 인간관을 재정립하고자 한다.

첫째, 푸코의 대항 담론(counter-discourse)과 대항 기억(counter-memory)의 의의를 검토하고, 경험을 재구성한 여성의 이야기가 대항 담론과 대항 기억으로써 작용하여 여성이 성찰적 주체가 될 수 있도록 돕는 대안이 될 수 있는지를 살펴보겠다.

둘째, 통합적 주체에 대한 의의를 검토하고, 해체적 주체와 통합적 주체로서 여성이 사이성(betweenness)의 긴장감을 어떻게 유지해 나가는 존재인지를 살펴보겠다.

1) 대항 담론과 대항 기억을 지닌 예배자

기독교교육의 교육적 기능으로서 예배와 관련하여 주체라는 주제는 교육의 규범성과 관련하여 중요한 주제이다. 성서의 가부장적[47]

---

[47] 기독교 페미니스트들 중 Elisabeth Fiorenza는 "합의를 촉구하는 권위란 가부장적 억압으로부터의 해방을 위해서 분투하는 여성의 체험으로부터 발생해야만 한다"고 주장한다. 그녀는 가부장적 영역에 기초한 권위에 관한 성서의 규칙이나 원칙들은 페미니스트의 해석을 위한 기초가 될 수 없다고 주장한다. 다른 한편, Rosemary Ruether와 Letty Russell은 페미니스트의 해석적 틀을 위해 신학적 원칙도 반영한다. 그러나 그들 모두의 공통된 출발

거대 담론(grand-narrative)을 벗어나 여성의 주변적 경험과 일상의 내러티브 그리고 주변적 지식을 중시하는 인식론적 전환이 기독교 공동체의 예배자로서 주체를 이해하는 새로운 인식론이 될 수 있다.

근대성(modernity)은 기독교 공동체의 이야기, 전통 그리고 공공의 담론의 도덕적 질서를 제거함으로써 세속화되었다. 게다가 보편적 이성을 너머서 그동안 소외되었던 특별한 소수의 이야기를 강조하는 포스트모더니즘 운동조차도 기독교 전통에 관한 이야기에 공적인 영역을 확보해 주지 못했다.[48] 지금 포스트모더니즘 시대의 우리는 기독교 공동체의 이야기들, 특히 가부장적 관점에서 여성을 명명(naming)하고 규정했던 담론을 해체하고, 반전의 담론을 제시할 필요가 있다. 여성의 경험과 이야기들은 그동안 기독교 공동체 내에서도 주변적 이야기에 머물렀었다. 하나님과의 언약적 담화는 여성이 제외된 남성 중심적이고 가부장적 언약적 담화였다. 따라서 지배적 담론에 저항할 수 있는 대안으로서 반전의 담론을 재해석하는데 그 의미가 있다.

이미 앞 장에서 언급했듯이, 푸코의 훈육적 권력의 개념은 규범화의 코드를 의미한다. 그러나 권력은 개인이나 집단이 지배하는 힘이라기보다는 하나의 관계, 전략, 효과 그리고 기능이다. 따라서 여성들의 이야기와 담화는 '훈육적 억압'에 대항하는 탈훈육적 담화/대항 담론이 될 수 있다. 여성들의 이야기는 푸코의 표현처럼 '정복당한

은 여성을 억압 받는 자로 보고, 여성들의 특성을 구별하고 고유한 이야기로부터 페미니스트의 통찰력이 생긴다고 믿었다. L. Russell, *Authority and the Challenge. Feminist Interpretation of the Bible* (Philadelphia: The Westminster Press, 1985), 144-145. 참조하라.
48 Bolt, *op. cit.*, 157.

지식'일 수도 있다. 푸코의 정복된 지식이란 개념은 "지금까지 존재해 오면서도 기능주의나 형식주의 이론에 가려진 지식이며 이론적으로 체계가 갖추어지지 않은 지식, 또는 인식의 수준이 미흡하거나 과학성이 결여되었다는 이유로 배제된 지식"을 의미한다.49 푸코의 '정복된 지식' 개념에서 찾을 수 있는 해방의 가능성은 대항 담론(counter-discourse) 및 대항 기억(counter-memory)의 복권 운동이다.

기존의 교회 공동체는 훈육적 권력을 통해 여성의 정체성을 '순종하는 여성'으로 담론화하고 남성 중심의 예배자들을 주체로 설정하여 남성 중심의 예배와 교회교육에 강조점을 두는 오류를 범했다. 이러한 견지에서 볼 때 푸코의 표현처럼 대항 담론과 기억의 복권운동을 통하여 여성의 주체성의 문제를 성찰할 수 있다.

이제 우리는 지식의 테두리 밖에 존재하고 있는 소외된 지식—여성의 이야기들, 가정폭력, 교회 공동체 안에서의 성차별, 남성 성직자의 성희롱, 미혼모, 이혼녀, 재혼가정, 외국인 여성 노동자, 독거노인들의 이야기들 등등—을 드러내어 과학적 담화에 작동하는 지식과 권력의 효과에 대항하여 스스로의 목소리를 찾을 수 있도록 만드는 것이 필요하다.

여성 신학자 류터(R. R. Ruether)는 여성신학의 독특성은 '전체적 인간 본성'에 대한 비판적 원칙이 아니라, 여성 자신들을 위한 비판적 원칙이라고 주장한다. 여성이 자신들을 주체로서 온전한 인간으로서 명명해야 한다.50 남성을 진정한 인간 본성으로 규정함으로써 여성은

---

49 Gordon, *op. cit.*, 115.

죄를 뒤집어쓴 주변인이 되어졌다. 이러한 남성 중심적 비판적 원칙은 하나님의 형상으로 창조되고 구속된 주체로서 여성을 왜곡시켰다. 이러한 성서 해석의 전통 안에서 여성은 성차별의 죄를 바꾸어 놓을 수 없으며, 여성들 스스로 하나님의 형상으로 창조되어지고 온전한 주체로써 언명할 수 없게 되었다. 여성신학은 지배적인 집단의 규범에 의해 규정된 계층화된 모형이 아니라, 존재의 다른 방식들을 인정하는 상호성의 모형을 추구한다.[51] 여성의 지식과 경험은 푸코의 표현처럼 '정복당한 지식'일 뿐이다. 하나님의 형상으로서 여성의 주체성에 대한 성찰은 단지 경험이라는 기준을 사용하는 것이 아니라, 오히려 과거에는 신학적 반성으로부터 거의 차단되어왔던 소외된 지식으로서 '여성의 경험'을 사용하는 것이다.

우리는 이와 같은 소외된 지식에 관심을 기울이기 위해 대화를 하게 되지만 목회자와 평신도, 교사와 학생, 성경과 여성이라는 구도 속에서 대화란 권력의 그물망을 벗어나기 어렵다. 이들의 대화가 바람직하지 못한 이유는 특정한 사고방식이 이미 규범적으로 정하여졌으므로 소외된 지식—평신도, 학생, 여성 등의 다양한 경험, 소리, 특수성—은 대화에서 쉽게 제외되기 때문이다. 살아있는 체험(lived experience)의 의미, 실제, 효과에 접근하기 위하여 대화보다는 이야기가 장점이 있다. 경험의 재구성을 통한 여성의 이야기는 대항 담론(counter-discourse)과 대항 기억(counter-memory)으로써 여성이 성찰적

---

50 Russell, *op. cit.*, 116.
51 Russell, *op. cit.*, 116-117.

주체가 될 수 있는 대안이 될 것이다.

2) 통합적 주체로서 예배자

통합 교육 혹은 통합커리큘럼에 대한 제 이론들이 있다. 또한 통합의 의미를 통전 교육 혹은 전인교육의 의미로도 사용한다. 밀러(J. P. Miller) 교수[52]와 블룸버그(D. Blomberg) 교수[53]는 통전 혹은 통합 교육에 대하여 서로 다른 입장을 취한다. 밀러는 통전 교육(Holistic Learning)에 대한 선두 학자이기도 하며 불교의 종교적 배경에 영향을 받은 통전 교육의 색채가 강하다. 반면 블룸버그 교수는 개혁신학의 입장에 기초한다. 전자가 통전 교육(Holistic/Integrated Education)에 집중한다면, 후자는 그것과 구분되는 통합 교육(Holistic/Integral Education)을 강조한다. 통합 교육과정은 삶을 하나의 전체로서 출발시키기 위해 노력한다. 통전적 교육이란 용어는 특히 미국교육연구협의회의 특수 관심 분야와 관련된 교육계에서 이미 잘 알려져 있다. 한편 블룸버그는 많은 기독교 단체에서 '통전적'(holistic/ integrated)이란 용어를 꺼려하는 이유는 '통전적'이라는 용어가 뉴에이지운동의 의미를 함의하고 있기 때문이라고 주장한다.[54]

---

[52] 밀러(J. P. Miller)는 캐나다 토론토 대학에 속한 사범대학원(Ontario Institute for Studies in Education) 의 교수로 재직하고 있으며 학교명은 영어 약어로는 OISE로 표기한다.

[53] 블룸버그(D. Blomberg) 교수는 토론토 대학의 기독교학문연구소(Institute for Christian Education)의 교수로 재직하고 있다. 기독교 학문연구소는 화란의 자유대학과 연계된 개혁주의신학 전통에 기초하고 있다.

블룸버그는 '통전'이라는 어휘를 '통합'으로 대치하면서 그 의미를 성서적으로 더욱 풍부하게 사용한다. 다시 말해서 '통합적'이란 '보전' 혹은 '완전'이란 단어와 관련된다. 또한 전체성, 건전함, 올바름 등의 의미를 지닌다. 수학적 용어로서 '완전'(integer)은 전체 숫자를 의미한다. '통합하다'라는 단어는 '부분을 전체로 통합하다'라는 의미를 갖는다. 바로 이러한 면에서, '통합적'(integral)이란 단어는 '통전적'(integrated)으로부터 구별되어야 한다. '통합성'이란 총체적 완성에 대한 전체적이며 완전하고 필수적인 것을 의미한다. 모든 세상은 하나님의 세계이며, 예수 그리스도가 모든 것의 주권을 지닌 주인이시며, 그분을 섬기는 것은 단지 생의 한 부분이 아니라 우리 인생의 모든 것이라는 것, 바로 그것이 '통합성'이다. 또한 이것은 창조의 완전성과 그것에 대한 우리의 경험을 동등하게 강조하는 것이다.[55]

유대-기독교 세계관은 의미를 잉태하고 충만한 목적으로 차 있는 '창조'의 세계관이다. 이 세계관은 인격적인 하나님에 기초를 둔다. 즉 하나님은 모든 것들이 서로 섬기도록 상호관련적으로 만드셨으며 창조하신 후 마지막으로 "매우 좋았더라"라고 선포하신 창조주 하나님이시다. 이 세계관이 지니고있는 의미란 창조에만 무게가 있는 것이 아니라, 오히려 창조에 대해 본질적(내재적)인 의미를 내포한다.[56] 한편 밀러의 통전 교육은 기독교 공동체의 주체로서 예배자를 이해하

---

54 D. Blomberg, *Wisdom and Curriculum: Christian Schooling after Postmodernity* (Sioux Centre, IA: Dordt College Press. 16.

55 *Ibid.,* 14-15.

56 *Ibid.,* 15.

기 위한 일련의 통찰력—이야기, 역사적 신화를 통해서 본 영웅담, 몸과 영혼의 하나됨, 자아와 공동체, 교과 주제와 주제 간의 연관성 등—을 제공한다. 57

이미 기독교교육은 밀러가 주장하는 통전 교육의 모든 제(諸) 요소를 교육의 소재로 지니고 있어서 기독교교육은 그 자체로 통합 교육의 가능성을 충분히 지니고 있다. 그러나 기독교 공동체의 교육자들이 간과하거나 제지받았던 문제들이 해석의 과제로 남겨져 있다. 바로 21세기에 외형적으로는 세련되고 문화 중심적 교회의 형태를 지니고 있으나 내적으로는 여성을 통합적 주체자로서 인식하지 못하는 대형 교회의 모습 속에서 우리의 실체를 확인할 수 있다. 또한 통합 교육에 대한 이해의 결여로 여성을 통합적 주체자로 육성하는 일을 간과하고 있다.

통합 교육의 오해와 관련하여, 구미정58 교수는 "강남형 대형교회의 세련된 여성 억압에 관하여"라는 논문에서 '예수 비즈니스와 행복한 노예'라는 강력하고 파격적으로 소위 강남의 대형 교회의 교회 커리큘럼을 비판한다.

강남형 대형교회가 제공하는 각종 신앙 성장/자기 경영 프로그램들은 신자유주의 지구화 시대의 무한경쟁 원리를 무비판적으로 수용하되 이 삭막한 경쟁 지옥에서 구원받아 승자가 되라는 메시지를 반복 주입하는 마

---

57 J. P. Miller, *Holistic Learning: A Teacher's Guide to Integrated Studies* (Toronto: OISE Press, 1990), 100-113.

58 구미정, "강남형 대형교회의 세련된 여성억압에 관하여," 한국여성신학회(편), 『다문화와 여성신학』(서울: 대한기독교서회, 2008), 326-332.

인드콘트롤 이상이 아니다. 여기서 복음은 성공과 동의어가 되고, 축복은 자본과 교환 개념이 되어 상호 유통되고 있다.[59]

구 교수[60]는 한국교회의 70% 이상이 여성이므로 "강남형 대형 교회는 탈권위주의적인 조직 운영 원리와 여성 친화적인 각종 프로그램을 통해서 스스로 자율적 주체로 간주하는 중산층 여성들의 종교 소비 욕구를 한껏 자극하며 번성해 가는 중"이라고 비판한다.

'여성 안수'[61]와 같은 화두와 관련해서 여전히 교회 내에서의 여성 억압의 구조는 개선되지 않았고 교회 안에서도 여성에 대한 담론도 여전히 가부장적인 규범과 해석을 벗어나지 못하고 있는데 탈권위주의적 커리큘럼과 프로그램만 운영한다고 해서 근본적인 억압의 형태는 해결될 수 없다. 또한 이러한 여성이 성서에서 말하고자 하는 주체적 예배자로서 존재할 수 있는지에 대해 의문을 남긴다. 여성의 몸을 외모지상주의나 성적 담론으로 대상화하여 특정한 상품의 화장품, 의복, 소지품, 액세서리 등을 소유한 것을 특정 계급의 엘리트 문화로 동일시시키는 소비자본주의는 특정 지역, 특정 교구나 모임에 소속됨으로써 교회의 여성 공동체 내에서도 차별화와 계층화를 부추기며 그러한 특수층의 엘리트 여성 지도자가 종교적 주체가 된다는 담론을 형성한다. 그러나 대항 기억과 대항 담론의 성찰이 배제된 예배, 교구

---

59 *Ibid.*, 326.

60 *Ibid.*, 327.

61 2003년 한국의 대표적 교단 (대한예수교장로회 합동)의 지도자가 지도 여성의 지위에 대해서는 변화를 보이지 않고 있다. 「한국성결신문」 제444호(2003. 12. 27.) 참조하라.

모임, 각종 프로그램은 여전히 가부장적 억압의 틀을 유지하고 있다.

여성의 몸을 소비와 관련하여 여성 내의 계급 차별화를 시키면서, 실제로 일련의 교회 안에서 여성 억압의 잔재를 볼 수 있다. 예를 들면 여성을 담임 목회자로 청빙하는 부분, '하나님 아버지' 대신 '하나님 어머니'라고 쉽게 수용할 수 없는 것, 여성 장로가 당회에 들어가는 것에 대한 소극적 자세 등이다.[62]

한편 21세기의 통합적 주체자로서 예배자는 또 다른 형태의 억압적 문화—사이버 스페이스와 영상문화 등—의 권력의 그물망의 희생자가 될 수 있다. 예를 들어 사이버 공간에서 여전히 시행되는 여성들의 성매매와 성폭력에 대해 인식하고 담론화시켜야 한다. 사이버 스페이스 안에서는 누구든지 익명으로 존재할 수 있으므로 도덕적으로 무책임한 행태가 일어날 수 있다. 예를 들자면, 인격 모독, 인신공격, 공격적인 언어 사용, 사이버 포르노 유포, 정보의 왜곡, 원조 교제, 성매매 알선 등과 같은 부작용이 일어난다. 특히 포르노 동영상물 등 여성의 몸에 대한 성희롱과 성담론 등은 시각적 효과와 더불어 검열에도 걸러지지 않고 유포되고 있다. 기독교 공동체의 회중들 또한 사이버 스페이스의 접속에 노출되어 있다. 우리는 사이버 스페이스의 비윤리적인 요소들이 유통되는 것을 인식하고 대응해야 한다.

그러나 사이버 시대 혹은 디지털 시대의 회중은 사이버 스페이스 문화를 무시할 수도 무조건 수용할 수도 없으며, 오히려 세계 인식의 창으로 이해해야 한다.[63] 사이버 스페이스 안에서의 교제를 통하여

---

62 구미정, *op. cit.*, 329.

상호 이해와 계몽, 성숙을 촉진할 수도 있다. 사이버 스페이스의 개인은 다양한 만남과 대화의 방식을 통하여 이전과는 다른 인간 해방적 동기들을 실천하는 의미로 확대될 수 있다.

기독교 공동체는 사이버 스페이스 안에서의 네티즌(netizen)의 이야기들, 인터넷 접속을 통한 상호작용성, 여성들에 대한 소비자본주의의 이미지, 여성의 성(性)에 대한 성담론에 대한 무분별한 감각적 상상력의 부정적 측면을 인식해야 한다. 사이버 스페이스의 네티즌은 동시에 예배의 회중이라는 사실을 인정하고, 서사적 이야기, 상상력, 정복당하고 소외된 여성들의 지식에 대한 숙고와 재해석의 중요성을 21세기의 예배를 이해하는 새로운 관점으로 볼 수 있어야 하겠다.

대항 담론으로서 여성의 내러티브가 교육적으로 의미있는 것이 되기 위해서는 상호주관적 해석과 성찰이 요구되며, 다른 전통들(남성 중심적 성서 해석의 전통과 교회의 규범적 전통 등)과 의사소통을 하는 가운데 자기 전통의 얼개와 어느 정도 거리를 유지하고 그것과 다른 얼개에 대해 성찰할 수 있다. 대항의 담론으로서 여성의 서사적 이야기(담화)는 예배와 선포 안에서 공론화되어야 하며 기존의 교회 전통과 규범의 틀을 반성하는 지속적인 이야기의 얼개망(network)을 형성해야 한다.

요약하자면 해체적 주체와 통합적 주체에 대한 논의는 주체의 다중성을 보여준다. 교육자는 다중적 주체의 건전한 긴장감과 사이성(betweenness)을 볼 수 있어야 한다. 한편으로 해체적 주체로서 예배자는 기존의 훈육적 권력이 작용하는 예배의 의미를 해체하고

---

63 박충구, 『21세기 문명과 기독교윤리』 (서울: 대한기독교서회, 1999), 157.

재구성하며, 다른 한편으로 통합적 주체로서 예배자는 대항 담론과 대항 기억을 지니고 현재의 예배의 의미와 전통의 지평을 지속적으로 반성하는 특성을 지닌다.

4. 예배, 해체적 주체와 통합적 주체가 만나는 장(場)으로서 축제

구약에서 기독교교육의 축제의 의미에 관련하여 살펴보면, 애굽에서 노예로 잡힌 이스라엘 백성들의 삶에 하나님의 간섭과 관련하여 처음으로 하나님의 목적, 즉 야훼가 구속주요 구원자라는 사실이 분명히 밝혀졌다(출 5:22-6:8).[64] 출애굽기의 핵심 본문(5:22-26:28)과 성경 전체에 나타내는 구속의 개념은 두 종류의 하나님의 행위를 포함한다. 마르텐스(E. A. Martens)에 의하면, 구원(deliverance)은 하나님께서 간섭의 행위를 통해 악으로부터 구출해내는 하나님의 사역이며, 축복(blessing)은 하나님께서 생명을 유지시키고 인간에게 능력을 베푸시고 행복의 상태를 지속시키는 하나님의 지속적인 사역을 의미한다.[65] 여기서 축복으로서 구속은 족장들의 이야기뿐 아니라 제사 제도를 주신 것 속에서도 살펴볼 수 있다.

이스라엘은 역사 가운데 나타난 하나님의 구원을 체험했을 뿐 아

---

64 엘머 A. 마르텐스/김지찬 옮김, 『구약에 나타난 하나님의 계획과 목적』(서울: 생명의 말씀사, 1998), 45.

65 Ibid., 46.

니라, 제의(cult) 가운데서도 구원을 체험했다. 제의의 가장 중요한 의의는 제의 가운데서 구원을 죄의 사유라는 축복으로 체험했다는 것이다. 제의란 예배 가운데서 행하는 모든 의식과 행위를 가리킨다. 즉제의란 공중기도, 제사, 찬송뿐 아니라 성막 같은 건물이나 심지어는제사장들까지도 광범위한 용어이다. 초기의 제의 형태인 제사는 구원의 행위와 연관되어 있다.66 따라서 이스라엘의 교육은 민족공동체생활 속에서 해방절, 추수절, 초막절 등의 축제적 삶으로 전개되었다.이 절기들은 중요한 종교의식일 뿐 아니라 민족공동체의 축제였고,동시에 민족교육이었다. 이와 같이 이스라엘은 민족 절기를 통해 남·녀, 노·소 모두가 축제로써 교육과정에 함께 참여하였고, 이 교육을통해 언제나 새로운 공동체로 거듭나는 삶을 지향했다.67 초기 이스라엘 교육은 삶, 종교의식, 일, 놀이 등이 구별된 것이 아닌, 이 모든것들이 동시에 하나의 교육과정이며 내용이었다.68

구약의 제의와 관련된 구원과 용서의 문제는 근본적으로 죄의 용서를 선포하는 들려진 말씀(the spoken and heard Word)에 의존하게 되었다. 결국 제사드리는 자는 말씀, 즉 죄의 용서에만 전적으로 의존하게 되었고, 성경은 마침내 그리스도가 죄에 대한 만족하고도 충분한제사임을 밝힌다. 만일 우리가 우리의 죄를 고백하면 하나님께서는신실하시기 때문에 우리 죄를 용서하시고 깨끗케 하시는 것이다(요

---

67 김성재, "간추린 기독교교육사," 한국기독교교육학회(편) 『교회학교교사와 기독교교육
    전문가를 위한 기독교교육』 (서울: 대한기독교교육협회, 1999), 113.
68 *Ibid.*, 111.

1:9).69

　구약의 제의를 통한 축제로서 기독교교육과 신약의 그리스도의 교육은 러셀(L. Russell)의 기독교교육의 목적과 관련하여 우리에게 축제로서 예배에 대한 통찰력을 제공한다. 러셀은 그녀의 최초의 저서 『기독교교육의 새 전망』(*Christian Education in Mission*)에서 기독교교육은 하나님께서 온 인류와 세계를 구원하시려는 선교이며, 그 부르심의 초대에 응답하는 참여의 과정이라고 전제한다.70 즉 기독교교육은 사람들을 참 인간성으로 회복하시려는 하나님의 선교 사명에 참여하게끔 모든 사람에게 대해서 열린 그리스도의 초청이며, 여기에 자발적으로 참여케 하는 것이다. 따라서 기독교교육은 그리스도의 부르심에 응답해 가는 생활이 본래적인 자유와 그 축하 행위에 참여를 의미한다.

　러셀은 이 축하행위를 크게 두 가지 영역에서 이루어진다고 보는데, 하나는 하나님을 위한 자유의 축하 행위이고, 다른 하나는 세계를 위한 자유의 축하 행위이다.

　첫 번째 영역인 하나님을 위한 자유의 축하 행위는 예배를 통하여 거룩한 교제의 잔치가 이루어진다. 이때의 예배는 자발적인 신앙고백을 동반한 축하 잔치이어야 하며, 예배 속에서의 성찬의 예전도 하나님의 선교의 관점에서 새롭게 검토되어야 한다. 즉 예수 그리스도에 의해 하나님의 화해의 힘으로 이미 모든 인간이 한 형제가 되었으므로 성찬은 바로 전 세계에 대해서 열린 새로운 인간성을 축하하는 잔치라

---

69 *Ibid.*, 81.
70 은준관, 『교육신학』(서울: 대한기독교서회, 1983), 358-359.

고도 할 수 있다.[71] 또한 증인 공동체의 예배가 신앙고백의 축하 잔치라는 것은 예배가 사람들이 모여서 거기서 죄를 참회하고 신앙고백을 공공연히 하는 갱신의 기회이기 때문이다. 진실한 고백은 신뢰와 사랑의 관계 속에서만 생기기 때문에 우리는 이것을 고백의 축하 잔치라고 한다.

두 번째 영역인 세상을 위한 자유의 축하 행위에 참여한다는 것은 자기로부터 탈출하여 타자를 위해 섬기는 일이다. 하나님께서 이미 행하신 일을 말에 의한 증언과 사랑에 의한 봉사의 활동을 통해 축하하는 일이다.[72] 예배 속에서 인간이 하나님의 부르심에 응답한다는 것은 파트너십(코이노니아)과 섬김(디아코니아)이 발생하는 것을 의미한다.[73]

파트너십(partnerhsip)이란 뜻은 코이노니아(koinonia)라는 말로 표현된다. 이와 관련해서 koinonos(동반자: partner), koinoneo(참여하다: to take part)가 있다. 이들은 koinos(공통적: common)에서 유래된 말이다. 신약성서에서는 흔히 누구와 무엇인가를 나눈다는 의미로 쓰인다. 일방적 관계가 아니고 상호관련적 관계로 형성된 공동체 안에서 공동적 결합을 가진다는 의미이다.[74] 파트너의 주체성을 긍정하고 뒷받침해 주는 덕목으로는 성서에서 발견할 수 있는 섬김(servanthood)이다. 그러나 우리의 예배 속에서 '섬김'의 상징은 예수 그리스도의 사역이지만, 교회에서 봉사하고 희생하고 섬기는 이미지와 제스처

---

71 레티 러셀/정웅섭 옮김, 『기독교교육의 새전망』 (서울: 대한기독교서회, 1987), 178-180.
72 Ibid., 188-189.
73 레티 러셀/김상화 옮김, 『파트너십의 미래』 (서울: 대한기독교서회, 1983), 80-91.
74 손승희, 『여성신학의 이해』 (서울: 한국신학연구소, 1989), 80-82.

(gesture)로 상징화되는 것은 주로 여성이다. 이러한 입장의 위험성은 남성 중심적 시각에서 섬김과 복종의 덕목을 여성의 미덕으로 규범화시킴으로써 가부장적 여성 억압의 기제가 될 수 있다는 점이다. 교회 공동체 안에서 여성의 정체성은 주체적 지도력을 가진 주체가 아니라, 선교를 위한 수단으로 간주되고, 미성숙한 주변인의 담론으로 강화되어 왔다. 축제로서 예배는 하나님의 이야기와 대항 기억과 대항 담론을 가진 여성들의 이야기가 만나는 행위이며 만남의 장(場)이다.

요약하자면 하나님을 위한 자유의 축하 행위는 예배를 통하여 거룩한 교제의 잔치가 이루어지는 것이며, 하나님의 부르심에 응답한다는 것은 파트너십(코이노니아)과 섬김(디아코니아)이 발생하는 것을 의미한다. 예배는 해체적 주체와 통합적 주체가 만나서 타자와 더불어 파트너십과 섬김의 축하 행위에 참여하는 장(場)이다.

맺는말

레셀은 기독교교육의 방법론으로 대화를 말하지만 푸코가 지적했듯이, 대화란 개개인과 특수성을 성공적으로 말살하는 과정이 될 수 있다.[75] 대화란 우월한 전통과 권력을 가진 자들이 대화를 왜곡시키거나 우위를 점유할 수 있기 때문이다. 따라서 살아있는 체험(lived experi-

---

75 M. Foucalut, *Language, Counter-Memory, Practice: Selected Essays and Interviews* (Ithaca: Cornell University Press, 1977), 184- 185.

ence)의 의미, 실제 효과에 접근하기 위해서는 대화보다는 '이야기'가 대안이 될 수 있다. 인간은 하나님의 이야기와 행위에 응답하게 되고 하나님은 여성들의 이야기를 들어주시는 이야기의 장(場)이 되어야 한다.

정리하자면 첫째, 예배는 서사적 이야기와 상상력의 장(場)이 되어야 한다. 우리는 여성의 대항 담론과 대항 기억을 통하여 전근대적인 유교적 권위주의와 가부장적이고 남성 중심적인 담론을 해체 및 재구성한 성서적 해석과 선포를 듣고 우리들의 삶의 이야기들을 나눠야 한다. 구약의 제의의 중요한 요인 중 하나는 죄의 용서에 대한 '선포와 들음'이었다. 용서에 대한 이야기를 듣는 것이다. 여성에 대한 폭력이 은폐되고 교회 공동체 내에서의 남성 성직자의 성희롱이 감춰지고 성차별을 간과한 죄들—가정폭력의 주범이 남성임에도 불구하고 인내가 부족하다면서 여성을 질타했던 폭력적 설교를 했던 죄들—에 대한 하나님의 용서의 소리를 들어야 한다.

둘째, 푸코의 대항 기억과 대항 담론에 대한 이해를 통하여 소외되고 정복되었던 여성들의 지식/자기-이야기들이 드러나야 한다. 다중적 주체로서 여성은 윤리적으로 사이성(between-ness)에 놓여있다. 한편으로 여성은 전통의 지평을 반성하는 통합적 주체이며, 다른 한편으로 전통으로부터 벗어나려는 해체적 주체이다. 또한 예배의 주체자로서 여성들은 그녀들의 이야기들과 예배 전통의 담화를 통합하며 자신의 정체성을 형성해 나가려는 여성들의 윤리적 결단을 피할 수 없게 된다.

셋째, 데리다의 해체적 주체 개념은 결정불가능성(undecidability)

과 유동성(flux)의 도상에 서는 존재를 의미한다. 해체적 주체는 아버지의 권위, 음성, 소리 앞에서 두려움과 떨림으로 서게 되고, 동시에 감성, 기억, 상상력, 수많은 자신과 이웃의 이야기들을 들으면서 윤리적 결단의 긴장에 순간에 서게 된다. '해체적 주체'로서 예배자는 동시에 '통합적 주체'라는 다중적 주체이다.

넷째, 기독교 공동체는 사이버 스페이스의 변화가 불러올 미래—몸, 감각, 시각, 정신의 문제까지 포함하여—를 직시하면서, 디지털 영상문화의 중요한 요소인 자신들의 이야기로서 서사성, 상호작용성, 이미지와 관련하여 예배자들에게 문화적 침투가 이루어지고 있음을 인식해야 한다. 이미지를 대표하는 영상문화는 특히 여성의 몸을 소비주의, 상업주의, 외모지상주의와 결탁시켜 주체자로서 남성의 시각에서 평가되는 객체(the object)로서 여성의 몸을 만들어가고 있다. 이러한 미디어의 급격한 파급과 관련하여, 기독교 공동체는 해체적 주체와 통합적 주체인 다중적 주체인 예배자 여성의 이야기를 담론화함으로써 열려진 공동체가 되어야 한다.

마지막으로 기독교 공동체는 통합 교육에서 중요한 소재로 강조하는 바와 같이 서사적 이야기들, 신비적 경험, 성육화, 신앙적 영웅들에 대한 담화들을 지니고 있다. 통합적 주체자로서 예배자인 여성들은 예배자로 하나님 앞에 마주서게 된다. 그들은 예배 속에 주체가 되어 그동안 기독교 역사 속에서 '정복된 지식'과 '소외된 지식'으로서 대항 기억과 대항 담론을 통해 그녀들의 고통들—동일한 여성들 내에서의 계급적 차별화, 성차별의 문제, 지역 간의 차별, 미혼모, 이혼녀,

재혼 가정 등에 대한 사회적인 부당한 대우 등—을 고백하고 나눌
수 있어야 한다. 그들의 고통과 필요를 나누어주는 예배가 되고 교회
의 가부장적 억압의 문제가 공론화되며, '의도적'으로 하나님에 대한
이야기를 통해 그분에 대한 지식을 깨달을 수 있도록 도와주는 예배가
되어야 한다. 예배는 예배자로서 해체적 주체와 통합적 주체인 다중
적 주체의 특성을 이해할 때 비로소 우리(We-ness)의 예배가 될 수 있
을 것이다.

2 장

포스트모던 시대의 대중 인문 교양교육과 기독교 평생교육의 가능성
― 영화 <시>의 인문학적 성찰을 중심으로

영화 속의 문화센터의 대중 인문교양 교육은 미자에게 '시' 쓰기를 통하여 '죽음'을 성찰하고 수용할 수 있도록 도와준 소통의 문화공간이었다. 영화 <시>는 교회가 노인 평생교육을 위해 소통의 문화공간이 될 수 있는 가능성을 보여준다. 영화 <시>는 예수의 죽음과 부활, 예수의 생명과 하나님 나라에 대한 의미를 주지 못한다. 그러나 이 영화는 모든 세대가 공유하는 죽음의 화두, 시의 문자성과 음성, 생명과 죽음, 일시성(공간)과 영원성(시간)이 조우하는 소통의 문화로서 대중 인문 교양교육의 층위를 잘 드러낸다

시작하는 말

포스트모던 시대의 기독교교육은 평생교육 현장에서의 인문학의 부활과 활성화에 주목해야 한다. 이 시대의 기독교교육은 간학문적 연구를 위해 노력해왔다. 그러나 아직도 교회교육의 현장에서는 간학

문적 노력, 특히 인문학과의 연계성을 고려하지 못하고 있다. 소위 대형 교회 몇몇만이 교회에서 노인학교, 아버지 학교, 결혼 준비 학교, 다문화 교회교육(예배)반 등을 운영하고 있을 뿐이다. 국가 지원의 평생학습도시¹를 중점으로 한 평생학습도시, 평생학습 축제 등이 지역적으로 활성화되면서 이젠 교회와 지역사회 연계성은 약화되고 있다. 교회교육의 구색을 갖추기 위한 프로그램 운영으로는 지역사회와 연동이 없을 뿐만이 아니라, 교회의 교인들만을 중심으로 하는 교리교육 체제를 벗어나기 어렵다. 기독교 공동체는 포스트모던 시대에 논의의 초점이 되고 있는 인문학을 중심한 평생교육의 '대중 인문 교양 교육'의 부활에 주목해야만 한다.

통계청²에 따르면 2011년 65세 이상 노인 인구는 542만 명으로 우리나라 총인구(4,858만 명)의 11.3%에 달한 것으로 나타났다. 따라서 우리나라는 2018년에는 65세 이상 인구가 전체의 14% 이상인 고령사회, 2026년엔 초고령사회 진입이 예상된다. 선진국들은 80~90년에

---

*이 글은 「기독교교육논총」 33(2013), 241-266에 게재된 글을 수정, 보완하였다.

1 평생학습도시란 개인의 자아실현, 사회적 통합 증진, 경제적 경쟁력 제고하여 궁극적으로 개인의 삶의 질 제고와 도시 전체의 경쟁력을 향상시킬 수 있도록 언제, 어디서, 누구나 원하는 학습을 즐길 수 있는 학습공동체 건설을 도모하는 총체적 도시 재구조화(Restructuring)에 근거한 도시계획이다. 또한 지역 사회의 모든 교육 자원을 기관 간 연계, 지역사회 간 연계, 국가 간 연계시킴으로써 네트워킹 학습 공동체를 형성하려는 지역 시민에 의한, 시민을 위한, 시민의 지역사회 교육 계획이다. 우리나라는 1999년 전국 최초로 광명시에서 '평생학습도시'를 선언한 이래 현재 90여 개가 학습도시로 지정되어 있다.

2 〈한국경제〉 2011. 6. 29. "급속히 늙어가는 한국… 노인인구 11.3%," http://www.hankyung.com/news/app/newsview.php?aid=2011062221061 2011. 9. 10. 접속.

걸쳐 초고령 사회가 됐는데 우리는 불과 26년 만에 이루어졌다. 노인 인구뿐만 아니라 노인자살률 또한 OECD 회원국 가운데 압도적인 1위를 차지하고 있다. 이러한 고령화 시대에 영화 〈시〉는 평생교육과 대중 인문 교양교육의 중요성을 새삼 일깨워준다.

이 글은 기독교교육의 노인을 위한 인문학적 성찰의 필요성과 평생교육의 가능성에 대하여 살펴볼 것이다. 특히 영화 〈시〉에 나타난 노인을 위한 인문학적 성찰을 살펴봄으로써 교회 공동체가 지역공동체로서 어떠한 역할을 해야 할지에 대한 기독교 평생교육의 가능성을 검토할 것이다. 평생교육의 인문학 부활과 기독교 평생교육의 가능성을 살펴보기 위해서 영화 한 편을 분석하여 연구를 일반화시키는 데 한계가 있겠지만 평생교육이 전 생애가 걸쳐서 이루어진다고 가정할 때, 영화 〈시〉 속에 나타나는 노인을 위한 인문학적 성찰은 일련의 메타포(metaphor), 비유적 상징이 될 것이다.

첫째, 포스트모던 시대에 평생교육의 한 양식으로서 인문학의 부활에 대하여 살펴본다. 인문학의 부활과 더불어 새로운 문화로 자리매김되고 있는 디지털 미디어의 상징성과 '대중 인문 교양교육'과의 관계를 검토한다.

둘째, 미디어로서 영화 〈시〉에 나타난 대중 인문학적 성찰에 대하여 살펴보고 노인을 위한 인문학적 성찰 즉, 죽음의 상징성과 죽음과 부활의 역설적 상징을 분석해 본다.

셋째, 교회교육 현장에서 노인을 위한 인문학적 성찰 및 평생교육의 가능성을 살펴본다.

1. 포스트모던 시대 평생교육의 대중 인문 교양교육의 의미

포스트모던 시대의 학교교육은 교육주의라고 비판받게 되면서 학교 밖의 탈학교 중심의 평생교육은 '학습주의'라는 새로운 개념과 더불어 활성화되고 있다. 학습주의는 기존의 학교 중심, 교수자 중심 교육학으로부터 평생학습 중심의 인식의 전환을 이루는 기점이 되었다.3 평생교육이라는 개념은 정초주의적이고 교수자 중심의 교육주의 개념을 반성하는 의미에서 학습주의라는 용어로 재개념화된다. 그런 의미에서 평생학습이란 학습자의 입장에서 모든 경험의 변화가 내적으로 통일성과 통전성(holistic)을 획득하는 전 생애적 과정이다. 평생학습이란 각각의 시간과 공간 속에서 이루어지는 학습들에 통합성과 인격을 부여하는 일련의 메타 학습과정이다.4

평생학습이란 모든 종류의 '획득된 변화'로서 경험이 일어나는 전 생애적인 과정이며, 개인단위의 개인학습과 조직이나 집단에서 일어나는 조직학습으로 구분할 수 있다. 조직학습은 집단 전체의 최우선의 가치를 학습에 두고, 그 촉진을 도모하는 집단을 학습조직 혹은 학습 공동체라고 한다. 이러한 범위를 넘어 도시 전체가 학습 촉진을 위해 계획되고 관리되는 곳을 학습 도시라고 한다. 이렇게 사회 전체가 사회 구성원의 평생학습의 촉진을 최우선의 목표로 삼는다면 그것은 평생학습 사회(lifelong learning city)라고 불린다.5

---

3 한숭희, 『포스트모던 시대의 평생교육학』 (서울: 집문당, 2005), 106.
4 *Ibid.*, 148.

포스트모던 시대의 평생교육은 인문학과의 만남을 통해서 더욱 활성화되고 있다. 대학 안에서 점점 줄어드는 교양교육의 사태와는 달리 평생교육의 장(場)에서는 철학교실, 인문학아카데미 등 여러 수준과 차원에서의 인문학 강좌들이 진행되고 있다.

평생교육의 차원에서 인문교육은 이미 문화센터와 시민단체 등에서 다양하게 존재해 왔다. 2007년 개정된 평생교육법 제2조 1항은 평생교육의 영역을 6가지로 구분하고, 그중 인문 교양 요구를 평생교육의 중추적 역할을 수행하는 핵심 영역으로서 성인 인문 학습은 교육의 중심적 역할을 감당하였다.6

이미 오랜 역사를 갖고 있는 평생교육의 인문교육이 포스트모던 시대에 다시 부각되는 이유 중 하나는 기존의 인문교육으로부터의 해체이다. 기존의 인문교육은 "자유주의적 특징을 지닌 교육활동에서 다루어지는 내용이 주로 고전이나 인문적 교과(인문학)인 역사, 문학, 철학 등으로 구성되었던 것에서 유래"한 것을 보았으나 현재의 인문교육의 목표는 인문 학습을 통한 '사유'의 방식이다. 형식교육 틀 안에서의 인문학 교과 혹은 강좌들은 인문학의 특성, '사유'의 방식을 실현하지 못했다. 다시 말해서 사유가 자신을 구속하고 있는 사회 담론적 의미체계를 해체하는 경험을 하기보다는 물상화된 인문학 담론체계에 의해 새로운 구속을 경험하게 된 것이다.7

---

5 *Ibid.*, 148.

6 양은아, 『인문학과 평생학습』(서울: 교육과학사, 2010), 10.

7 *Ibid.*, 13.

바야흐로 체제 중심의 담론으로 존재하던 인문학을 삶의 살아있는 맥락으로 복원시켜서 인간 경험과 직접적으로 소통하며 성장할 수 있는 실천학문의 가능성을 보여준다. 평생교육의 맥락에서 학습은 학습자의 경험의 변화가 내적인 통일성과 통합성(holistic)을 획득하는 전 생애적 과정으로서 인문학적 사유 방식이며, 평생에 걸친 인간 발달 과업의 하나가 된다. 포스트모던 시대의 평생학습으로서 인문 학습의 부활은 '대중 인문교양'이라는 대중의 욕구로 자리매김되었다. 평생교육의 대중 인문 교양교육은 대중화되었고, 인문학은 더이상 특수한 계층의 전유물이 아니다. 기독교 평생교육의 과제는 대중의 욕구 즉, 인문학에 대한 관심과 욕구를 어떻게 교회교육의 현장에서 녹아낼지를 고민해야 할 것이다.

2. 평생교육의 관점에서 본 대중 인문 교양교육의 성찰 ─ 영화 〈시〉를 중심으로

아시다시피 이제 시(詩)가 죽어가는 시대이다. 안타까워하는 사람도 있고, "시 같은 건 죽어도 싸다!"고 말하는 사람도 있다. 그래도 어쨌든, 지금도 시를 쓰는 사람이 있고 읽는 사람도 있다. 시가 죽어가는 시대에 시를 쓴다는 것은 무엇을 의미하는가? 나는 관객들에게 그런 질문을 해보고 싶었다. 그것은, 영화가 죽어가는 시대에 영화를 만든다는 것은 무슨 의미가 있을까 하는, 나 스스로에 대한 질문이기도 하다[8]

영화 〈시〉는 세 가지 측면에서 연구의 의의가 있다. 첫째, 청소년부터 노년에 이르는 모든 세대가 직면할 수 있는 '죽음'이라는 화두에 대하여 인문학적 성찰을 제공한다. 둘째, 영화 속의 주인공 미자가 동네의 문화센터에서 대중 인문 교양교육, 즉 시(poetry)를 배우게 되면서 자신의 노년을 정리하게 되는 사건은 평생교육의 인문학적 성찰의 중요성을 보여준다. 셋째, 영화 〈시〉는 인문학 성찰을 위한 메타포적 상징을 지닌다. 포스트모던 시대의 영화는 대중들의 영화에 대한 욕구, 즉 영상문화 코드에 대한 소유 욕구를 촉진한다. 포스트모던 시대의 대중들의 사회 문화적 욕구는 현대 대중문화의 전역에서 교감하고자 하는 대중적인 교양을 원한다. 현대의 영화, 광고, 음악 등은 인생의 성찰을 가능하게 하는 인문학적 언어들과 용어들이 사용되고 있다.9 따라서 대중은 대중 인문 교양을 통해서 그러한 새로운 문화 코드를 읽어내는 문화문해(cultural literacy)를 원한다.

이 글은 '죽음'을 영화의 중요한 모티브일 뿐 아니라, 청소년 세대와 노년 세대, 상실과 부활의 접촉점이라고 설정한다. 더 나아가서 평생교육의 맥락에서 나이 듦과 새로움이라는 모티브가 공존한다고 본다. 영화의 존재론적 '죽음'의 상징성을 중심으로 평생교육의 "대중 인문 교양교육"의 관점에서 비판할 것이다.

---

8 이창동 감독.
9 *op. cit.*, 161.

1) 영화 <시> 시놉시스[10]

양미자는 한강을 끼고 있는 경기도의 어느 작은 도시, 중학교에 다니는 중학생 외손자 종욱과 함께 살아가는 60대 중반의 여성이다. 국가보조금을 받아 생활하고 있을 정도로 형편이 어려우며, 중풍이 걸린 강 노인의 수발을 들어주는 것으로 돈을 벌고 있는 것이 수입의 전부이다. 미자는 어느 날 동네 문화센터에서 우연히 '시' 강좌를 수강하게 되면서 난생처음으로 시를 쓰게 된다. 강사인

<사진 1> 미자가 급박함을 잊고 시상을 적고 있는 치매 현상이 나타난 장면

시인 김용탁은 시를 쓰는 것은 사물을 제대로 보는 것이라면서, 수강자들에게 마지막 수업 날까지 시를 한 편씩 써오라고 부탁한다.

어느 날 미자는 외손자 종욱이 친구 다섯 명과 함께 몇 달에 걸쳐 같은 학교 여학생(희진)의 성폭행에 가담했으며, 며칠 전 강에 투신자살한 여중생이 그 피해자였음을 알게 된다. 친구 다섯 명의 아버지들은 이 사건이 자신들과 선생 몇 명밖에 모르는 일이므로, '아이들의 미래를 위해' 피해자의 홀어머니와 합의를 하고 이 사실을 묻어버리자

10 이창동 감독, 2010. 5. 국내 개봉,

고 회의를 하게 된다. 미자는 가해자들이 각각 부담해야 할 오백만 원을 자신이 돌보고 있는 강 노인과 성관계를 맺음으로 마련하게 된다. 미자는 큰 병원에서 알츠하이머(치매) 진단을 받는다.

영화는 미자가 시낭송회의 회원으로 알게 된 경찰에게 손자와 가해자들에 대하여 말했을 것이라는 암시를 보여준다. 경찰이 찾아와 종욱을 데려간 다음 날, 시 강좌 마지막 시간에 미자는 꽃다발과 시 한 편을 남겨놓고 사라진다. 시의 제목은 자살한 희진의 세례명을 딴 〈아네스의 노래〉이고, 처음엔 미자의 목소리로, 그 뒤로는 희진의 목소리로 낭송이 된다. 희진이 강에 몸을 던지기 전 강물을 내려다보는 장면으로 영화가 끝난다.

2) 미디어의 상징성을 통한 대중 인문 교양교육

포스트모던 시대의 미디어의 상징성과 대중 인문 교양교육의 만남은 새로운 의사소통의 형태를 보여준다. 미디어와 인문학의 공통점은 이야기, 서사, 플롯을 공유한다는 것이다. 변재길11에 의하면, 이야기가 문학이나 영화 혹은 미디어의 예술적 근간이 되는 이유는 이야기야말로 그것이 사실이건 허구이건 간에 인간 주변에서 벌어지는 사건이나 다양한 삶과 인간성 혹은 인간 심리에 접근할 수 있는 기본적인 재료이기 때문이다. 미디어의 담론구조와 소통의 특징을 살펴봄으로써 소통의 미디어로서 새로운 의사소통의 형태를 살펴볼 수 있다.

---

11 변재길, 『영상시대의 문화코드: 삶, 문학 그리고 영화』 (서울: 동인, 2012), 139.

첫째, 미디어는 담론구조를 갖는다. 담론구조는 우리 안의 소통 현상을 보여준다.[12] 담론의 구조는 극장형 담론, 피라미드형 담론, 나무형 담론, 원형 극장형 담론으로 나뉜다. 그중에서 원형 극장형 담론의 구조는 무경계, 즉 '우주적 개방성'을 묘사한다. 전형적인 예는 서커스와 로마의 콜로세움이며, 현대에는 신문, 텔레비전 등과 같은 대중 미디어이다. 정보 분배 코드를 운반하는 송출 채널(신문, 헤르츠 전파, 필름 등)들은 경계가 없는 송출 공간 속에서 어느 정도 전파 형태로 떠다닌다. 제3의 요소인 수신자는 우연하게 한 채널을 알게 되어 이 채널에 자신을 맡긴다. 채널을 알게 되는 이 '우연'은 실제로 이 담론구조의 의도다. 수신하는 기억들('대중')의 무구조성은 원형 극장형 담론 송출에서 계획되고 예상된 것이다. 이 구조의 특징은 수신자들이 거의 담론에 바깥에 존재한다. 채널들은 본질로 송신자와 수신자들을 연결하지 않고 두 사람에게 보이는 것은 오직 채널뿐이다. 커뮤니케이션에 참여한 인간들은 이 구조의 내부에서 서로를 인식하지 못한다. 정보를 수신하는 데 이 구조는 가장 이상적인 담론 형식이다. 이 담론구조에서 '정보의 흐름'이 보장된다. 다른 한편 이러한 담론구조는 대화와 긴밀한 관계를 지닌다.

이상적인 대화 구조는 망형 대화 구조이다. '망형대화'는 분산적 소통 형식을 지닌다. 망형 대화는 인간 소통 형식을 뒷받침해 주고 결국 인간이 완성한 모든 정보를 수용하는 기본망을 형성한다. 즉 잡담, 수다, 욕설, 소문 등의 확산이다. 다시 말해서 존재하는 정보로부

---

12 김영순, 『미디어와 문화교육』 (서울: 한국문화사, 2006), 13-24.

터 새로운 정보가 스스로 생긴다. 새로운 정보는 '여론'이라고 불린다.

'집단적 기억' 특히 정보들은 대화의 망 속에서 어느 정도 세속화되어 대중화된다. 따라서 정보들은 오가는 대화 속에서 언제나 단순하게 되고 변형된다. 망형대화의 내적 모순은 본질로 인간적 조건의 모순을 드러낸다. 망형대화는 모든 소통의 토대이고, 이 대화를 통해 죽음에 저항한 인간적 참여가 형성된다. 현대의 소통 상황의 특징은 고도의 기술을 기반으로 한 원형극장형 담론과 망형 대화의 처리가 동시에 향상될 수 있다.

영화라는 채널을 통해 수신자인 우리는 정보를 저장하고 그 정보들은 망형대화를 통하여 여론화된다. 영화는 원형극장식 담론의 구조를 통해 대중문화와 대화를 조성한다. 그래서 우리는 영화〈시〉속에서 영상문화와 문자문화인 '시'를 통해 대화하고 소통한다.

둘째, 현대 미디어의 특징은 소통의 미디어이다. 멀티미디어란 문자, 음성, 화상, 동영상 등의 정보가 복합적으로 제공되며 쌍방향적으로 전달되는 것을 의미한다.[13] 또한 멀티미디어는 디지털 기술과 네트워크를 기반으로 한다. 디지털 기술은 여러 가지 형태를 지니고 있는 정보로서 기호, 숫자, 문자, 음성, 화상 등 모든 것을 0과 1로 표현하는 기술이다. 퍼스(C. S. Peirce)에 따르면, 텍스트는 끊임없는 기호 작용을 통해 해석소를 산출해 가는 기호의 개념이다. 기존의 텍스트의 경우 기호 작용은 작가와 독자 사이에서 행해졌다. 한편, 멀티미디어 텍스트에서 기호 작용은 작가, 영상작가, 독자 사이에서 행해진다. 디지털

---

13 *Ibid*., 24-26.

시대의 글쓰기는 많은 변화를 예고한다.

에코(U. Eco)는 텍스트가 독자에 의해 능동적이고 의식적인 공조적 운동을 요구한다고 설명한다. 그가 이상적인 텍스트로 여기는 것은 '열린 텍스트'이다. 열린 텍스트는 텍스트에 대해 다양한 해석이 가능한 텍스트이며, 이때 작가는 독자의 공조를 자극하고 그 공조가 다양한 해석의 모험이 되게 하도록 돕는 역할을 한다.[14]

셋째, 미디어의 상징은 평생교육적 학습의 의미를 담고 있다. 미디어는 신세대와 구세대를 이어주고, 미디어가 보여주는 상징성을 통하여 서로 다른 세대들이 배우고 익힌다. 그리고 미디어 학습은 자기주도 학습과 온라인 학습의 장(場)으로서 학습을 구체화 시키고 시각화 시켜서 평생교육의 방법적 접근으로서 역할을 한다.

3) 영화 <시>에 나타난 노인을 위한 대중 인문학적 성찰

미디어의 특징 중 하나는 소통의 다양성과 효율성이다. 망형대화는 인간 소통 형식을 뒷받침해 주고 결국 인간이 완성시킨 모든 정보를 수용하는 기본망을 형성한다. 미디어는 원형 극장형 담론과 망형대화 담론을 동시에 형성한다. 이러한 미디어의 의사소통 담론 형태와 관련하여 평생교육의 담론구조를 재해석할 수 있다.

평생교육은 일반적으로 형식, 비형식, 무형식으로 기술되는 교육의 부문들을 포괄하며, 이런 융통성으로 인해 성취할 수 있는 교육의

---

14 *Ibid.*, 28.

다양한 유형과 형태가 가능하다.[15] 영화 속의 '시'는 삶의 연장을 의미하고 노인 평생교육의 한 형태를 보여준다. 미자의 삶은 평생교육을 통해 '시'라는 결정체로 나타난다. 노년의 미자는 자신이 불치의 병에 걸려 죽음을 앞두고 있다는 사실을 알고는 시를 쓰기로 결심한다. 미자는 어릴 적에 주위 사람들로부터 들은 상상력이 풍부하다거나 글쓰기 가능성이 있다는 말을 떠올리고 노년에 질병으로 인한 죽음을 예견하면서 대중 인문교양 교육에 입문하게 된다. 미자는 문화센터에서 강사에게 시를 배우고 그녀 자신의 '시 쓰기'를 시작한다. 그녀에게 '시'는 생애를 의미 있게 마무리하는 것이며, 동시에 평생교육의 연장이다. 미자의 시에 대한 열정은 새로운 교육에 입문하는 것이다. 미자의 시 쓰기는 평생교육의 연장이며, 인생을 성찰하는 대중 인문 교양 교육의 성과이다.

교육은 광의의 개념으로 독일어인 Bildung 단어는 도야, 교화, 교양, 문화화(enculturation)라는 의미에서 볼 수 있듯이 문화를 떠나서는 생각할 수 없다. 노년 세대가 길어지고 있는 시점에서 평생교육은 Bildung의 의미를 확연히 보여주고 있다. 평생교육 이론에 의하면, 성인 학습자의 특성 중 중요한 것은 내적인 동기와 성인의 자기주도성 (self-directedness)이다.[16] 성인의 자기주도성은 자기 자신의 일을 스스로 해결하려는 성향이 학습자로서 발현된다. 학습자의 주도성은 외적 요인과 자신의 생각과 행동에 대해 책임을 지려는 내부적 요인 또는

---

15 권대봉, 『평생교육의 다섯마당』 (서울: 학지사, 2006), 29.
16 *Ibid.*, 102.

인성 특성으로 구성된다.

　학습자의 자기주도성은 외적 요인과 내적 요인이 적절하게 조화를 이루면서 형성되는 것이다. 학습자의 자기주도성은 자기주도적 학습과 관련된다. 자기주도학습이란 학습자들이 싫든 좋든 교사가 전달해 주는 교과 내용을 이해 및 암기하는 수동적 학습 태도에서 벗어나 어떤 문제가 주어지더라도 겁내지 않고 각자의 다양한 능력과 개성을 최대한 발휘하여 적극적으로 문제를 해결하고 나아가 창의적 생산을 할 줄 아는 능력을 기르는 학습체제를 말하는 것으로 이해되고 있다.[17]

　근래에 평생교육 연구 분야 중 대중 인문 교양교육이 관심을 받고 있다. 대학의 점차 줄어드는 교양교육과 인문학 전공학과들이 느끼는 위기의식과는 다르게 대학 밖에서는 철학교실, 인문학아카데미, 문학교실 등 여러 수준의 인문학 강좌들이 개설되고 있다. 평생교육의 차원에서 인문 교양교육은 새로운 현상이 아니다. 이미 문화센터, 시민센터 등에서 일반인들이 알기 쉽게 풀어낸 초급 인문 교양 과정들이 다수 존재해 왔고, 비직업적 교육 영역 대부분이 인문 교양교육의 기초 위에서 이루어져 왔다.[18] 미자의 시 쓰기와 시 낭송에 참여하는 일련의 교육적이고 학습적인 활동들은 인문 교양교육의 효과적인 형태로 보인다.

　인문학자에게 '살아있는 학문'의 의미는 현실의 삶과 교감할 수 있는 가치를 만들어가는 것이다. 인문학적 성찰은 '답의 형태'로 대중

---

17 *Ibid.*, 103.

18 양은아, *op. cit.*, 51-52.

에게 주어질 수 있는 것이 아니고, 질문의 형태로 다가와 스스로 삶 속에서 답을 찾아보도록 요청하는 지적 멘토링 과정에 비유될 수 있다. 학문과 삶은 교육의 과정을 통해 서로 그물망을 이루고 있다.[19]

영화에서 '시'가 무엇인지를 질문하는 학습자들과 시인은 단순한 시에 대한 질문이 아니라 삶 속에서 일상 속에서 느끼고 체험하는 것으로 답을 갖게 해준다. 시를 쓰는 게 어려운 것이 아니라 시를 쓰려는 마음을 갖는 것이 어렵다고 김용택 시인은 말한다.

"시를 쓰려면 어떻게 하나요?"라고 계속 묻는 미자에게, "시상은 찾아오는 게 아니다"라고 말한다.

김용택 시인은 강의 첫 시간에 이렇게 질문한다.

여러분은 살면서 몇 번이나 사과를 봤습니까? 수천 번, 수만 번이요? 아닙니다. 우리는 한 번도 사과를 제대로 본 적이 없습니다. 사과를 오래도록 지켜보고 무슨 말을 하나 귀 기울여 보고 주변에 깃드는 빛도 헤아려보고 그러다 한입 깨물어 보기도 했어야 진짜 본 것입니다.[20]

인문학자들이 교육에 임하는 태도는 자신들의 역할을 '조력자' 혹은 '동반자'로 여겨야 한다. 인문교육의 주인은 자기를 '자기화'하려는 학습자 스스로가 된다. 즉 동시대를 함께 고민하는 과정을 통해서 서

---

19 *Ibid.*, 64.
20 「인터넷한국일보」 2010. 5. 12. 〈문화예술, 영화 '시'의 김용택 시인〉, "시는 사회·자연이 말하는 걸 받아쓰는 것." www.hankooki.com 2011. 10. 5. 접속.

로의 성장을 도모해 가는 것이다. 미자가 죽음을 앞두고 삶을 정리할 수 있었고 자기반성을 할 수 있었던 중요한 계기는 동네 문화센터에 개설된 평생교육의 하나인 '시 쓰기' 수업을 통해서였다. 영화는 미자가 희진이처럼 스스로 목숨을 끊었는지에 대해서 열린 결말로 남겨두었지만, 미자가 고단한 삶과 질병을 안은 삶의 정황에서 '시' 학습을 통해 인생을 재정립하고 최선의 결단을 했을 것이라고 본다.

3. 기독교적인 인문학적 성찰과 평생교육의 가능성

1) 미디어에 나타난 노인을 위한 대중 인문 교양교육의 가능성

영화 〈시〉에서 미자는 치매, 뇌 질환을 앓고 있어서 점차 기억이 소멸되어 죽게 된다. 역설적으로 미자는 기억이 소멸되는 죽음을 대면하여 기억의 가장 정제되고 절제된 언어인 '시'를 쓰고자 한다. 영화 속의 '강물'과 '시'는 '죽음'과 '부활'의 역설적 상징이다. 기억의 소멸과 기억의 영원함은 강물과 시로 만난다. 감독은 '시'가 죽어가는 시대라고 통탄한다. 그래서 미자의 죽음은 시의 죽음이고 우리의 상상력의 죽음이다. 거꾸로 미자의 시 쓰기는 상상력의 회복을 꿈꾸는 것이고, 감성이 죽은 시대에 대한 항거이다. 죽음을 앞둔 미자는 시를 통해 문자문화를 남기고 싶은 인간의 본능적인 욕구를 보여준다.

인류학적으로 보면 인간은 연속성의 자연을 벗어나 집단과 문화를 이루어 나간다. 시를 멈추는 것은 다시 죽음이다. 영화에서 김용택 시인은 "누구든지 가슴에 '시'를 묻고 산다"고 말한다. 시인뿐만 아니라 문화를 이루고 사는 인간은 모두 나름대로 시를 쓴다. 시는 문자를 상징하며, 문자를 지닌 인류를 상징한다. 동시에 시는 인간의 감성과 상상력의 대표적 상징이다. 따라서 시를 쓰지 못하는 것은 죽음을 의미한다. 죽는 순간 문자도, 상상도, 감성도 사라진다. 시가 없는 문화의 불연속성은 단절을 직면한다. 시는 문자이며 음성이다. 시는 문자로 기록된 것이지만 음성으로 읽혀질 때 그 의미는 또 다른 의미를 낳기도 한다. 시는 삶과 문화의 흔적이며 동시에 시인에게는 살아있는 음성이다. 희진의 죽음이 젊음의 불연속성이며, 소통의 단절이며, 청춘의 시 낭송의 죽음이라면, 미자의 죽음은 삶의 불연속성이며, 시가 죽어가는 시대를 의미한다.

생전에 한 번도 만나지 않았던 희진과 미자는 동일한 강에서 희진은 주검(자살)으로 미자는 '상징적 죽음'으로 만난다. 희진은 청춘이었고 미자는 노년이었으나 그들은 강에서 죽음으로 조우한다. 빈곤, 무관심, 약자, 성폭행, 차별이라는 권력의 그물망에서 자기 소리를 낼 수 없던 희진과 미자는 죽음을 통해 세상에 자신들의 목소리를 낸다. 동시에 두 여자에게 강물과 시는 죽음과 부활을 상징하기도 한다.

상징은 말과 실제 현상 안에 나타난 핵심적 이미지를 말한다. 상징은 이 세상을 감지할 때 생겨나며, 이때 눈에 보이는 실제 사물은 뭔가 다른 것을 지시하는 것이다. 상징은 우리가 사는 세상의 심층적 차원과 인간의 내면의 깊은 곳을 비춘다. 예를 들어 빛, 물, 흙, 공기 같은 자연의 근원 요소와 바다, 산, 사막, 들판 같은 지정학적 공간이 그런 상징이 될 수 있다. 혹은 사원, 집 등의 건축물이나 신체의 한 부분도 상징이 된다. 이러한 상징을 통해서 인간은 자기의 내면과 씨름하고 상징이 구축하는 우주 안에서 호흡하며 살아간다.[21]

이런 관점에서 볼 때 '시'와 '강물'은 한편으로는 문자 시대의 죽음 이지만 다른 한편, 시와 강물은 생명이고 부활을 의미한다. 물론 상징의 해석은 독자나 관객에게 각각 다를 수 있겠으나, 그 상징을 통하여 우리가 삶의 방향을 찾아 나갈 수 있다.

퀴블러 로스(E. K. Ross)[22]는 1968년 약 200여 명의 말기 환자들을 면담한 결과, 죽음에 대한 환자의 심리상태를 부정, 분노, 협상, 우울의 단계를 거쳐 수용하게 되는 것으로 설명하였다. 이후 심리학자들은 이러한 이론을 인간의 심리상태를 이해하기 위해 활용하기도 하였다. 죽음(상실)을 받아들이는 5단계는 부정과 고립, 분노, 협상, 우울, 수용의 순서이다.[23] 이러한 단계는 죽음을 맞는 환자의 심리상태이기도 하지만, 일반적으로 우리가 상실을 겪을 때 갖는 순서이기도 하다. 영화 속의 미자는 자신이 치매가 걸렸다는 상실감의 상태에서 시를 배우는 데 입문함으로써 자신의 삶에 마지막 숙제로 다가온 '죽음'(미진의 죽음을 포함해서)의 문제를 승화시킨다. 이 영화의 중요 테마가 문화

---

21 게르트 타이센/고원석, 손성현 옮김, 『성서, 어떻게 가르칠 것인가』 (서울: 동연, 2010), 110-111.

22 퀴블러 로스/이진 옮김, 『죽음과 죽어감』 (서울: 이레, 2008).

23 원신애, "포스트모던 미디어 교육과 기독교교육의 조우에 대한 연구: 애니메이션 토이스토리의 스토리텔링을 중심으로," 「기독교교육논총」 29(2012), 306.

센터의 평생교육을 보여주려고 의도한 것은 아니지만, 주인공 미자의 노년기에 삶을 재정립 할 수 있는 정점이 '시 쓰기' 학습이었음을 보여준다.

인생의 노년이라고 여겨지는 시기에 미자는 '삶이 무엇인가?'와 '시를 어떻게 쓰는가?'에 질문과 더불어 사유하며 반성하는 실천적 문학을 자기 주도적으로 실현한다. 미자의 시를 써내기 위한 학습과 정은 자기주도학습의 과정이며, 죽음을 새롭게 해석해 낼 수 있는 실천적 학습의 결정체였다. 마침내 미자는 '시 쓰기' 학습을 통하여 얻어 낸 '시'를 세상에 남긴다.

아네스의 노래[24]

그곳은 얼마나 적막할까요
저녁이면 여전히 노을이 지고
좋아하는 음악 들려올까요
<중략>
이제 작별을 해야 할 시간
머물고 가는 바람처럼
그림자 처럼
오지 않던 약속도
끝내 비밀이었던 사랑도…

---

24 이창동 감독의 <시>

<중략>

나는 꿈꾸기 시작합니다

어느 햇빛 맑은 아침

다시 깨어나 부신 눈으로

머리맡에 선 당신을 만날 수 있기를

작금 죽음에 대한 법적인 문제들이 야기되고 있다. 존엄사의 법제화 논의 등은 오랫동안 논의되어 왔으나 아직도 전 세계적으로 일치된 법안이 없다. 죽음을 어떻게 수용하고 규정할 것인가의 논의는 사회적, 문화적, 종교적인 수많은 변수가 작용한다. '존엄사' 혹은 '안락사'[25]에 대한 찬·반 논의들이 활발한 가운데 죽음에 대한 법적일 뿐만이 아니라 철학적인 성찰이 요구된다. 기독교문화권에서 존엄사와 안락사의 문제는 여전히 합일된 결론들 도출하지 못하고 있다.

영화 속의 문화 센터의 대중 인문 교양교육은 미자에게 '시' 쓰기를 통하여 '죽음'을 성찰하고 수용할 수 있도록 도와준 소통의 문화 공간이었다. 영화 〈시〉는 교회가 노인 평생교육을 위해 소통의 문화 공간이 될 수 있는 가능성을 보여준다. 영화 〈시〉는 예수의 죽음과 부활, 예수의 생명과 하나님 나라에 대한 의미를 주지 못한다. 그러나 이

---

25 안락사와 존엄사는 서로 혼돈하여 사용하지만 차이점이 많다. 안락사는 법으로 합법화될 경우, 시행 여부를 결정하는 판단의 주체는 의료인이지만, 존엄사는 행위와 판단의 주체가 의료인이 아니라 죽어가는 당사자이다. 다떼이와 신야, "모든 생명은 긍정되어야 한다," 「안락사문제 한·일 국제세미나-주제발표2」, 2009.11; 이상원, "안락사, 과연 존엄한 죽음인가?," 「안락사문제 한·일 국제세미나-주제발표1」, 2009.11 참조하라.

영화는 모든 세대가 공유하는 죽음의 화두, 시의 문자성과 음성, 생명과 죽음, 일시성(공간)과 영원성(시간)이 조우하는 소통의 문화로서 대중 인문 교양교육의 층위를 잘 드러낸다.

2) 소통의 문화로서 기독교적 대중 인문 교양교육

대중 인문 교양교육의 부활은 포스트모던 시대의 새로운 소통의 문화로서 역할을 감당한다. 많은 인문학자도 이미지, 회화, 시, 글쓰기, 소설, 영상 등의 경계가 무너지고 통합의 시대로 가고 있다고 주장한다.[26] 이러한 의미에서 "기독교 + 문화 콘텐츠"는 기독교적 "대중 인문학"의 한 예이다.

기독교교육은 학습자를 가르치고 키우는 일 전체를 기독교적 방향으로 기독교적 관점에서 하는 교육을 지칭한다. 이러한 기독교교육의 개념은 반드시 교회가 주체가 되는 것만이 아니라, 기독교적 가치관과 세계관을 바탕으로 이루어지는 모든 종류의 교육들(교회의 교육뿐 아니라 학교의 교육, 기독교과목뿐 아니라 일반 교과목들)까지 포함시킬 수 있다. 무엇을 가르치든지 기독교 정신을 바탕으로 정립되고 기독교적 세계관과 인간관을 바탕으로 이루어진 교육이라면 기독교교육의 콘텐츠가 될 수 있다. 따라서 "기독교 + 문화 콘텐츠"는 기독교적 안목을

---

26 김주연, "영상문화와 문학의 새로운 파동," 한국학술진흥재단, 「석학과 함께하는 인문강좌 강연 네 번째 시리즈 개강」, 2009. 2. 7. https://www.newswire.co.kr/newsRead.php?no=385444. 2011. 10. 9. 접속.

가지고 세상의 문화 콘텐츠를 보는 것이다.

문화 콘텐츠(문화 상품)는 미국에서는 상업적 측면을 포함한 '엔터
테인먼트'(entertainment) 산업, 일본에서는 전달 매체적 측면을 강조한
'미디어'(media) 산업, 영국에서는 창조적 측면을 강조한 '크리에이티
브' (creative) 산업이라고 각각 부른다. 우리나라는 문화산업의 내용적
측면을 강조하여 '문화 콘텐츠'(cultural contents)로 부르기도 한다.27
문화 콘텐츠의 가장 큰 특징은 하나의 제대로 된 소스(contents)를 기반
으로 다양하게 활용하여 고부가 가치를 올리는 '원 소스 멀티 유즈'
(one source multi use)를 그 예로 들 수 있다.

문화 콘텐츠는 기존의 풍부한 인문학적 지식의 바탕 위에 21세기
의 디지털 신기술이 만나서 이루진 것이라고 볼 수도 있다.28 즉 다양
한 매체의 내용물인 콘텐츠가 부족해지면서 인문학을 대표하는 '스토
리텔링'(storytelling)이 새롭게 주목받고 있다. 스토리텔링은 여러 가지
개념으로 정의될 수 있으나 근본적으로는 이야기(stories), 서사적 이
야기(narrative), 역사적 거대 담론, 소수의 개인의 이야기들을 포함한
다. 이러한 서사적 이야기의 교육적 효과는 자신의 이야기와 남의 이
야기를 통해서 내 삶의 의미를 발견하고, 삶의 가치를 성찰할 수 있다
는 점이다. 맥킨타이어(A. MacIntrye)는 인간의 '도덕적 성품'을 형성한
다는 점에서 이야기의 중요성을 강조한다.29

---

27 정창권, 『문화 콘텐츠 교육학』 (서울: 북코리아, 2009), 24.

28 Ibid., 16.

29 G. J. Anacker, "Narnia & the Moral Imagination," In The Chronicles of Narnia & Philosophy:
The Lion, The Witch, & The Worldview, eds., G. Basseham & J. L. Walls (Illinois: Open Court,

우리 개인들의 이야기들은 경험의 서사적 구조로부터 시작하며 동시에 그것을 재구성할 수 있다. 우리는 서사적 맥락에 의존된 존재이지만 다른 한편, 우리는 상상적인 서사적 존재이기 때문에 새로운 방식으로 삶을 정돈할 수 있다. 한편 문화 콘텐츠와 관련하여 스토리텔링이란 '이야기를 매체의 특성에 맞게 표현하는 것'으로 내용과 기술적 측면까지 포함한다.[30]

21세기의 미디어 특히 영화를 보면, 기독교와 관련된 상황이나 인물들이 등장하지만 기독교 영화라고 하기엔 부적절하고, 기독교와 무관하게 보이는 영화라도 기독교의 정신을 담아내고 있는 작품들도 있다. 이런 맥락에서 영화 〈시〉는 후자에 속한다고 볼 수 있다. 스토리텔링을 담고 있는 문화 콘텐츠로서 영화 〈시〉는 비록 기독교와 무관하게 보이지만, 주인공 미자의 인문학/ 시 쓰기의 입문의 상징을 통하여 기독교적인 죽음의 성찰과 평생교육의 가능성에 도전을 준다.

영화 〈시〉는 우리가 가장 존엄하게 다루어야 할 '죽음'의 문제를 상징적으로 다룰 뿐 아니라, 영화 속의 '시'는 상실(죽음)과 생명(부활)이라는 이중적 구조를 지닌다. 영화 〈시〉는 노년 시대의 인문학/ '시 쓰기' 입문이라는 평생교육의 중요성을 보여준다. 영화 속에서 죽음을 다루는 몇 가지 상징성은 죽음의 성찰을 위한 기독교교육적 함의를 포함한다. 영화 속에서 '죽음'은 연속과 불연속, 상실과 부활이라는 역설적 상징으로 나타난다. 영화의 죽음은 '자살'을 암시한다. 희진은

2005), 131.

30 정창권, *op. cit.*, 30.

자살로 미자는 상징적 죽음으로 생애를 마감하는 것으로 보인다. 이들의 죽음은 '강물'과 '시'라는 '자연'과 '문화'의 상징을 통해서 '상실'과 '부활'이라는 역설적 모티브를 형성한다. 또한 노년의 미자가 자신의 치매를 알면서도 글쓰기 학습을 시작하는 것을 통해서, 우리는 평생교육의 중요성과 죽음을 어떻게 성찰적으로 수용해야 하는가의 문제에 직면하게 된다.

3) 교회교육의 노인을 위한 평생교육의 가능성

미디어의 상징성은 대중이 21세기 평생교육의 대중 인문 교양과 만나는 매개가 될 수 있다. 특히 영화 〈시〉는 청소년 세대와 노년 세대의 시대적 화두가 되고 있는 자살 혹은 죽음에 대하여 메타포를 잘 드러내 준다. 대중은 미디어 문화에 대하여 대중 인문학적 성찰과 비판을 하려는 욕구를 지니며, 다른 한편 미디어의 권력에 쉽게 교감하거나 순응하기도 하는 양면성을 지닌다.

이런 디지털 혹은 미디어 시대에 기독교 공동체는 인문학적 성찰 그 이상의 '의미'를 교육할 수 있다. 교회의 노년층을 위한 평생교육의 장(場)은 소통의 공간이 되어야 한다. 또한 소통의 미디어로서 대중 인문 교양교육 프로그램을 제공해야 한다. 대중 인문 교양교육은 시, 문학, 그림, 이미지, 소설, 영화 등과의 경계 허물기를 통해서 노인을 위한 평생교육의 소통의 장이 될 수 있다. 또한 교회의 평생교육은 예수가 없는 문화센터나 평생교육기관에서 다룰 수 없는 노년기의

'죽음'에 대한 재해석 및 다양한 문제들을 감당해야 한다.

포스트모던 시대의 교회 평생교육의 하나로서 노인대학 프로그램은 대체로 대형 교회 중심의 노인대학과 소형 교회의 구색 갖추기 식의 프로그램으로 나누어진다. 교회 노인대학 프로그램은 양적 크기에 따라 특별한 방향과 균형감이 없이 시행되고, 양적 크기에 따라 많은 편차가 있으며 주로 예배, 노래와 율동, 취미활동, 특강 등이 중심이 된다. 보건복지가족부가 제시한 노인복지관 주요 기본 사업에서 시행하는 것과 교회의 노인대학 프로그램은 별 차별성이 없다. 특히 평생교육 기능의 교양 교실이나 정서 생활 지원 기능인 죽음 준비교육조차도 교회의 노인대학에서 거의 시행하지 않는다.

〈표 1〉 노인복지관 주요 기본사업[31]

서비스기능	세부 사업과 서비스
고용 지원 기능	노인 일자리 사업, 취업(구인, 구직) 상담, 취업자 사후관리, 고령자 취업 알선센터, 시니어클럽, 공동작업장, 은퇴 준비 교육 등
건강 생활 지원 기능	건강 증진 지원(건강교육, 건강상담, 건강교실〈건강체조, 기체조, 요가 등〉 미용, 목욕, 세탁서비스 등), 급식 지원(경로식당〈중식 서비스〉, 밑반찬, 도시락배달, 푸드배달, 푸드뱅크), 기능회복 지원(양·한방진료, 재활 문제 해결〈물리치료, 작업치료, 운동 재활, ADL 훈련 등〉), 요양 지원(치매·중풍환자 프로그램, 주간·야간 단기보호, 그룹홈, 장제 서비스) 등
평생교육 기능	한글교실, 외국어교실, 교양교실, 정보화교육, 역사교실, 예능교실(미술, 음악, 운동교실 등), 전통문화교실 등

31 〈보건복지가족부〉 2010.

서비스기능	세부 사업과 서비스
취미·여가 지원 기능	음악 활동(노래 교실, 민요, 풍물 교실, 합창반, 댄스 교실, 한국무용 등), 미술(회화, 공예, 조각, 풍선아트 등), 원예 교실, 다도 교실, 문화 교실(연극 등), 레크리에이션, 운동(당구, 탁구, 포켓볼 등), 바둑·장기 등
사회참여 지원 기능	자원봉사활동, 지역동아리, 클럽활동 지원, 교통편의 서비스 등
정서 생활 지원 기능	접수 이용 상담, 생활 상담, 복지정보 상담, 전문 상담(법률 상담, 주택상담, 연금 상담, 보건의료 상담, 세금 상담 등), 인간관계 훈련 프로그램, 종교 행사, 죽음 준비 교육 등

　　오경석[32]은 교회 노인대학 프로그램 모형을 제시하면서 기존의 교회 노인대학 프로그램은 주로 노인을 위한 교육 내용이 대부분이었다고 지적한다. 현재 노인들이 사회적이나 교회적으로 적극적인 역할을 할 수 있도록 노인을 위한 교육뿐만 아니라 노인에 관한 교육과 노인에 의한 교육이 필수적이라고 주장한다. 김정희[33]에 따르면, 교회 노인학교에 참여하는 노인을 대상으로 한 설문조사에서 노인대학 프로그램에 원하는 우선순위는 건강, 말씀 공부와 기도 모임, 여행, 음악(합창 내지 댄스)과 죽음, 영화 및 뮤지컬, 재취업, 어학, 성(性) 순서였다.

　　놀랍게도 노인들의 관심의 영역이 다양하다. 특히 죽음에 대한 관심은 음악과 동일한 순위인 네 번째이다. 또한 영화에 관한 관심도 다섯 번째이다. 교회의 노인 평생교육 대학 관련자들은 〈표 1〉의 노인복지관 주요 기본사업 중 평생교육 기능, 취미/ 여가 지원 기능과 정서

---

32 오경석, "교회 노인대학 프로그램 모형 개발," 「기독교교육정보」 28(2011), 225-245.
33 김정희, "21세기 기독교 노인문화의 발전 방향 및 과제," 「신학과 현장」 20(2010), 193-218.

생활 지원 기능을 주목해야 한다. 평생교육 기능의 교양 교실(대중 인문 교양교육 포함), 취미/여가 지원 기능의 연극 및 영화, 정서 생활 지원 기능의 종교와 죽음 준비 교육은 교회의 노인 대학 대다수의 구성원도 원하고 있다. 특히 교회의 노인대학의 구성원들이 '말씀 공부'와 '기도 모임'에 우선 관심을 두고 있다는 점에서 교회 노인평생교육은 '죽음'에 대한 대중 인문 교양교육의 인문학적 성찰과 더불어 기독교적 영성 훈련을 함께 할 수 있는 가능성을 보여준다.

맺는말

이 글은 교회의 평생교육을 위한 인문학적 성찰의 필요성과 가능성에 대하여 살펴보았다. 상조회 광고와 자살에 대한 예방 광고 등이 영상매체 광고를 통하여 걸러짐 없이 방송되는 이 시대에 '죽음'의 문제와 관련하여 미디어, 특히 영화 〈시〉에 나타난 죽음의 상징성을 노인 평생교육의 관점에서 재해석해 보았다. 또한 죽음의 상징성에 대한 '대중 인문 교양교육'적인 성찰과 노인교육·교회 노인대학의 가능성을 살펴보았다.

영화 〈시〉는 노년기를 맞은 노년들에게 두려움으로 다가오는 죽음에 대하여 성찰할 수 있는 기회를 제공한다. 영화의 주인공 미자는 평생교육의 장(場)을 통하여 자신의 노년의 죽음의 문제를 성찰하게 되고 마지막을 정리할 수 있는 '시'를 탄생시킨다. 영화 속에서 '시'는 죽음을 승화시킬 수 있는 평생교육과 대중 인문 교양교육 그리고 문자 문화의 최선의 결실이다. 안타깝게도 예수 그리스도의 생명과 부활이 빠져있다. 단지 '강물'과 '시'라는 소재를 통하여 생명과 부활이 암시되었을 뿐이다.

기독교적 평생교육은 노년기의 학습자들이 '대중 인문 교양교육'에 입문하여 삶을 성찰할 수 있도록 소통의 문화의 장(場)을 제공해야 한다. 평생교육으로서 대중 인문 교양교육은 생명과 부활을 상징하는 '시'를 탄생시킬 수 있다. 김용택 시인의 말처럼, '누구나 시를 가슴에 품고' 살고 있기 때문이다.

3 부

창조적 자아를 위한
사회 문화적 접근

1 장

기독교 도덕교육과 맥킨타이어의 '서사적 자아'와 '실천' 개념의 의미

토니 모리슨의 『누가 승자일까요? - 개미와 베짱이 이야기』 마지막 부분에서 베짱이 폭시는 자신의 노래를 예술(Art)로 표현한다. 베짱이는 개미에게 당당하게 말한다.

어떻게 내가 일을 안 했다고 말할 수 있니?

예술(Art), 이것이야 말로 일이야. 놀이처럼 보일 뿐이지.

(중략)

하지만 음악은 지금껏 너와 나,

우리 모두에게 유익한 거였어.

네가 나한테 따뜻한 사랑과 동정심을 베풀만하다고.

---

* 이 글은 「기독교교육정보」 27(2010), 291-317에 게재된 글을 수정·보완하였다.

시작하는 말

기독교교육은 학습자에 대한 이해를 필요로 한다. 심리 사회발달 단계를 주장하는 에릭슨(E. H. Erikson)에 의하면, 발달 주기의 5단계에 속하는 청년들은 자아정체성 대 역할 혼미라는 갈등을 겪는다.[1] 이 시기의 교회의 청년들은 비판의식이 강해지면서 교회 공동체가 제시하는 신앙적 기준과 사회생활 속에서 신앙생활에 대한 판단력의 중심을 잃고 교회를 떠나는 경우가 많다.[2] 따라서 교회 공동체는 청년들이 자아정체성의 과업을 통해서 그들이 신앙인이면서 직업인으로 정체성을 확립하도록 도와주어야 한다.

마크 존슨(M. Johnson)은 "인간의 도덕적 이해가 기본적으로 상상적이다"라고 전제한다.[3] 서구의 전통적인 철학이나 도덕교육은 상상

---

[1] 에릭슨은 인간 발달 단계를 8단계 생애주기로 구분하고 인간이 각 주기마다 이루어야 할 과업을 설명한다. 1단계: 기본적 신뢰감 대 불신감; 2단계: 자율성 및 수치 및 회의; 3단계: 주도성 대 죄책감; 4단계: 근면성 대 열등감; 5단계: 자아정체성 대 정체 혼미; 6단계: 친밀성 대 고립감; 7단계: 생산성 대(對) 침체감; 8단계: 통합성 대 절망감. 권대훈, 『교육심리학의 이론과 실제(개정 2판)』(서울: 학지사, 2009), 107-108 참조하라.

[2] 파울러(James W. Fowler)는 인간이 성장하는 과정으로서 신앙의 여섯 단계를 제시하였다. 구조적 발달의 단계들이 연대기적 성장으로 조절되는 것은 아니기 때문에 모든 사람이 각각의 단계를 거치는 것은 아니다. 그의 연구 초점은 신앙의 내용과 신앙의 구조를 구분하며, 사람이 어떻게 믿느냐의 심층구조를 조사하고 어떻게 신앙을 유지하는지에 대한 예측 가능하고 발달주의적인 유형들을 규명하고 묘사하기 위한 시도를 한다. 파울러에 따르면, 제4단계의 특징은 자아와 종교적 사고의 이중적 발달이다. 이 단계의 자아는 이제 집단으로부터 분리되고 개인은 왜 집단이 그렇게 믿고 행동하는가를 질문하면서 집단에 대항하게 된다. 제임스 C. 윌호이트 & M. 디토니/김도일 옮김, 『발달주의적 시각으로 본 기독교적 양육』(서울: 쿰란출판사, 2005), 107 참조하라.

력이나 은유의 사용을 피해왔다. 그러나 존슨은 은유를 통한 도덕적 상상력이 풍부한 인지적이고 도덕적인 발전의 가능성을 암시한다고 보았다. 한편, 맥킨타이어는 인간을 '이야기하는 동물'로 이해하고 이 야기 공동체 내에서 이야기를 구성함으로써 정체성이 형성된다고 주 장한다.4 이러한 관점에서 볼 때 기독교 공동체의 구성원은 추상적인 의식의 규범을 배우는 것이 중요한 것이 아니라, 한편으로는 역사적 맥락에 터한 한국 시민으로서, 다른 한편으로는 기독교 공동체의 맥 락에 근거한 구성원으로서 서사적 자아와 정체성을 어떻게 형성해 나갈지를 고민해야 한다.

이 글은 개인의 경험의 다양성과 공동체가 지향하고 있는 통합된 규범의 긴장 관계를 극복하는 대안으로써 맥킨타이어의 '실천'과 '서 사적 자아' 개념을 살펴본다. 한편 맥킨타이어는 철학자이지만 교육 을 서사적 자아의 '서사적 통일'에의 입문으로 볼 수 있는 통찰력을 제공한다는 점에 의의를 두고, 그의 윤리적 관심을 검토함으로써 통 합적인 기독교 도덕교육의 가능성을 검토하겠다.

이 글의 구성은 첫째, 공동체주의 철학과 현대 도덕성의 위기를 살펴본다. 둘째, 서사적 자아 개념의 교육적 의의를 제시하겠다. 특히, 서사적 통일성에의 입문으로서 도덕교육의 중요성을 검토한다. 셋 째, 기독교 도덕교육의 가능성을 살펴본다. 또한 맥킨타이어의 실천

---

3 마크 존슨/노양진 옮김, 『도덕적 상상력: 체험주의 윤리학의 새로운 도전』 (서울: 서광사, 2008), 88.

4 M. Daly, ed., *Communitarianism: a New Public Ethics* (Belmont, CA: Wadsworth Publishing Company, 1994), 121.

개념을 검토하고 공동체주의 교육의 의미와 교회 공동체의 관련성을 분석한다. 마지막으로 '서사적 자아'와 '실천' 개념을 통해서 기독교 공동체의 도덕교육과 학습자들의 삶의 서사적 통일성을 위한 대안을 제시하겠다.

1. 맥킨타이어의 공동체주의 철학

맥킨타이어는 근대적 합리성이 맹목적인 영원성, 보편성을 대항한 것에 대해서는 긍정적으로 평가하지만 도덕적 전통을 무시하고 배제한 것에 대해서는 비판을 가한다. 즉, 맥킨타이어는 오늘날의 도덕성의 위기가 근대적 전통인 합리성에 기인한다고 본다. 따라서 맥킨타이어는 이러한 도덕성의 위기에 대해서 도덕성의 회복을 그 대안으로 제시한다. 맥킨타이어는 도덕성의 회복을 위해 한편으로는 선을 추구하는 삶을 제시하고, 다른 한편으로는 객관적 기준을 제시한다. 그가 제시하는 기준은 실천, 서사적 자아의 통일성 그리고 전통이다.

필자는 기독교 공동체의 도덕교육의 가능성을 진단하기 위해 맥킨타이어의 공동체주의 철학을 살펴보겠다.

1) 공동체주의 철학

공동체주의 철학은 인간관, 공동체, 공동선이라는 세 가지 개념을 중시한다. 공동체주의와 자유주의가 뚜렷이 구분되는 기점은 '인간관'에 관한 입장 표명이다. 공동체주의자들은 개인의 자아를 규정하는 사회적 관계가 존재하며 따라서 개인은 그들이 속한 공동체에 의해 적어도 부분적으로 구성된다는 것이다.5 즉 개인이 사회보다 선행하는 것이 아니고, 사회/공동체가 개인보다 우선한다는 입장이다.

공동체주의자에 의하면 '공동체'란 용어는 규범적인 개념으로서 인간관계의 바람직한 특성을 기술하는 것이다. 즉, 일정한 가치관, 규범, 목표 등을 공유하고 있는 집단으로서 공동체는 그에 속하는 성원들이 공동의 목표를 자기 자신의 목표로 간주하고 있어 그 자체로서 하나의 선으로 간주되기도 한다.6 공동체주의는 공동체의 가치를 중시하는 것이다.

이렇게 공동체주의 견해가 추구하는 '공동선'이란 공동체의 성원이 단지 사적인 이해의 일치만이 아니라 공동의 목적을 지니는 것이며, 이것은 그 성원들에 의해 공동의 목적으로 이해되고 존중되는 것이다. 그리고 공동체주의자인 맥킨타이어는 공동선이란 공동체의 담론(story/narrative)에 뿌리를 두는 것이라고 본다.7

이상의 입장을 포괄한 공동체주의 개념을 아래와 같이 정의할 수 있다. 공동체주의는 기본적으로 인간의 정체성은 본질로 공동체적인 토대와 불가분의 관계에 있다는 인식을 기초로 한다. 따라서 공동체

---

5 황경식, 『자유주의와 공동체주의 개방사회의 윤리』(서울: 철학과 현실사, 1993), 177.
6 *Ibid.*, 182.
7 *Ibid.*, 197.

주의 철학은 사회, 문화의 공공적 토대에 앞서는 개인 자아의 본성적 우선권을 추상적으로 강조하여 '공유된 가치'나 '공동선'의 심각성을 받아들이기를 거부하는 자유주의의 개인주의의 입장을 반대한다.[8] 정리해 보면 공동체주의 견해는 공동체가 개인보다 우선하며 개인은 그가 속한 공동체의 관계망 속에서 영향을 주고받으며 그러한 공동체의 담론에 터해서 공동의 가치를 추구한다는 것이다. 특별히 맥킨타이어의 공동체주의 철학은 서사적 자아의 통일성의 이념을 도입하여 실천에 적용한다. 즉 인간의 삶의 역사는 공동체의 삶의 역사와 분리될 수 없다는 점에서 서사적 통일성이 있게 된다.

2) 현대 도덕성의 위기

맥킨타이어는 근대적 계몽주의 전통에 입각한 자유주의가 현대의 도덕성의 위기를 초래했다고 본다. 특별히 자유주의 전통에 입각한 서정적 자아(the emotivist self)와 주정주의(emotivism) 개념은 도덕성의 위기를 촉구하는 요인으로 간주된다. 개개인이 자유주의적 '서정적 자아'라는 자유주의적 자아관은 사회적 역할을 부여받은 개인이 과연 사회적 맥락과 무관한 자아인가는 문제를 야기하고, 또한 그러한 자아관은 사회적 역할을 부여받은 개개인의 도덕적 위기를 초래한다고 볼 수 있다.

---

8 A. Etzioni, "The Responsive Community: A Communitarian Perspective," *American Sociological Review* 61(1996), 3-4.

맥킨타이어는 서정적 자아와 주정주의를 비판할 수 있는 근거로 도덕적 철학을 제시한다. 맥킨타이어는 도덕적 철학을 하나의 사회학으로 가정한다. 왜냐하면 모든 도덕적 철학은 명확하게 또는 명시적으로 사람들 간의 관계성, 동기, 의도 그리고 행동에 대한 수행의 관계성에 대해 최소한 편파적인 개념적 분석을 제공하기 때문이다.9 그러나 자유주의의 서정적 도덕적 철학은 사람들 간의 관계성을 무시함을 그 출발로 삼기 때문에 최소한의 사회적 관계성의 편파성을 인정하지 않는다. 또한 자유주의의 감정적 도덕철학은 그들 자신의 선호함과 감정에 의해 시도된 도덕적 토의들로 간주된다.10 따라서 자유주의의 도덕철학은 도덕적 수행자가 되는 능력을 다른 어떤 사회적 역할 또는 자아가 수락하는 실천들 안에서 이루어진다기보다는 한 개인의 자아 속에서 이루어진다고 본다.

맥킨타이어는 자유주의의 근대적 자아의 개념인 서정적 자아란 상술한 바와 같이 사회적 구상과 특성들로부터 독립되게 한정되었고 사실상 합리적 역사의 결여라고 본다. 그러므로 맥킨타이어는 자유주의자들이 합리적 역사성을 강조하고 그러한 합리적 정당성에 의해 도덕성도 취해질 것이라고 예견한 주장에 비판을 가한다. 다시 말해서 맥킨타이어는 사회적 맥락과 무관한 서정적 자아 또는 추상적 자아의 개념은 도덕성의 위기를 초래했다고 지적하면서, 도덕성에 대한

---

9 S. Mulhall & A. Swift, eds., *MacIntyre: Morality after Virtue, Liberals and Communitarians* (Oxford: Blackwell, 1992), 74.

10 *Ibid.*, 75.

합리성의 의미는 인간 목적의 개념에 의해 사회적, 문화적, 역사적 상황 속에서 재정립돼야 한다고 보았다.[11]

정리하면 맥킨타이어는 고정되지 않은 실천안에서 서사적 자아의 통일성을 재정립하려고 한다. 또한 맥킨타이어는 자아 개념을 자유주의의 서정적, 추상적 자아가 아니라 사회적 실천들 안에서의 서사적 자아라고 명시하고 선을 지향하기 위해서 사회적 실천안에서의 서사적 자아의 개념을 재정립함으로써 도덕교육의 의의를 찾는다.

2. 맥킨타이어의 '서사적 자아'와 '실천' 개념의 교육적 의의

이 장은 맥킨타이어가 공동체주의의 인간관으로 제시하고 있는 '서사적 자아'와 공동체 담론의 의미를 구체적으로 살펴보고 '실천' 개념의 교육적 의의를 검토하겠다.

1) '서사적 자아' 개념

자유주의 철학의 인간관은 서정적 자아(the emotivist self)에 근거한다. 서정적 자아란 사람들 간의 관계성보다는 개인에 우선성을 두고, 도덕적 수행자가 되는 능력을 사회적 역할이나 관계에서 찾는 것

---

11 A. MacIntyre, "The Concept of a Tradition," In *Communitarianisim: a New Public Ethics*, ed. M. Daly (Belmont, CA: Wadsworth Publishing Company, 1994), 121.

이 아니라 한 개인의 능력으로 간주한다. 맥킨타이어에 의하면 이러한 사회적 맥락과 무관한 서정적 자아 개념은 '도덕성'을 선택할 수 있는 능력까지도 배태한 것을 전제하기 때문에 도덕성의 위기를 초래할 수 있다는 것이다.[12]

이에 대해서 맥킨타이어는 사회와 무관한 인간관으로 인해 초래될 수 있는 도덕성의 위기를 견제할 수 있는 대안으로써 서사적 자아(narrative self)를 제시한다. 즉 서사적 자아란 개인이 맡고 있는 역할과 역사 속에서 도덕적 일치를 확보하는 것이며, 덕을 실현하려는 자아의 통일성을 이루고자 하는 것이다.

자아의 서사적 통일성(narrative unity)이란 단순히 한 개인의 출생에서 죽음까지의 삶의 통일을 말하는 것이 아니며 인간의 삶의 역사는 공동체의 삶이 역사와 분리될 수 없으므로 양자의 역사는 통일되어 있고, 또 그렇게 되어야 한다는 것이다.[13] 달리 말해서 개인의 삶과 역사가 통일된다는 의미는 개인의 삶에 대한 이야기는 언제나 개인의 정체성을 부여받은 공동체의 담론/이야기에 뿌리를 두고 있다는 것이다.[14]

맥킨타이어는 인간의 자아 됨(sefhood)과 이야기를 구성하는 동물임을 다음의 두 가지로 설명한다.

---

12 *Ibid.*, 121.
13 심성보, "공동체주의의 교육윤리학적 연구," (고려대학교 대학원, 박사학위 논문, 1995), 38.
14 황경식, *op. cit.*, 197.

한편으로는 태어나서 죽을 때까지 계속되는 이야기를 살아가는 과정에서 나는 다른 사람들에 의해 정당하게 대우받는다. … 태어나서 죽을 때까지 계속되는 이야기의 주체가 된다는 것은 이야기할 수 있는 삶을 구성하는 행위와 경험을 말할 수 있다는 것이다. …

이야기하는 자아의 다른 측면은 유사하다. 나는 이야기할 수 있을 뿐 아니라 언제나 다른 사람에게 이야기를 요청할 수 있고 다른 사람들에게 질문할 수 있다. 그들이 내 이야기의 일부이듯 나는 그들의 이야기의 일부이다. … 더욱이 이렇게 묻고 이야기를 제공하는 것은 이야기들을 구성하는 데에 그 자체로 중요한 역할을 한다.[15]

맥킨타이어에 의하면 우리들의 삶의 이야기는 우리들의 정체성이 형성되어 나오는 공동체의 '담론'(story/narrative) 속에 항상 깊이 착근(embedded)되어 있다는 것이다.[16] 맥킨타이어는 우리가 전통에 참여하고 그 전통의 이야기들을 들음으로써 또 다른 사람에게 물어봄으로써 서로의 정체성을 형성하는 데 기여하는 개개인들을 규정한다.

맥킨타이어가 강조하는 공동체의 '서사적 이야기'(narrative history) 또는 '공동체의 담론'은 곧 윤리적 삶을 구성하는 하나의 전형이라고 할 수 있다. 공동체의 삶에서 이루어지는 역사적 이야기의 양식 속에서 자아는 형성된다. 물론 이야기적 역사는 단순히 일련의 행동의 연속이 아니고 역사로부터 추상화되고 일관된 목적을 가지고 있어야

---

15 Daly, *op.cit.*, 122-123.
16 MacIntyre, *op. cit.*, 1994, 121.

한다. 즉 공동체 담론은 덕(virtues)의 개념을 가지고 있으며, 이러한 도덕적 선과 목적은 공동체의 역할과 실천(관행)에 내재한 것들이다.

서사적 이야기는 가정, 이웃, 도시 그리고 종족과 같은 공동체라는 성원 의식과 정체성 그리고 덕을 형성하는 이야기라고 할 수 있다. 이상의 서사적 맥락에서 지역적 담론, 특정한 공동체 그리고 역사적 전통과 맞물린 관점이 생겨난다.[17] 한편, 서사는 자신의 이야기를 포함하기도 하지만, 근본적으로 남의 이야기다. 남의 이야기를 하는 까닭은 그런 이야기를 통해서 내 삶의 의미를 발견하고 삶의 가치를 지향할 수 있기 때문이다.[18] 그러나 공통체주의자는 더 인륜적인 삶의 형태를 추구하기 위하여 전달받은 특정 전통을 삶의 근거로 완벽하게 재생하는 것을 반대하고, 공유된 전통이나 가치 및 지적 탐구의 전통을 재구성해야 함을 주장한다.

2) '실천' 개념

도덕성의 주체자인 서사적 자아는 공동체가 추구하는 공동선으로서 덕(virtue)을 추구하게 되는데, 그 덕은 '사회적 관행들'(practices)을 통해 구현된다. 즉 서사적 자아는 공동체 담론에 근거해서 사회적 관행을 통해 덕을 실현하게 되는 것이다. 맥킨타이어의 사회적 '실천' 개념은 사회적 '관행'을 의미한다. 맥킨타이어는 사회적 관행의 개념

---

17 심성보, *op. cit.*, 39.

18 우한용, 『서사교육론』 (서울: 동아시아, 2001), 31.

을 몇 가지로 규정한다.

첫째, 사회적 관행은 내재적 선(internal goods)들을 내포하고 있다. 즉 사회적 관행에 내재한 선이란 사회적 활동 안에 들어 있는 가치, 또는 활동 안에 자리매김 되어 있어서 그 활동을 하지 않고는 얻을 수 없는 가치, 그 활동을 통해서만 경험되고 실현되며, 그 활동에 참여하는 사람만이 그 탁월성을 판단할 수 있는 가치를 말한다. 그러므로 개인이 이러한 관행에 참여한다는 것은 관행 속에 내재한 작동 기준(standard)의 권위를 수락하는 것을 의미한다.[19] 이것은 사회적 관행의 내재적 선을 규정하는 공동의 표준과 권위를 수용하는 것을 의미한다.

둘째, 맥킨타이어는 사회적 관행이란 단일한 것이 아니라 다양한 관행으로 나타날 수 있다고 본다. 따라서 더욱 포괄적인 내재적 선과 덕의 다양성은 인간 삶 속에 무엇이 가치 있는 것이냐의 개념 안에서 건전한 다원성으로 나타날 수 있다.[20] 경기자가 게임에 함께 하는 것처럼, 사회적 관행의 기준은 논쟁이 일어날 수 있는 틀을 제공한다. 즉 비평적 자기 성찰의 가능성을 포괄한다. 이것은 사회적 관행이 부동적이지 않고 개연적 성격을 지녔음을 암시한다.

이와 같이 맥킨타이어는 공동체 담론에 터한 사회적 관행을 통해서 덕의 지향이 가능하다고 제시하지만, 동시에 사회적 관행이란 고정적인 개념이 아니라 다양한 전통을 인정하는 개방성을 갖는다고 본다.

---

19 Mulhall and Swift, eds., *op. cit.,* 83.
20 *Ibid.,* 85.

정리해 보면 사회적 관행은 그것의 내재적 선이라는 덕과 탁월성을 지니고 있고, 동시에 다양한 전통을 수용할 수 있기 때문에 역동적 긴장감을 갖는다. 그러나 다양한 전통끼리 우월성을 경합할 수 없는 것은 각각의 전통은 고유의 가치를 갖기 때문이다. 사회적 관행이 하나의 전통이 아니라 여러 전통을 수용하여 그 전통의 내재적 가치를 인정하면서, 동시에 그 사회적 관행의 내재적 선과 탁월성을 어떻게 추구할 수 있는가는 문제점으로 남는다.

3) '서사적 자아'와 '실천' 개념의 교육적 의의

이미 언급했듯이 맥킨타이어는 덕의 회복을 위해서 자유주의의 원자적 혹은 서정적 자아(the emotivist self)의 개념을 거부하면서 서사적 자아(narrative self)를 그 대안으로 삼는다.

서정적 또는 근대적 자아가 모든 역할과 목적 그리고 특수성으로부터 분리된 자아라면, 서사적 자아는 사회적 역할과 관행 속에서 일관성이 있어야 한다. 다시 말해서 서사적 자아란 개인이 맡고 있는 역할과 역사 속에서 도덕적 일치를 확보하는 것이며 동시에 역할만을 고집하지 않고 덕을 실현하려는 자아의 통일성으로 나아가려는 특징을 지닌다.

이와 같은 입장에서 서사적 역사란 다른 사람의 행동에 대한 특성을 기술하는 것과 우리 자신에 대한 우리의 특성을 기술하는 것을 유지시킨다.[21] 이러한 서사적 형태는 우리가 상이한 관행들의 대립되는

요구들에 대해서 합리적 선택을 시도할 수 있는 틀을 제공한다.[22]

맥킨타이어는 개개인의 삶의 통일성 속에서 자기 정체성이 형성된다고 보며 이러한 의미에서 자아를 서사적 자아로 본다. 또한 맥킨타이어는 개인의 사회적 역할이 서사적 통일성의 맥락에서 검토되고 성찰되어야 함을 다음과 같이 제시한다.

첫째, 맥킨타이어는 '어떠한 최선이 삶의 서사적 통일성을 견지하면서 사는 삶인가'에 대한 질문에 대해 구체적 대답이 나오거나 혹은 나오지 않느냐에 따라 선한 삶의 성공을 가름할 수 있는 최소한의 중요한 척도라고 본다.[23] 따라서 개인의 서사적 통일성은 선과 관련해서 일관성이 있어야 한다.

둘째, 맥킨타이어는 선한 삶을 요구하고 추구하는 것이 중요한 이유는 우리가 삶 속에서 다른 선들을 정렬할 수 있도록 도와주며, 덕들에 대한 우리의 이해를 확장시킬 수 있게 한다고 주장한다.[24]

셋째, 맥킨타이어는 사회적 역할과 덕의 갈등은 '스스로 생각하는 능력'을 갖게 하는 '서사적 자아의 통일성'을 통해서 공존의 양식으로 해소될 수 있는 가능성이 있다고 본다. 맥킨타이어[25]는 서사적 자아의 통일성이란 '양식 있는 공민'(educated public)[26]을 양성하는 것으로 통

---

21 *Ibid.*, 87.
22 *Ibid.*, 88.
23 *Ibid.*, 88.
24 *Ibid.*, 89.
25 MacIntyre, *op.cit.*, 1987, 20-25.
26 맥킨타이어는 '양식 있는 공민'이란 함께 사는 사회적 존재임을 자각하는 공동체의 지성

합되어야 한다고 본다. 다시 말해서 개인의 사회적 역할은 서사적 통일성과 관련되어 있고, 그러한 통일성은 선한 삶의 추구라고 보며, 이러한 서사적 통일성 속에서 사회적 역할을 지닌 개인은 비로소 '양식 있는 공민'이 되는 것이다.[27]

넷째, 공동체주의의 교육적 견해는 공교육의 의무란 민주사회를 건설하기 위해 다양한 공동사회에 통용되는 가치와 의미를 배양하는 것이라고 한다.[28] 이러한 교육적 노력은 다양한 문화적 전통이 가지고 있는 다양한 의미와 가치를 존중하면서 공중의 공통기반을 조성하려고 하기 때문에 중요하다.

3. '서사적 자아'와 '실천' 개념을 통해서 본 기독교 도덕교육의 가능성

1) 청소년기의 도덕 발달 단계와 도덕교육의 중요성

맥킨타이어의 '서사적 자아'와 '실천' 개념을 살펴볼 때, 개인은 '교

적 주역이다. 또한 이러한 '양식 있는 공민'은 쟁점을 가지고 모이는 전문가 모임, 또는 독자이고 청자이기만 하는 수동적 대중과는 대조가 된다. 양식 있는 공민은 단순히 효율성을 갖춘 근대적 시민이 아니며, 전문성을 넘어서 함께 하는 공론의 광장에 참여하는 능력을 가진 시민이다.

27 Mulhall & Swift, eds., *op.cit.*, 89.
28 H. Giroux, *Schooling and the Struggle for Public Life* (Minneapolis: University, 1998), 28.

육'을 통하여 자아의 정체성과 삶의 목적을 재구성할 힘을 가지며 사회의 전통을 개선할 수 있다. 현대 도덕발달심리학이 교회교육 사역에 유용하다는 사실은 간학문적(interdisciplinary studies) 관점에서나 학습자 이해의 측면에서 부정할 수 없는 사실이다. 특히 청소년들의 사회적 역할과 덕의 공존을 조율해야 한다는 측면에서 도덕발달 단계와 도덕교육의 중요성을 숙고해 보아야 한다.

도덕성(morality)은 도덕적 행동, 도덕적인 행동을 하는 동기, 도덕적 판단이라는 세 측면을 갖는다.[29] 도덕성에 관한 이론은 각기 도덕성의 상이한 측면에 주안점을 둔다. 예를 들면 프로이트(S. Freud)는 도덕적 행동을 하는 동기를 분석하는 데 주력하는 반면, 피아제의 인지발달론[30]은 도덕적 판단에 초점을 둔다. 또한 콜버그는 피아제의 이론을 발전시켜서 범세계적으로 도덕교육에 영향을 미쳤다.

콜버그(L. Kohlberg)는 도덕 발달의 연구가 도덕철학에 따라 인도되어야 한다고 주장한다. 그는 도덕 발달 유형을 크게 세 단계로 나누고, 각 단계마다 두 개의 단계를 세분화시켰다. 첫 번째 단계는 전 인습단

---

29 권대훈, *op.cit.*, 87.

30 피아제의 발달 단계는 순서가 불변적이고 문화적 보편성이 있음을 가정한다. (1) 감각운동기(0~2세): 반사운동, 순환운동, 감각 및 운동을 통해 세계를 이해하고 환경에 적응한다. (2) 전조작단계(2~7세): 정신활동이 가능하지만, 정신활동이 논리성과 체계성을 갖추지 못한다. 조작은 논리적인 규칙을 따르는 사고 활동을 의미한다. (3) 구체적 조작단계(7~11세): 직접 경험할 수 있는 사상에 한해 논리적으로 사고할 수 있는 능력을 말한다. '구체적'이란 말은 사고 조작이 구체적인 대상에 한정된다는 것을 의미한다. (4) 형식적 조작단계(11~15세): 가설적이고 추상적인 사상과 개념을 논리적으로 다룰 수 있고, 형식논리에 의해 사고할 수 있는 정신 능력이다. 권대훈, *op.cit.*, 55-63 참조하라.

계인데, 이 단계는 도덕적 추론이 무엇이 옳고 그른 것인가를 결정하는 것을 포함한다. 이 단계의 도덕적 사고를 사용하는 아동은 벌을 받게 되면 그 행동은 잘못된 것으로 인식한다.[31]

두 번째 단계는 인습단계로 청소년들은 도덕적 권위의 원천으로 중요한 사람들에 권위를 둔다. 또한 자신에게 중요한 사람들을 기쁘게 하려는 욕구이다. 세 번째는 후 인습단계로써 이 단계의 사람들은 법이 도덕적 판단을 내리는데 충분하지 않다고 깨닫고 법을 유동적인 것으로 파악한다.

도덕교육의 중요성을 '서사적 자아' 개념과 관련하여 몇 가지 살펴보겠다.

첫째, 도덕교육은 구체적 행동을 제시하기보다는 도덕적 상황에서 무엇이 가치가 있고, 그것이 왜 가치가 있는지를 규정하는 것이 더 바람직하다. 콜버그는 도덕교육의 목표란 추상적인 도덕 판단 및 추리능력을 발달시키는 것인데, 도덕 발달을 유도하려면 현재의 도덕적 추리 수준으로는 해결할 수 없는 도덕적 갈등 상황을 제시하여 인지갈등을 유발시켜야 한다고 주장한다.[32] 기존의 도덕교육은 학습자가 갈등하는 것을 최소화시키고 '왜?' 그렇게 행하고 도덕적 판단을 해야 하는지에 대한 갈등적인 질문을 배제했다. 그러나 '갈등'의 요소를 학습자들의 토론의 장으로 끌어내어, 상대방의 도덕적 판단을 비교하고 갈등하면서 도덕적 상상력을 발휘하게 된다. 이런 과정을 통

---

31 월호이트 & 디토니, *op.cit.*, 85.

32 권대훈, *op.cit.*, 93.

하여 다른 학습자의 사고와 판단 능력을 비교하며 자신의 도덕적 사고를 재평가하게 된다.

둘째, 우리는 도덕교육의 도덕적 상상력의 발전과 '은유'의 관계를 긍정적으로 인식해야 한다. 우한용[33]에 따르면, "살아있는 인간의 결말은 가능성으로 존재한다. 그 가능성은 불안으로 가득 차 있다. 그러나 그 열린 가능성은 윤리 감각으로 연관된다." 다시 말해서 남의 서사와 이야기 속에서 자신에 대한 윤리 감각을 발전시키고 자기 확립의 존재로 발전해 간다. 스토리와 은유(metaphor)는 우리가 인간적이 되도록 도와주고 도덕적 상상력을 자유롭게 해주는 교육적 만남을 제공할 수 있다.[34] 우리들의 이야기 즉, 여성의 고통에 대한 대항의 기억, 유아 시절 부모의 돌봄에 대한 기억, 기독교 전통의 덕목들(믿음, 소망, 사랑, 겸손 등)에 대한 성찰, 무시되어온 나의 이야기들은 도덕적 감각과 도덕적 상상력을 발전시키고 도덕적 자아를 형성하는 토대가 될 수 있다.

2) 서사적 의미의 재구성과 스토리텔링

도덕교육의 가능성을 위해서 필자는 스토리텔링을 통한 도덕교육의 가능성을 제시하려고 한다. 서사적인 자아의 정체성이란 시간의 체험적 과정 속에서 형성되므로 도덕적 주체성과 관련하여 그 시간적

---

33 우한용, *op.cit.*, 30.
34 원신애, "종교적 상상력의 렌즈를 통해서 본 영화 속의 다문화적 성격과 기독교교육의 가능성에 대한 고찰: 영화 '나니아 연대기'를 중심으로," 「기독교교육논총」 23(2010), 264 재인용.

206 | 3부_ 창조적 자아를 위한 사회 문화적 접근

특성을 인식해야 한다. 즉 우리가 속한 공동체의 이야기들을 재발견할 필요가 있다.[35]

서사는 자신의 이야기를 포함하기도 하지만, 근본적으로 남의 이야기다. 남의 이야기를 하는 까닭은 그런 이야기를 통해서 내 삶의 의미를 발견하고, 삶의 가치를 성찰할 수 있기 때문이다. 도덕적 상상력은 내가 살고있는 서사적 구조 안에서 우리의 이야기들을 재구성하며 미래를 투사할 수 있도록 도와준다. 특히 서사/이야기는 우리의 도덕적 발달에 크게 기여한다. 맥킨타이어는 인간의 '도덕적 성품'을 형성한다는 점에서 이야기의 중요성을 강조한다.[36]

우리 개인들의 이야기들은 경험의 서사적 구조로부터 시작하며 동시에 그것을 재구성할 수 있다. 우리는 서사적 맥락에 의존된 존재이지만 다른 한편, 우리는 상상적인 서사적 존재이기 때문에 새로운 방식으로 삶을 정돈할 수 있다.

스토리텔링(Storytelling)은 서사적 이야기[37]와 더불어 일련의 개인의 서사적 구조를 형성하는 중요한 역할을 한다. 기독교교육에서 스토리텔링은 청소년뿐 아니라 성인교육에서도 정체성, 창의력, 도덕적 가치관 형성에 효과적이다.

---

35 마크 존슨, *op.cit.*, 312.

36 G. J. Anacker, "Narnia & the moral imagination," In *The chronicles of Narnia & Philosophy: the Lion, the Witch, & the Worldview*, eds., I G. Basseham &J. L. Walls (Illinois: Open Court, 2005), 131.

37 본 논문에서 서사적 이야기란 거대 담론(grand-narrative) 혹은 소수 담론(mini-narrative)과 개인의 이야기들(self-narrative)을 모두 포함한다.

이 글에서 스토리텔링은 두 가지 의미를 함의한다. 첫째는 문학적 텍스트를 포함한 다양한 이야기들을 접합으로써 텍스트의 이야기를 듣고 비판하고 창의적으로 표현하는 것이다. 둘째는 타인들과 자신들의 이야기들을 말하거나 표현하고 습득하거나 탐험하는 것이다.

기독교교육의 스토리텔링을 통한 도덕적 상상력의 발전을 두 가지 측면에서 살펴보고자 한다.

첫째, 스토리텔링은 아동 및 청소년 도덕교육의 방향성과 도전을 제공한다. 문학적 텍스트와 관련하여, 〈개미와 베짱이〉의 역사적 발전과 새로운 해석을 살펴봄으로써 아동의 도덕적 상상력의 가능성을 살펴볼 수 있다.

이솝의 〈개미와 베짱이〉[38]는 시종일관 '게으른 자는 게으른 대가를 받는다'는 뼈아픈 가르침을 준다.[39] 개미와 베짱이가 주는 주된 가르침은 근면 성실이다. 한편, 〈개미와 매미〉라는 제목이 붙은 라퐁텐[40]의 텍스트는 개미가 더운 여름날 땀을 흘리며 일하고 매미는 시원한 그늘에서 노래를 부르는 장면에 대한 묘사를 빼고, 매미가 개미에게 '배고픔을 호소하러' 간 장면을 자세히 그린다. 또한 매미는 개미에게 전혀 '구걸'하지 않고, 오히려 식량을 빌려달라는 말을 하면서도 매미는 품위를 조금도 잃지 않는다.

---

38 〈개미와 베짱이〉는 『이솝 이야기』 중의 한편이다.

39 최윤정, 『책 밖의 어른 책 속의 아이』 (서울: 문학과 지성, 2004), 36.

40 최윤정은 라퐁텐의 글이 La Fontaine, *Fables*, GF-Flammarion, 1966에 실린 것을 번역하여 인용했다. 최윤정, *Ibid.*, 32-33 재인용.

새 봄이 되면,

원금에 이자를 합쳐서

꼭 갚아드리리다.

동물의 신의를 걸고 약속을 드리지요.[41]

라퐁텐의 텍스트에서 개미는 이솝우화에서처럼 모욕적인 거절을 하거나 직선적으로 비웃는 모습을 보여주지 않는다. 오히려 라퐁텐은 개미에 대해서 새로운 해석을 첨가한다.

개미는 빌려주는 것을 좋아하지 않았다.

개미는 다 좋은데 그게 나빴다.

이솝의 우화가 근면성과 생존이라는 주제를 직설법으로 썼다면, 라퐁텐의 우화는 노래가 되는 아름다움, 여유로움을 지닌 간접화법으로 썼다. 이솝은 근면 성실을 미덕이라고 교훈하는 반면, 개미의 탐욕에 대해서는 지적하지 않는다. 한편, 라퐁텐은 구걸하기 위해 비굴해지지 않고 '동물의 신의'까지 내거는 매미와 빌려주는 것을 좋아하지 않는 단점을 가진 개미를 새로운 시각으로 조명하고 있다.[42]

라퐁텐의 우화는 개미와 매미 사이의 팽팽한 긴장과 평등 위에 감도는 '이성'의 조명을 볼 수 있다. 이와 같이 〈개미와 베짱이〉의 모티

---

41 최윤정, *op. cit.*, 33.

42 *Ibid.*, 34.

브를 지닌 새로운 내용과 해석들은 시대를 반영하기도 한다. 이러한 종류의 텍스트는 '근면성'이라는 덕목 외에도, 개미와 베짱이가 지닌 각각의 독특성과 재능을 인정해주는 시각을 제공한다. 도덕적 상상력의 개발은 단지 덕목을 주입하는 데서 시작되는 것이 아니라, 다양한 사고를 할 수 있는 관점을 제시하는 데 있다.

예를 들어 피아제(J. Piaget)의 전조작기(2~7세)에 있는 아동은 이솝우화를 읽다가 매미가 겨울에 걸어가다가 춥고 배고파 죽을지도 모른다는 생각에 눈물을 흘리기도 한다. 동시에 개미의 냉정함에 분노하기도 한다. 아동의 도덕적 상상력은 이솝우화에서부터 라퐁텐의 우화를 접함으로써 발전하게 된다. 즉 이솝우화로부터 개미의 근면성의 교훈만을 주입받았던 아동은 라퐁텐의 우화로부터 매미의 당당함과 개미의 탐욕스러움을 깨닫게 된다.

한편, 토니 모리슨(Toni Morrison)[43]의 『누가 승자일까요? - 개미와 베짱이 이야기』 마지막 부분에서 베짱이 폭시는 자신의 노래를 예술(Art)로 표현한다.

베짱이는 개미에게 당당하게 말한다.[44]
어떻게 내가 일을 안 했다고 말할 수 있니?
예술(Art), 이것이야말로 일이야. 놀이처럼 보일 뿐이지.

---

43 토니 모리슨은 1993년 노벨문학상을 받았다.
44 T. 모리슨/ 이상희 옮김, 『누가 승자일까요? - 개미와 베짱이 이야기』 (서울: 작은 거름, 2007), 24-25.

(중략)

하지만 음악은 지금껏 너와 나,

우리 모두에게 유익한 거였어.

네가 나한테 따뜻한 사랑과 동정심을 베풀만하다고.

모리슨의 〈개미와 베짱이〉에 대한 새로운 버전(version)은 포스트 모던적인 의미를 함의하며, 비판적이고 주체적인 개인과 일의 다양성을 제시한다. 이솝의 우화의 관점에서 볼 때, 베짱이의 노래하기는 게으른 자에 대해 교훈을 주기 위한 비판적 인물이라면, 모리슨은 베짱이의 음악을 예술로 규정한다. 모리슨은 비판적이고 주체적이고 다양성을 인정해주길 원하는 베짱이를 표현한다. 학습자는 이러한 세 가지의 유사한 이야기를 통하여 상상력을 발전시키게 되며 자신의 서사성과 주체성을 형성해 나갈 수 있다.

이야기는 인습적인 도덕적 사고와 가정에 도전을 줄 수 있다. 이야기의 모호함과 복잡성은 인생의 경험의 모순적인 해석을 제시하고 외적 권위의 원천을 파헤침으로써 인습적인 습성을 붕괴시키는 잠재성을 지닌다.[45]

로티(R. Rorty)는 철학적 텍스트가 아니라, 소설, 단편, 희곡에 관심을 갖는 사람들은 도덕적 자기 발달을 중시하는 사람들이라고 주장한다.[46] 우리가 도덕교육을 위해 문학적 텍스트를 중시하는 것은 학술적

---

45 S. M. Shaw, *Storytelling in Religious Education* (Birmingham: Religious Education, 1999), 372.
46 마크 존슨, *op. cit.*, 390.

인 도덕철학보다는 서사들로부터 더 많은 것을 배우기 때문이다. 즉 우리 삶이 궁극적으로 서사적 구조를 갖는다는 것이다. 지속적인 서사를 통해서 실제적인 삶의 현실을 관찰하고 거기에 참여하는 데 가장 가깝게 근접한다. 스토리텔링을 통해서 마치 실제의 삶에서처럼 우리는 놀라거나 분노하거나 주인공을 이해해 보려고 노력도 한다. 혹은 이해하지 못한 것에 대해서는 실망하고 좌절하는 우리 자신을 발견하기도 한다.

이야기 속의 인물을 통한 선과 악, 옳음과 그름에 대한 인식은 도덕적 상상력에서 출발한다. 우리가 처한 일상의 현실 속에서 자신의 정체성, 다문화 속에서의 차이성과 공통성 등을 조망해 보기란 쉽지 않다. 그러나 도덕적 상상력은 내가 살고 있는 현실과 다른 도덕적 관점으로부터 결심, 덕목, 책임을 숙고할 수 있도록 도와준다. 특히, 이야기(stories)는 우리의 도덕적 발달에 크게 기여한다. 스토리텔링의 강점은 상상력을 통한 창의적 과정에 참여하는 것이다. 스토리텔링을 통해서 다른 인물들의 도덕성을 비교하는 능력을 키우는 것이 기독교 도덕교육의 새로운 가능성이다.

3) 기독교 도덕교육과 공동체주의 교육의 조우

맥킨타이어의 서사적 자아와 실천 개념의 통일성을 통해서 기독교 도덕교육의 가능성을 다음과 같이 제시할 수 있다.

첫째, 맥킨타이어는 사회적 역할은 고정불변의 것이 아닐지라도 사회적 실천 또는 관행들 속에서 영향을 받기 때문에 그러한 사회적 관행들 안에서 선을 지향하는 덕목이 길러진다고 본다. 그러나 이러한 덕목들은 선을 지향한다는 점에서 합의된 것이어야 한다. 즉 선을 향해 추구되는 덕목들은 사회적 관행 속에 착근되고 제한되어 있기도 하지만 또한 사회적 실천들 또는 관행의 틀 속에서 자기 성찰과 덕의 다양성을 숙고할 수 있는 개연성을 갖는다. 맥킨타이어는 교육이란 개개인이 어떠한 삶이 최선의 삶인지를 대조하고 비교하는 능력이라고 주장한다.47 이러한 맥락에서 청소년들은 공동체주의 교육에 근거한 기독교 도덕교육을 통하여 다양한 덕목과 전통의 얼개들을 비교함으로써 더 설득력 있는 전통의 얼개를 선택하고 정립하고 참여할 수 있다.

둘째, 기독교 도덕교육의 가능성을 맥킨타이어의 서사적 자아관에서 발견할 수 있다. 맥킨타이어의 자아관은 사회적 역할을 감당할 뿐 아니라 사회적 관행들이라는 사회적 맥락에서, 역사적이고 국지적인 자신의 삶에 대한 일관성과 통일성을 형성해 나가는 자아이다. 이러한 입장에서 기독교 도덕교육은 직업인이라는 사회적 역할의 의미와 사회적 관행들 속에서 일관성 있는 자아 형성의 의미 그리고 그러한 개개인이 추구해야 할 선을 지향하는 덕목을 길러낼 수 있다.

셋째, 기독교 도덕교육은 사회적 역할을 지닌 개인이 서사적 통일성 속에서 양식 있는 공민이 될 수 있도록 도와준다. 도덕적 상상력이

---

47 V. L. Worsfold, "MacIntyre and Bloom : Two Contemporary Communitarians," *Proceedings of the 48th Annual Meeting of the Philosophy of Education Society* (Urbana, IL: University of Illinois, 1993), 331.

란 우리가 서사적 통일성 속에서 성찰을 할 수 있는 도덕적 능력이다.

서구의 전통적인 철학이나 도덕교육은 상상력이나 은유의 사용을 피해왔다. 그러나 마크 존슨48은 은유가 풍부한 인지적이고 도덕적인 발전의 가능성을 암시한다고 보았다. 학습자는 도덕적 상상력을 발휘하여 반권위적인 도덕성을 스스로 형성해 나가기도 하지만, 자신의 기독교 전통에 성찰적 태도를 지니고 융합을 시도하기도 한다.

정리하면 맥킨타이어의 공동체주의 교육에 근거한 도덕교육의 가능성이란 직업인으로서 사회적 역할을 가진 자아가 사회적 실천 또는 관행들 속에서 자신의 삶의 일관성을 지닐 수 있고 선의 지향을 할 수 있도록 덕목을 길러주는 일이며 더 나아가서 그 덕목들을 비교 대조하는 능력까지 키워주는 것이다.

공동체주의의 근간이 되는 아리스토텔레스(Aristotle)는 인간이 공동체 속에서 자기 정체성을 형성하며 개인은 항상 규범적 이상들에 의해 형성되어 왔다고 주장한다. 아리스토텔레스는 지식을 세 가지 지식, 즉 이론지(theoria/ theoretical knowledge), 기술지(techne, technical knowledge), 실천지(praxis/ practical knowledge)로 구분하고 '좋은 삶' 혹은 '옳은 것'을 해야 하는 것은 실천지에 의해 이루어진다고 보았다.49 '좋은 삶'을 지향하는 실천적 지식이란 고정된 상태로 있는 것이 아니고 이미 존재하고 있는 사회적 삶의 형태의 타당성을 유지하는 계속

---

48 마크 존슨, *op. cit.,* 88.

49 H. Gadamer, *The Idea of the Good in Pratonic-Aristelian Philosophy* (New Haven, CT: Yale University Press, 1986), 146.

변모의 과정이다. 아리스토텔레스의 사상을 이어받은 맥킨타이어는 교육과 관련하여 행위의 개별성에 의해 제시 되어지는 선한 삶들에 대해 관심을 둔다.

좋은 교육이란 학생들이 그들의 기술을 개발하여 다양한 행위 안에서 그들의 의도한 것을 행하는 법을 배울 뿐만 아니라, 행위에 의해 제시된 선한 것들을 인식하는 법을 배우는 것이다.[50]

한편, 신약성서의 바울서신에 나타난 덕목은 '믿음, 소망, 사랑, 겸손' 등으로 집약할 수 있다. 실천적 지식을 강조한 아리스토텔레스는 신약성서의 덕목을 알지도 못하는 덕일 뿐 아니라, 심지어 신약성서의 겸손 혹은 관대를 악덕으로 간주하였다.[51] 실천적 지식을 통하여 개인은 사회적 삶이 형태를 변모시키고 개발시킨다고 가정할 때, 기독교적 덕목들은 공동체주의가 강조하는 공동선을 지향하는 덕목과 갈등을 겪을 수도 있다.

기독교 도덕교육과 관련하여 청소년들의 사회적 역할과 기독교적 덕 사이의 갈등을 살펴볼 수 있다. 맥킨타이어의 주장처럼 사회적 역할과 덕의 갈등의 해결이 '서사적 자아의 통일성'을 통해 가능하다면, 기독교 청소년들은 기독교 전통의 덕목과 한국인으로서 사회적 역할을 함께 고려해야만 한다.

기독교 청소년들은 사회적 역할로서 '양식 있는 공민'을 지향하며

---

50 A. MacIntyre & J. Dunne, eds., "Alasdair MacIntyre on Education: in Dialogue with J. Dunne," *The Journal of the Philosophy of Education Society of Great Britain,* 36(2002), 2.

51 MacIntyre, *op. cit.,* 1984, 182.

다른 한편, 기독교적인 덕목을 배양해야만 한다. 이 둘 간의 갈등이 생길 때, 서로 통약 불가능(incommensurable)한 가치와 덕목 그리고 다른 전통의 얼개들의 공유가 어떻게 가능한지에 대한 문제가 생긴다. 이에 대한 맥킨타이어의 대안은 다른 전통과의 만남과 대화를 통해서 자신의 전통의 얼개를 성찰하고 자신의 얼개가 더 나은 설명력을 갖도록 끊임없이 수정해 나간다는 입장이다.[52]

맺는말

맥킨타이어는 한편으로는 사회적 관행 속에서 덕의 실천 또는 선의 지향을 위한 공통분모를 상정해야 하고 공동선으로서 '덕목'을 규정함으로써 절대주의자라는 비판을 받고, 다른 한편 다양한 덕목들은 그 사회에서 지향되는 선에 근거하며 사회적 맥락에서 자기 문화 속에서 해석되어야 한다는 입장은 상대주의자라는 비판을 동시에 받는다.

맥킨타이어의 논의가 덕의 내용을 상정하고 공동선이라는 내용에의 일치를 주장한 것으로 인식될 경우에 위험한 것은 개개인의 동질화(sameness)를 촉구하는 제국주의적 요인이라는 비판을 받게 된다. 그러나 선을 지향하는 덕목을 개개인의 사회적 관행들 또는 맥락에서 해석해야 한다고 할 경우 해석의 경쟁에서 뒤떨어진 덕목은 퇴보되거나 그것이 공동체일 경우에는 거대 공동체로부터 배제되는 것이다.

---

52 MacIntyre, *op. cit.*, 1987, 408-409.

맥킨타이어의 실천과 서사적 자아의 통일성 개념은 다양한 사회적 역할을 수행하는 개인이 직면하고 있는 도덕성의 위기를 극복할 수 있는 대안이 될 수 있다. 비록 맥킨타이어의 입장이 상대주의나 절대주의적 요인을 갖고 있지만 양자를 극복할 수 있는 도덕교육의 가능성을 함의한다.

정리하자면 첫째, 맥킨타이어를 통해서 본 도덕교육은 다양한 덕목을 기르는 것이면서 동시에 상이한 덕목을 사회적 역할과 관행 안에서 비교할 수 있는 능력을 기르는 것이다.

둘째, 도덕교육의 가능성이란 근대의 이성적 합리성에 근거한 자유주의의 서정적 자아관에 의해 무시되고 배제되었던 역사적, 사회적 합리성을 사회적 관행 속에서 서사적 자아관으로 통일시키는 향방을 제시할 수 있다는 점이다.

셋째, 도덕교육의 또 다른 가능성은 '덕'이라는 공동선에 대한 상대주의적이고 절대주의적 입장의 한계를 넘어서서 사회적 관행 안에서 끊임없이 다양한 덕목들을 비교, 대조 그리고 성찰하는 과정을 통해 선을 지향하는 능력을 키우는 것이다. 이러한 선을 지향하는 능력을 키우기 위한 도덕교육의 가능성으로 도덕적 상상력을 개발시켜야 한다. 또한 도덕적 상상력은 이야기 공동체 속에서 개발된다. 다시 말해서 이야기 공동체가 없는 곳에서는 그 이야기를 이해할 수 있는 배경이 없으므로 혼잣말에 지나지 않는다. 기독교 청년들은 한편으로 각 개인에 우선하는 교회 공동체의 전통에 터 해서 자신을 해석하게 되고, 다른 한편으로 사회에서의 공동선의 맥락에서 자신의 역할을 성찰하게 된다. 예를 들어 '봉은사 땅 밟기 운동'[53]이나 '대구 팔봉산 템플스테이' 불교테마공원 반대운동[54]으로 인하여 불교와 기독교의 갈등과 관련하여 생각해 볼 때, 교회 공동체 속에서 우리의 정체성의 근간을 이루는 기독교의 덕목들(믿음, 소망, 사랑, 겸손)이 이야기 공동체 속에서 재해석되었는지를 반성해야 한다. 다른 한편, 기독교 공동체는 양식 있는 공민이라는 대한민국 사회의 일원으로서 정체성을 숙고해야만 한다.

넷째, 도덕교육은 개인을 사회적 역할과 기능에 맞게 형성하고 동시에 '스스로 생각할 수 있는 능력'을 가진 '양식 있는 공민'을 육성하는 것을 목표로 삼는다.

마지막으로 기독교 도덕교육의 가능성을 생각해 볼 때, 맥킨타이어의 '서사적 자아'와 '실천' 개념은 기독교인이 터한 기독교의 전통과 실천이라는 맥락의 근거를 지지해준다. 개인은 사회적 역할과 기독교적 덕목과의 긴장 속에서 서사적 자아로서 기독교 전통을 계승해 나가기 위하여 끊임없는 성찰을 통해 삶을 재구성할 것이다.

---

53 〈한겨레〉 2010. 10. 26. "하나님의 땅 선포, 기독교 신자들 '봉은사 땅 밟기' 파문."
   http://www.hani.co.kr/arti/society/religious/445663.html 2010. 10. 30. 접속.
54 〈CBS 노컷뉴스〉 2010. 7. 16. "팔공산 불교테마 공원조성 백지화." www.nocutnews.co.kr
   2010. 10. 1. 접속.

한국의 전통문화 콘텐츠와 기독교문화 콘텐츠의 조우를 통한 기독교교육의 가능성
— 공교육 교과서의 '문화 콘텐츠'를 중심으로

초등학교 2학년 1학기 국어 교과서는 듣기 말하기, 읽기, 쓰기 등 세 가지 편으로 구성되어 있다. 기독교 아동문학의 거장인 권정생의 <강아지 똥> 편에서는 <강아지 똥> 애니메이션을 보고 말하기 학습을 하는 것이다.

『나니아 연대기』와 『반지의 제왕』은 하나님의 사랑, 구원론, 선과 악의 대립과 결말, 하나님 나라에 대한 은유와 비유 등을 보여 준다. 게다가 『나니아 연대기』에서 기독교교육의 가능성을 도출할 수 있는데, 종교적 '상상력'의 가능성을 살펴볼 수 있다. 나니아의 세계를 만나게 되는 출입구인 '옷장'이 새로움에 대한 호기심을 촉발할 수 있는 교육에의 입문이라는 재해석은 흥미 있는 일이다. 또한 이것은 종교적이고 도덕적 상상력의 개발이 기독교교육에서 가능하며 얼마나 중요한 것인지를 보여준다.

* 이 글은 2011년 정부 재원으로 한국연구재단(한국학술진흥재단) 신진 교수 지원(인문사회 분야) 사업의 지원을 받아 수행된 연구이다: NRF-2011-332-A00243. 「성경과 신학」 65(2013), 295-328 게재된 논문을 수정·보완하였다.

시작하는 말

디지털미디어 '유튜브'(You Tube)의 세계적인 파급력으로 인해 한류로 급부상한 싸이의 '강남스타일'은 대중문화를 넘어 이 시대의 하나의 '기호'로 이해해야 한다는 논의까지 있다.[1] 싸이의 '강남스타일'은 SNS를 통해 영국의 음악차트에 1위에 등극하고, 미국의 빌보드 차트에 1위를 겨냥하고 있다. 싸이의 인기는 디지털문화 콘텐츠의 위력을 실감하게 한다.

한편, 21세기는 영상문화의 대표로 스마트폰을 언급한다. 한 손바닥 안에서 손가락 끝으로 세상을 본다. 자본주의의 소비주의와 더불어 광고 또한 경쟁이 뜨겁다. 영국에서 삼성 갤럭시 안드로이드폰의 한 광고[2]가 금지됐다. 타블로이드 신문 「더 선」에 따르면 문제가 된 광고는 영국의 휴대전화 판매업체 '폰스포유'(Phones4U)의 것이다. 영국광고심의위원회(ASA)에서 문제 삼은 것은 예수가 윙크하며 엄지를 치켜들고 있는 이미지다. 이는 "기독교를 조롱하는 광고"라는 것이다. 현지의 한 일간지에 실린 광고를 보고 98명이 당국에 항의한 것으로 알려졌다. 이에 ASA도 "윙크하는 예수 이미지가 불경스럽다"는 이유로 해당 광고를 다신 쓰지 말도록 명령했다. ASA는 "광고의 애초 의도가 가볍게, 유머 있게 표현하자는 것이었지만 기독교 신앙을 조롱하고 얕잡아본다는 인상이 풍긴다"고 설명했다. 광고가 지면에 처음 등

---

1 〈중앙일보〉 2012. 9. 8. "배 나온 남자 코믹댄스."
2 〈인터넷 신문 아시아경제〉 2011. 9. 9. "삼성 스마트폰의 광고 영국서 금지."

장한 것은 부활절을 며칠 앞둔 시점이었다.

한국 상품이 유럽에, 북미의 상품이 한국에 소비되면서 이미 글로벌한 의사소통과 교감의 시대가 되었다. 그뿐 아니라 정보, 지식, 감성에 새로운 아이디어 전쟁이 선포되었다. 미디어를 통한 정보의 홍수시대에 정보와는 구별되는 공교육의 교과서에 나타난 전통문화와 기독교문화를 통하여 "기독교문화 + 콘텐츠"의 가능성을 살펴보는 것은 뜻깊은 것이다.

첫째, 문화 콘텐츠와 기독교문화 콘텐츠의 개념을 살펴보고 그 둘의 만남의 필요성을 살펴본다. 둘째, 공교육, 한국종교 그리고 전통문화의 관계를 분석한다. 셋째, 공교육 교과서에 나타난 "전통문화"와 "문화 콘텐츠"의 특성을 검토한다. 넷째, 공교육의 교과서에 나타난 기독교문화 콘텐츠와 기독교교육의 잠재력 및 가능성을 제언한다.

1. 문화 콘텐츠의 시대적 요청과 기독교문화 콘텐츠

한국은 인터넷 강국이라고 일컬어지고, 초고속 통신망과 인터넷 접근 가능성은 세계적인 수준이라고 한다. 세계적이라는 인터넷 정보 통신 환경이 주로 소모적인 콘텐츠 이용에 활용되고 있다. 사실 한류 콘텐츠에서 1위는 드라마나 영화가 아니라 게임이다. 문화평론가 김헌식[3]은 다음과 같이 한류의 부정적 효과를 비판하고 있다.

---

3 「데일리안」 2012. 9. 7. "아동포르노가 문제? 그럼 강남스타일 걸그룹은?"

싸이의 '강남스타일' 뮤직비디오

싸이의 '강남스타일'은 이러한 맥락에서 읽을 수 있다. '강남스타일'의 인기 비결은 뮤직비디오다. 이 뮤직비디오는 그 가사에 관계 없이 철저하게 성적 콘텐츠를 표방하고 있다. 말 춤을 비롯한 각종 행위는 성적 연상기호에 바탕을 두고 세계인들의 성적 본능을 사로잡았다. 성적 콘텐츠만큼 보편성을 가진 것도 없다. 한류의 중심은 아이돌 그룹이라지만 그것은 대체로 성적 이미지와 상품 콘텐츠를 파는 것이다.

인터넷의 부정적인 콘텐츠로 인하여 염려스러운 측면도 있지만 문화 콘텐츠의 시대적 요청과 그것의 위력을 간과할 수 없다. 문화 콘텐츠는 기존의 풍부한 인문학적 지식의 바탕 위에 21세기의 디지털 신기술이 만나서 이루진 것이라고 볼 수도 있다.[4] 즉, 다양한 매체의 내용물인 콘텐츠가 부족해지면서 인문학을 대표하는 '스토리텔링' (storytelling)이 중요한 문화 콘텐츠의 내용으로서 새롭게 주목받고 있다.

---

4 정창권, 『문화 콘텐츠 교육학』 (서울: 북코리아, 2009), 16.

문화 콘텐츠(cultural contents)는 한국이 만든 신조어로써 문화적 요소를 함유한 대중매체 혹은 문화 상품을 의미한다. 일반적으로 문화 콘텐츠는 "문화, 예술, 학술적 내용의 창작 또는 제작물뿐 아니라, 창작물을 이용하여 재생산된 모든 가공물 그리고 창작물의 수집, 가공을 통해서 상품화된 결과물들을 모두 포함하는 포괄적 개념"이다.[5] 콘텐츠(contents)는 각종 대중매체에 담긴 내용물, 작품을 말한다. 또한 "문자, 영상, 소리 등의 정보를 제작하고 가공해서 소비자에게 전달하는 정보 상품"이다[6].

기독교문화 콘텐츠를 이해할 때, "기독교 + 문화 콘텐츠"와 "기독교문화 + 콘텐츠"라는 두 가지 패러다임을 생각할 수 있다. 먼저 "기독교 + 문화 콘텐츠"는 '기독교'가 형용사가 되어 '기독교적 문화 콘텐츠'로 이해해야 한다. 기독교교육은 학습자를 가르치고 키우는 일 전체를 기독교적 방향으로, 기독교적 관점에서 하는 교육을 지칭한다. 이러한 기독교교육의 개념은 반드시 교회가 주체가 되는 것만이 아니라, 기독교적 가치관과 세계관을 바탕으로 이루어지는 모든 종류의 교육들(교회의 교육뿐 아니라 학교의 교육, 기독교 과목을 포함한 일반 교과목들)까지 포함시킬 수 있다. 무엇을 가르치든지 기독교 정신을 바탕으로 정립되고 기독교적 세계관과 인간관을 바탕으로 이루어진 교육이라면 기독교교육의 콘텐츠가 될 수 있다. 따라서 "기독교 + 문화 콘텐츠"

---

5 한국문화 콘텐츠진흥원 편, 『문화 콘텐츠 산업학과 커리큘럼 가이드북』 (서울: 한국문화 콘텐 진흥원, 2003), 7.
6 *Ibid.*, 7-8.

는 기독교적 안목을 가지고 세상의 문화 콘텐츠를 보는 것이다.

한편, "기독교문화 + 콘텐츠"는 기독교 문학, 광고, 영화, 생활방식, 음악, 예술 등의 콘텐츠 개발을 위해 적극적으로 기독교문화를 콘텐츠의 내용으로 삼는 것이다. 기독교적 문화 콘텐츠의 활용을 위하여 이상의 두 가지 패러다임이 적절하게 활용되어야 한다.

2. 공교육의 한국 전통문화 콘텐츠와 기독교교육에 대한 이해

"기독교문화 + 콘텐츠"의 활용을 통한 기독교교육의 가능성을 살펴보기 위해서 공교육의 전통문화와 종교교육의 관계를 검토하고, 공교육 교과서에 나타난 〈전통문화 콘텐츠〉와 "기독교문화 + 콘텐츠"를 분석해 보겠다.

한국 전통(정신)문화[7]에 관한 다수의 선행연구[8]들의 내용은 다양하다. 내용을 보면 일반적인 정신문화의 내용과 구체적이고 특정화된 정신문화도 다루고 있다. 규범적인 차원에서 긍정적이고 바람직한

---

7 이 글에서 전통문화와 전통정신문화는 유사한 의미로 사용한다. 불교, 유교, 무속은 전통·종교·문화적 특성을 지닌 것으로 인식되어왔으므로 전통문화와 정신문화는 유사한 의미로 사용할 수 있다.

8 김기덕, 『한국전통문화와 문화 콘텐츠』 (서울: 북코리아, 2008); 유동식, 『한국무교의 역사와 구조』 (서울: 연세대학교 출판부, 1985); 정진홍, "한국사회와 종교: 한국종교문화의 서술을 위한 제언," 「서강인문논총」 9(1998), 71-114; 한상복, 『전통문화의 자주적 현대화 방안』 (서울: 한국문화예술진흥원, 1989); 한국문화재보호협회 편, 『전통문화의 계승과 발전방향』, 1987 등을 참조하라.

내용이 있는 반면, 부정적이고 인습적인 차원도 혼재한다. 그러나 다수의 연구에서 공통점을 발견할 수 있는데, 대부분의 내용이 유교적 가치와 불교적 특성에 중점을 둔다. 전통문화와 한국종교가 상관관계에 있다면, 전통문화 역시 종교 과목과의 관련성을 생각해 볼 수 있다.

1) 공교육과 한국 전통문화

학문계에서 전통이란 '과거로부터 전해져 내려온 것'이라는 개념 이해로부터 1960년대 이후 변화하기 시작하였다. 전통의 시제(時制)에서 과거보다 현재를 강조하는 입장은 전통에 대한 시각이 민속학적 개념(전통)에서 실재적 또는 선별적 전통으로 옮아갔음을 의미한다. 다시 말해서 전통의 현재성을 강화하는 논지는 전통의 창조(발명)란 개념까지 나아간다.[9] 이러한 전통에 대한 개념의 변화는 오랜 '과거로부터 전해 내려온' 불교와 유교를 넘어서 기독교가 한국종교와 전통문화로 자리매김 될 수 있는 가능성을 보여준다.

각 시대마다 한국 종교에 대한 연구가 다양하게 나타나는데, 여기서 제기되는 의문은 '한국의 종교는 무엇인가?' 혹은 '기독교는 한국종교인가?'에 대한 질문이다. 다음의 두 가지 관점에서 기독교가 한국종교인지를 판단할 수 있다.

첫째, 교회와 사회 또는 교회와 민족의 관계에서 한국 기독교의

---

9 조현성, "전통적 정신문화의 현대적 방안,"「한국문화 관광연구원 기본연구」31(2009), 13.

특징을 다음과 같이 서술할 수 있다. 이만열 교수는 한국교회를 민족적이며 민중적인 교회로 파악하고, 민경배 교수에 의하면, 근대 한국의 역사는 일본에 대한 뼈아픈 항거와 그 수난에서 설명되며, 그때 기독교가 조직력과 강인한 의지력을 제공했다는 면에서 겨레와 함께 살아온 교회라고 주장한다. 또한 김용복 교수는 기독교가 서구 종교의 연장이라면 그것은 지배자의 종교이지만, 한국에서 민중의 아픔을 나누고 민족의 수난에 참여함으로써 지배자의 상을 벗어났다고 주장한다.[10]

둘째, 교회와 문화라는 관점에서 기독교가 한국종교인지를 점검할 수 있다. 그런데 안타깝게도 그동안 기독교의 한국 전통문화와 종교(유교 및 불교)에 대한 배타적인 태도 때문에 한국종교라는 친숙함을 주지 못했다. 20세기의 기독교는 일제의 식민지 지배 하에서 또한 전쟁과 정치적 격변을 겪으면서 한국의 시련의 시기에 적극적으로 한국의 종교로써 참여했었다. 미래의 기독교는 유교와 불교가 지닌 전통문화의 긍정적인 부분을 재해석하면서 한국인의 정신문화를 구축하고 계발할 수 있도록 노력할 때, 국민이 인정하는 정신문화의 중요한 축이 될 것이다.

공교육에서 전통문화와 관련하여 전통문화와 한국의 종교를 동일시함으로써 문제가 발생할 수 있다. 예를 들어 한국의 종교를 편협하게 규정하고 전통문화와 유교 및 불교를 동일시하여, 기독교문화를 우리 전통과 전혀 이질적으로 단정하는 위험성을 지닐 수 있다. 따라서 전통문화를 가르칠 때 유교 및 불교문화만을 가르친다면 종교교육

---

10 김홍수, "기독교는 한국종교인가?," 「기독교 사상」 575(2006), 18-20.

의 종교적 중립성(공공성)에 어긋나게 된다. 이러한 문제제기에 터해 기독교가 한국의 종교라면 공교육과 종교교육에서 전통문화에 대한 새로운 해석과 더불어 "기독교문화 + 콘텐츠" 개발 가능성을 살펴볼 수 있다.

2) 공교육과 종교교육의 갈등과 조정

대광고등학교 강의석 사건[11] 이후 공교육과 종교교육 혹은 종립학교와의 갈등이 첨예하게 대립되고 있다. 종교가 국가적 종교 과정의 교과목으로 자리 잡게 된 제4차 교육과정(문교부 고시 제442호, 1981. 12. 31) 이래 종교 과목은 '자유선택과목'으로 명시되었고, 바야흐로 제7차 종교 교육과정(교육부 고시 제1997-15호, 1997. 12. 3.)은 종교교육의 초점을 '신앙적' 측면보다는 '종교학적' 측면에 강조점을 두었다.[12] 여기서 첨예한 논쟁의 부분은 '종교교육이 무엇이냐?'는 개념과 성격의 문제다.

다시 말해서 종교교육을 특정한 종교의 교리와 신앙을 가르치는 종파 교육으로 봐야 하는 것인지 종교학적 접근으로 종교 일반과 문화에 대해 가르치는 것인지 혹은 인간의 종교성 계발에 중점을 둔 '종교적 교육'으로 봐야 하는 것인지에 대한 문제이다.[13]

---

11 2004년 대광고등학교에서 강의석이 문제로 제기한 '학내 종교 자유사건'을 의미함. 「아이굿 뉴스」 2010. 4. 22. "법원, 대광고, 강의석에게 배상하라, 사학 종교교육보다 개인 신앙의 자유 중시한 판결." http://www.igoodnews.net/news/articleView.html?idxno=2754 2010. 4. 30.
12 구본만, "공교육에서 가톨릭 학교의 종교교육 방향 모색," 「기독교교육정보」 30(2011), 63-64.

1981년 종교 교과목을 국가에서 교육과정으로 포함시킨 이후에 가장 큰 문제는 학생의 종교 자유와 종립학교의 종교교육 자유 사이의 갈등이고, 교육의 종교적 중립성(공공성)과 종립학교 건학 이념 구현(자율성) 사이의 갈등 등이었다. 한편, 종교교육을 이해하는 관점의 긍정적인 입장은 학교 종교교육을 선교가 아닌 전인교육의 맥락에서 이해하게 되었다는 점이다. 종교교육이 전인교육에 기여한다는 점은 종교교육이 종립학교에서만이 아니라 공립이나 종교재단과 무관한 사립학교에서도 필요한 교육활동이라는 입장을 지지하기도 한다.[14]

교육과학기술부(교과부)는 2009년 12월 23일 '2009 개정 교육과정'[15]을 확정, 고시하였다. 2009 개정 교육과정은 단위학교의 자율성 강화에 초점을 둔다.[16] 즉 교육과정 편성 및 운영의 주체를 단위학교에 넘겨주어 '학교 구성원들이 만들어가는 교육과정'을 지향한다.

〈표 1〉 교육과정 적용 시기

학년	수학, 영어 (학교급별 동시 적용)	2007 개정교육과정 (학교급별 연차 적용)	2009 개정교육과정 (학교급별 동시 적용)
2009	초 1, 2/중1/고1	초 1, 2	
2010	초 3, 4/중2/고2	초 3, 4/ 중1	
2011	초 5, 6/중3/고3	초 5, 6/중2/고1	초 1, 2/중1/고1
2012		중3/ 고2	초 3, 4/중2/고2
2013		고3	초 5, 6/중3/고3

---

13 *Ibid.*, 64.

14 *Ibid.*, 66.

15 「7차 교육과정개정안」은 2010년부터 2013년에 이르기까지 점차 과목별, 학년별로 적용·시행하기로 했다.

3) 2009년 개정 교육과정의 주요 특징

(1) 교과군과 학년군 도입

교과군이란 기존의 교과들을 교육 목적상의 근접성, 학문 탐구 대상 또는 방법상의 인접성, 실제 생활양식에서의 상호연관성 등을 고려하여 광역군 개념으로 유목화하는 개념이다.

〈표 2〉교과군 영역

4개 교과 영역	기초			탐구		체육 · 예술		생활 · 교양
8개 교과 (군)	국 어	수 학	영 어	사회 (역사/도덕)	과 학	체 육	예술 (음악/미술)	기술 · 가정, 제2외국 어, 한문, 교양

학년군이란 초등학교는 1-2학년, 3-4학년, 5-6학년의 3개 학년군, 중학교와 고교는 3개 학년을 각각 1개 학년군으로 설정, 학년별, 학기별, 분기별 집중이수제를 실시한다는 의미이다.

〈표 3〉학년군 영역

초등학교			중학교	고등학교
1-2학년	3-4학년	5-6학년	7-9학년	10-12학년

집중이수제: 2-3개 학년에 걸쳐 이수하는 과목을 학년별로 집중

---

16 구본만, *op.cit.*, 73.

해 이수하거나, 1년 동안 이수하는 과목을 한 학기 동안 집중하여 이수하도록 한다.

Block-time제: 미술 수업이 주당 1-2시간인 경우, 학생들이 주어진 시간을 활용하여 작품을 완성하기에 어려움이 있으나, 집중이수제를 통해 3-4시간 연속 수업을 진행할 경우 학생들에게는 작품의 완성도를 높일 수 있고, 교사에게는 효과적인 수업이 가능하다.

(2) 창의적 체험활동 강화

재량활동(교과 재량활동과 창의적 재량활동) + 특별활동은 5개 영역(자치, 적응, 봉사, 계발, 행사) ⟹ 창의적 체험활동(자율활동, 동아리활동, 봉사활동, 진로활동)

(3) 공통교육과정과 선택교육과정의 재설정

공통기본교육과정 : 초1-중3; 9년

선택교육과정: 고등학교 3년

(4) 학교 자율성 확대

고등학교에서는 국가 수준의 공통필수 과목을 지정하지 않았다.

<표 4> 공통 교육과정 및 선택 교육과정

구분	학년	개선 내용	비고
교과 활동	초1- 고1	① 공통 기본 교과별로 연간 수업 시수의 20% 범위 내에서 증감 운영 허용 ② 고교 1학년 교과의 이수 시기를 전 학년으로 확대(1학년부터 선택 과목 이수 가능)	⑥ 교과별로 학년, 학기 단위 집중 이수 확대하여 학습 부담 경감 (중1-고3 공통)
	고2-3	③ 학교에서 전 교과를 대상으로 선택 과목 신설 허용(교육감 승인) ④ 일반 선택 과목과 심화 선택 과목의 구분을 없애 학생의 과목 선택 확대	
재량활동 · 특별활동	초1-고1	⑤ 재량 활동 + 특별 활동 통합 → 창의적 체험활동	

<표 5> 2007년 개정 교육과정과 2009년 개정 교육과정의 차이점

구분	2007년 개정 교육과정	2009년 개정 교육과정
초·중·고 공통사항 (용어 및 교과명 변경)	◦ 용어 국민공통기본교육과정 선택중심교육과정 ◦ 교과명 외국어(영어) 특별활동, 재량활동	◦ 용어 공통 교육과정 선택 교육과정 ◦ 교과명 영어 창의적 체험활동
초·중·고 공통사항 (신설사항)		◦ 학년군, 교과군 개념 ◦ 교육과정 자율권 확대 ◦ 교과별 기준시수를 20% 증감 운영 등 ◦ 교과 교실제 운영 활성화 유도 ◦ 학습부진아, 다문화 가정 자녀 등에 대한 특별한 배려와 지원 ◦ 학교교육과정 편성. 운영 지원을 위한 국가 및 시·도 교육청 지원 사항 신설

구분	2007년 개정 교육과정	2009년 개정 교육과정
고등학교	◦ 고1 교과 필수 ◦ 총 이수단위: 210단위 ◦ 외국어 계열 고등학교: 전문교과 이수단위 50%를 전공 외국어로 하고, 전공포함 3개의 외국어 교육	◦ 고교 모든 교과 선택 ◦ 총 이수 단위: 204단위 ◦ 학기당 이수 과목 수를 8개 이하로 편성 ◦ 다른 학교에서의 이수를 인정 ◦ 대학 과목 선이수제의 과목을 개설할 수 있고, 국제적으로 공인받은 교육과 정 과목을 선택과목으로 인정 ◦ 과학, 영어, 예술 등 영역별 중점학교 를 운영할 수 있으며, 학교자율과정의 50% 이상을 관련 교과목으로 편성 ◦ 외국어 계열 고등학교: 전문교과 이수 단위의 60%를 전공 외국어로 하고, 전 공 외국어 포함 2개의 외국어 교육
범교과 학습 요소	◦ 민주시민교육, 경제교육 등 35개 요소	◦ 녹색교육, 한자교육, 한국문화사교육 추가

4) 2009년 개정 교육과정의 종교교육의 가능성

제7차 교육과정 2009년 개정안 종교교과 지침을 통해서 종교교육의 새로운 가능성을 발견할 수 있다.

첫째, 기존의 과목 '종교'에서 '생활과 종교'로 변경되어, 기존의 교양 선택과목 명칭에 일괄적으로 '생활'을 일반적인 명칭으로 사용한다. 예를 들면, '생활과 철학', '생활과 논리', '생활과 심리', '생활과 교육' 등이다.

둘째, 종교 교과의 성격과 목표에서 특정 종교의 사상과 전통이 설정된 이유가 '종교 일반에 대한 이해를 토대로 특정 종교에 관련된 내용을 심화학습'하는 것이라고 서술되었다.[17] 또한 심화학습이란 '다종교 체제의 공존 및 미래의 한국문화의 창달을 위한 기여 방안 모색'을 함의한다.[18] 종단 학교인 경우에 각 학교의 해당 종교를 가르쳐야 하는 의무감과 다종교 체제의 종교 일반을 가르치는 일이 긴장으로 남은 숙제이기도 하다. 즉 종교학적 종교교육과 신앙적 종교교육을 병행하는 기존의 교육과정을 그대로 유지하되 전자를 더 강조하게 되었다.[19]

제7차 개정 교육과정의 종교과목의 '한국종교와 문화' 영역(한국 토착종교의 이해; 한국 불교의 이해; 한국 유교와 도교의 이해; 한국 그리스도교의 이해; 한국 신종교와 기타 종교의 이해)과 '특정 종교의 전통과 사상' 영역(경전과 교리; 종교적 생활; 한국 종교와 문화 창조; 나의 종교관 점검)에서 한국종교로서 기독교에 대한 이해와 우리 문화의 관계도 검토할 수 있다.

특히, 2012년에 한국 기독교의 수용과정이 한국사에 포함시키기로 결정된 것은 종교교육의 차원에서 긍정적인 결과라고 볼 수 있다.

교육과학기술부는 최근 '2009 개정교육과정에 따른 고등학교 한국사 교과서 집필기준'을 발표하고… 일단 기독교 수용과정은 포함됐지만 문제는 여전히 남아 있다. 개정 내용이 '교육과정'이라는 상위개념이 아닌 하

---

17 김철주, "제7차 교육과정 개정안과 기독교교육 문화 콘텐츠 개발," 「기독교교육정보」 20(2008), 423.

18 *Ibid.*, 423.

19 조은하, "개신교 종립학교의 종교교과서 분석," 「종교교육학연구」 22(2006), 193.

위 개념인 '집필기준'에 머물고 있기 때문이다. 또 초·중등학교 교과서에 기독교 수용 내용이 여전히 빠져 있다.[20]

5) 공교육에 나타난 전통문화의 종교적 특징

제7차 개정 교육과정의 종교과목의 '한국종교와 문화' 영역에서 토착종교, 불교, 유교 및 도교, 기독교를 다루고 있는 점과 관련해서 공교육에 나타난 종교과목과 전통문화는 밀접한 관계에 있음을 알 수 있다.

전통문화와 한국종교와 관련하여 선행연구의 공통적인 시점은 대체로 조선시대와 유교적 가치[21]에 비중을 둔다.[22] 한국의 전통 정신문화의 두 축은 가족주의와 공동체주의다. 물론 두 축은 긍정과 부정의 양면성을 지니고 있다. 공동체주의의 광의적 내용의 의미를 찾아내고 발전시킨다면 전통문화를 계승시키는 중요한 전환점이 될 것이다.

다른 한편 한국 전통문화는 불교와 관련하여서도 공교육 교과서에서 나타난다. 고재석[23]은 해방공간에서 1970년대까지를 중심으로 '국

---

20 〈국민일보〉 2012. 1. 2. "기독교 수용과정 고교 역사교과서에 실린다."

21 '한국문화가 유교문화인가'에 대한 직접적, 계량적인 연구가 많지는 않지만 문화체육관광부(2008)의 "2008년 한국인의 의식 가치관 조사" 92-95쪽에 의하면, '가문의 명예를 지키는 일의 중요성'은 70.4%로 나타났고, '친지관계가 동료관계보다 중요하다'는 응답이 76.0%였다. 이러한 조사결과에 따르면, 구성원들은 한국 사회가 유교에 근거한 정신문화의 영향력을 인정한다. 조현성, *op. cit.*, 94.

22 *Ibid.*, 95-96.

23 고재석, "국어교과서에 나타난 전통의식과 그 수용 양상: 해방공간에서 1970년대까지," 「한국어문학연구」 12(1996), 365.

어교과서에 나타난 전통의식과 그 수용 양상'이란 논문에서 우리 민족의 전통문화가 불교적 진리의 실천과 이해의 과정에서 이루어졌다는 사실을 강조한다. 고재석은 유교가 삼강오륜을 통해 조화로운 사회적 질서에 관심을 돌린 반면, 불교적 윤리관은 인간의 윤리적 사명의 기저를 파헤쳤고 인간의 고양된 세계를 지향하도록 했다고 주장한다.

그의 분석에 따르면, 해방공간의 교과서에서 불교는 우리 삶에 가까이 있지 않고 추상적이고 관념적인 산 속의 종교로 남아 있다. 고재석[24]은 "인문계 고등학교 〈국어〉(문교부, 1975)에는 불교와 관련된 내용이 많다"고 주장하면서, 조종현의 시 〈나도 풋말이 되어 살고 싶다〉의 생경한 시어와 시상이 불교의 정신과 전통을 잘 나타내지 못한다고 비판한다. 동시에 그는 임옥인의 〈감사〉에 목사가 등장하여 특정 종교의 모습이 나타나거나 유달영의 〈슬픔에 대하여〉도 기독교 포교적이라고 비판한다.

고재석이 인문계 고등학교 국어에 불교와 관련된 내용이 많다고 말하면서, 다른 한편 기독교적 색채가 드러난 글이 포교적이라고 비판하는 것은 종교의 자유나 종교교육의 형평성에 어긋나는 편협한 논지로 보인다.

고재석은 유달영의 〈슬픔에 대하여〉는 기독교뿐만 아니라 타종교도 언급하며 마지막 부분에 '신'을 기독교의 신이라고 표현하지 않은 점을 높이 평가한다.

---

24 *Ibid.*, 365.

슬픔은 아니 슬픔이야말로 참으로 인간으로 하여금 그 영혼을 정화하고 높고 맑은 세계를 창조하는 힘이 아닐까? 예수 자신의 한없는 비애의 사람이 아니었더라면, 인류의 가슴을 덮은 검은 하늘을 어떻게 개게 할 수 있을 것인가? 공자도 석가도 다 그런 분들이다. … 신이여, 거듭하는 슬픔으로 나를 태워 나의 영혼을 정화하소서.

고재석[25]은 〈국어〉 3의 김원룡의 '한국의 미'를 인용하면서, 불교는 "우리들 몸 속에 살고 있는 한국의 미"로 표현한다. 그는 불교문화와 한국 전통문화의 미를 동일시시킴으로써 교과서에서 불교문화를 민족문화로 계승해야 한다고 주장한다.

기독교계와 불교계의 갈등적 모습은 교과서 속에서 뿐만이 아니다. 근래에 문화체육관광부에 설치된 '공직자 종교차별 센터'와 관련하여 기독교계와 불교계는 종파의 포교 문제와 전통문화라는 두 가지 대립된 입장으로 인해 갈등이 계속되고 있다. 한 예로 불교계의 신고 내역은 소포 우편물 십자가 국명표, 수업 시간 성탄절 트리, 카드 제작, 공무원 명함에 십자가(+) 삽입 등이고, 기독교계의 신고 내역은 수백억 원의 국가 예산이 투입돼 정교분리 위반 가능성이 농후했던 팔공산 불교테마공원 사업과 템플스테이 지원 등이다. 이상의 신고 내역에 대하여 신고센터에서는 불교계에 대한 국가 예산 지원은 포교행위가 아니라 "전통문화이기 때문에 문제없다"라는 대답으로 인해 기독교계에서 반발하였다.[26]

---

25 *Ibid.*, 367.

결론적으로 공교육에서의 교과서 편집위원들이 종교의 형평성을 숙지해야 하겠지만, 한국종교로서 기독교에 대한 바른 이해와 한국 전통(정신)문화 발전을 위해 '문화 콘텐츠 개발'이 기독교적 교육의 대안이라고 생각한다. 또한 공교육에서 "기독교문화 + 콘텐츠"의 긍정적인 가능성을 모색할 수 있다.

3. 공교육 교과서와 "기독교문화 + 콘텐츠"의 조우

이 장은 공교육 교과서에 나타난 "기독교문화 + 콘텐츠"와 교수·학습 방법으로서 디지털 미디어의 활용을 살펴본다.

1) 공교육과 기독교교육

정부는 전통 정신문화를 정책 대상으로 삼을 경우 학계, 시민사회 그리고 정부 부처의 긴밀한 협조가 필요하다. 조현성은 전통 정신문화 정책은 문화담당 부처에서 적극적인 정책을 수행해야 한다고 주장한다.27 그에 의하면 문화체육관광부에서 전통 정신문화의 공론화를 주도하는 역할을 하고 문화 정책을 통해서 이를 실현해야 한다는 것이

---

26 「국민일보」 2012. 9. 12. "공직자종교차별신고센터 종교 편파 ― 기독교계, 문화부에 폐쇄 요구."
27 조현성, *op. cit.*, 160.

다. 즉 다양한 문화프로그램과 문화 콘텐츠에 전통 정신문화의 내용 (정신)을 다양하게 섭렵하도록 문화시설에서 이를 적극적으로 실현하도록 제반 조치를 취하는 것이다. 한편, 필자는 공교육에서의 전통문화와 문화 콘텐츠의 접목 가능성 그리고 기독교교육의 가능성을 살펴보고자 한다.

첫째, 공교육에서의 "기독교문화 +콘텐츠"의 개발을 위해서 창조적인 종교 수업 모형을 숙고해야 한다. 작금, 제7차 종교교육과정(교육부 고시, 1997)은 종교교육의 초점을 '신앙적' 측면보다는 '종교학적' 측면에 강조점을 두었다.[28] 1981년 종교교과목을 국가에서 교육과정으로 포함시킨 이후에 가장 큰 문제는 학생의 종교자유와 종립학교의 종교교육 자유 사이의 갈등이었다. 그러나 종교교육을 이해하는 관점의 긍정적인 입장은 학교 종교교육을 선교가 아닌 전인교육의 맥락에서 이해하게 되었다는 점이다.

손원영 교수는 '영성 지향적 종교 수업 모형'을 제시하였다.[29] 그가 제시하는 '환대'(hospitality)[30]의 영성 지향 종교 수업 모형'이 직접적으로 문화 콘텐츠와 관련이 있지는 않지만, 영성 지향 종교 수업에서의 학습자는 개방적 존재이며, 새로운 종교문화를 창조하는 '종교문화

---

28 구본만, "공교육에서 가톨릭 학교의 종교교육 방향 모색," 「기독교교육정보」 30(2011), 63-64.

29 손원영, "기독교계 중등학교에서의 종교수업모형 개발에 관한 연구," 「기독교교육정보」, 12(2005), 64-74.

30 환대란 라틴어 'hospes'의 의미, 즉 '주인과 손님이 식탁을 마주하고 하나가 된다'는 의미로부터 온 개념이다. 환원될 수 없는 그 '타자'(other/ness)를 기쁜 맘으로 환영하는 것이다. 손원영, Ibid., 67 참조하라.

창조자'(religious culture creator)로 이해될 수 있다. 또한 이러한 종교 수업에서의 교사는 낯선 정보에 대하여 적극적으로 '환대'하는 '최신 정보제공자'(brand-new informer)로 이해된다.31 디지털 문화 시대에 종교교과의 능동적이고 창조적인 교수ㆍ학습 방법과 학습자의 잠재력을 개발하기 위해서 기독교문화 콘텐츠가 풍부한 학습 자원 및 다양한 교수 방법이 될 수 있다.

둘째, 2009년의 개정 교육과정에 터하여 기독교문화 콘텐츠를 적극 활용할 수 있다. 개정안의 종교교과와 관련하여 기독교문화 콘텐츠를 적극적으로 활용할 수 있는 것은 '교과군' 도입과 '창의적 체험활동' 강화라는 개정안이다.

교과군은 학문 탐구와 실제 생활양식의 상호 연관성을 고려하는 특징을 지닌다. 〈표 5〉 "2007년 개정 교육과정과 2009년 교육과정의 차이점"과 〈표 6〉 "고등학교 선택 교육과정(보통교과) 개정안"에서 보듯이, 생활ㆍ교양 과목군에 '생활과 종교'가 종교교과로 구성되어 있다. 새 교육과정의 '생활과 종교'의 기본 단위 수는 5단위이고, 1단위 범위 내에서 증감 운영이 가능하다.32 구본만에 따르면, '생활과 종교'를 I, II로 나누어서 두 학년에 걸쳐 가르칠 수 있으며, 다른 방식은 시ㆍ도 교육청의 승인33을 얻어 생활ㆍ교양 과목군에 새 과목을 개설하는 것이다.34

---

31 *Ibid.*, 73.

32 교육과학기술부. 2009. 11. http://www.epeople.go.kr/ 2012. 5. 10 접속을 참조하라.

33 〈2009 개정 교육과정 총론〉은 "학교는 필요한 경우 새로운 선택과목을 개설할 수 있다"고 제시하지만 이것은 시ㆍ도 교육청의 교육과정 편성ㆍ운영 지침에 의거하여 사전에 필요한 절차를 거쳐야 된다(교육과학기술부, 2009c, 39-40; 교육과학기술부, 2009.12. 23., 8 참조).

다른 한편, 2009 개정 교육과정에서 신설된 '창의적 체험활동 강화', 즉 재량활동(교과 재량활동, 창의적 재량활동)과 특별활동은 5개 영역(자치, 적응, 봉사, 계발, 행사)은 창의적 체험활동(자율활동, 동아리활동, 봉사활동, 진로활동)을 포괄한다. '생활과 종교' 교과와 관련하여, 더 나아가서 다른 교과목(문학이나 사회 · 문화)에서 나타나는 기독교인 작가들을 초청하는 행사, 그들이 작품 활동을 했던 지역을 방문하는 일, 기독교와 관련된 영상문화(영화, 애니메이션, CCM 등)를 관람, 토의하는 동아리활동 등도 공교육에서의 "기독교문화 + 콘텐츠"를 활용할 수 있는 대안이 될 수 있다.

〈표 6〉 고등학교 선택 교육과정(보통교과) 개정안

교과 영역	교과(군)	과목
기초	국어35	국어*, 화법과 작문 I, 화법과 작문 II, 독서와 문법 I, 독서와 문법 II, 문학 I, 문학 II
	수학	수학*, 수학의 활용, 수학 I, 미적분과 통계기본, 수학 II, 적분과 통계, 기하와 벡터
	영어	영어*, 영어 I, 영어 II, 실용 영어 회화, 심화 영어 회화, 영어 독해와 작문, 심화 영어 독해와 작문
탐구	사회 (역사/도덕 포함)	사회*, 한국사*, 한국 지리, 세계 지리, 동아시아사, 세계사, 법과 정치, 경제, 사회 · 문화 36
		도덕*, 생활과 윤리, 윤리와 사상37
	과학	과학*, 물리 I, 물리 II, 화학 I, 화학 II, 생명과학 I, 생명과학 II, 지구과학 I, 지구과학 II
체육 · 예술	체육	체육*, 운동과 건강 생활, 스포츠 문화, 스포츠 과학
	예술(음악,	음악*, 음악 실기, 음악과 사회, 음악의 이해

34 구본만, *op.cit.*, 86.

교과 영역	교과(군)	과목
	미술)	미술*, 미술과 삶, 미술 감상, 미술 창작
생활 · 교양	기술 · 가정, 제2외국어, 한문, 교양	기술 · 가정*, 농업 생명과학, 공학 기술, 가정 과학, 창업과 경영, 해양 과학, 정보
		독일어 I, 독일어 II, 프랑스어 I, 프랑스어 II, 스페인어 I, 스페인어 II, 중국어 I, 중국어 II, 일본어 I, 일본어 II, 러시아어 I, 러시아어 II, 아랍어 I, 아랍어 II
		한문 I, 한문 II
		생활과 철학, 생활과 논리, 생활과 심리, 생활과 교육, 생활과 종교, 생활 경제, 안전과 건강, 진로와 직업, 보건, 환경과 녹색성장

2) 초등학교 교과서의 "기독교문화 + 콘텐츠": <강아지 똥>

필자는 고등학교 교과서에 나타난 전통문화 콘텐츠와 "기독교문화 + 콘텐츠"와 관련하여, '초등학교 교과서'를 중심으로 기독교문화 콘텐츠에 대한 선행연구[38]를 수행했다. 그 논문에서 포스트모던 시대의 문화 콘텐츠라는 새로운 커뮤니케이션의 확산과 함께 소수의 스토리텔링의 중요성이 부각된 이 시점에서, '서사적 이야기'를 중심으로

---

35 국어는 『고교 국어(상 · 하)』와 『고교 문학(상 · 하)』를 분석하였다.

36 본문의 표 6을 참조하면, 2007년과 2009년 개정안 모두 2011년부터 적용하게 되어있다. 연구자가 2011년에 교과서를 구입하였을 때, 학교별로 가장 잘 사용하는 것을 선택하였는데 교과목명이 <사회 · 문화>와 <사회> 과목으로 혼용하여 사용하고 있었다. 연구자는 전통문화 콘텐츠 분석을 위해서 두 가지 모두를 사용하였다.

37 2009개정 전의 도덕과목의 교과목명은 <전통 윤리>, <윤리와 사상>, <현대생활과 윤리>이다. 개정 이후 과목명은 <생활과 윤리>, <윤리와 사상>으로 바뀌었다.

38 원신애, "종교교육을 위한 대안적 교육으로서 문화 콘텐츠에 대한 이해: 서사적 이야기를 중심으로," 「기독교교정보」 30(2011), 127-152 참조하라.

초등학교 2-1 교과서

종교교육을 위한 대안적 교육으로서 '문화 콘텐츠'에 대한 교육적 이해를 살펴보았다.

초등학교 2학년 1학기 국어교과서[39]는 듣기 말하기, 읽기, 쓰기 등 세 가지 편으로 구성되어 있다. 기독교 아동문학의 거장인 권정생의 〈강아지 똥〉 편에서는 〈강아지 똥〉 애니메이션을 보고 말하기 학습을 하는 것이다. 제7차 개정안에서 명시된 보편적 차원의 종교교육의 입장과 포스트모던 시대의 다양성과 이질성의 존중이라는 관점에서 보더라도 기독교교육의 입장에서 그렇게 부정적이지는 않다. 교과내용이 보편적 인류애에 호소할 수 있다면 위의 내용에서 보듯이 '하느님'이라는 단어가 나오더라도 교과서가 담아내기 때문이다. 〈강아지 똥〉은 가장 쓸모없다고 생각되던 것이 화려하고 아름다운 민들레의 탄생의 거름이 된다는 사실은 죽음이 아니라 부활, 작은 것도 아름답고 훌륭한 것이라는 자존감을 보여준다. 더구나 '하느님'이라는 특

---

39 한국교원대학교 국정도서국어편찬위원회 편, (서울: 미래엔컬처그룹, 2010).

정 종교의 신이 언급되고 있음에도 보편적 선을 보여준다는 사실로 인해 타종교 단체에서 거부감을 나타내고 있지 않다.

〈강아지 똥〉은 애니메이션 스토리텔링으로서 "기독교문화 +콘텐츠"가 활성화될 수 있는 중요한 기점이 될 수 있다.

3) 고등학교 교과서에 나타난 "전통문화 + 콘텐츠"의 가능성

고교 교과서에 나타난 불교, 유교, 무속과 관련한 문학들은 이미 한국 전통문화로 인식되어 전통·문화, 종교, 문화적 특성[40]의 세 가지 축을 모두 담아내고 있다. 특히 국어교과는 교육 내용으로 많은 서사를 텍스트 차원으로 다룰 뿐만 아니라, 교육 방법으로서 서사적인 접근법이 사용된다. 서사는 공동체에서 어떤 의미 작용을 하고 그 의미 작용이 다시 공동체에서 어떤 의미 작용을 하고 어떤 보편형으로 활용되어 소통되는 데에 이르면 '문화'의 자질을 갖는다.

문학서사 이외에 경험 서사나 미디어 사사들도 국어교과와 사회 문화적 상관을 갖는 경우가 많아지고 있다. 국어교과가 대중 미디어의 방속 텍스트들을 교수·학습 공간에 끌어들이고 있다. 의사소통의 파워가 높은 현대 사회의 대중 서사들은 그것의 형태, 의미, 효과, 등장 캐릭터 등을 통하여 문화적 작용을 할 수 있다.

또한 국어교과에서 실제의 미디어 현상에서 나타나는 '미디어 언

---

40 <고교문학 상·하>, <고교국어 상·하>; <고교사회> 교학사; 금성출판사와 <고교사회·문화>, 교학사; 지학사. 중앙교육진흥연구소; <전통윤리>.

어/텍스트' 교육은 텍스트의 존재보다는 텍스트의 방식, 미디어가 주는 소통의 다양성과 기술적 특징을 익히고 배우게 한다. 미디어를 강하게 포함하려는 국어교과는 미디어 층위의 문화와 상당한 상호성을 갖는다.[41]

① 허균의 홍길동전이나 '하이퍼텍스트'로서 '허준'의 방송 대본을 게재하거나 '사이버 문학'을 언급함으로써 문화 콘텐츠의 특징을 많이 다루고 있다.

② 무속과 전통문화의 만남을 소개하는 탈춤인 '미얄춤'을 소개하여 무속적인 사고와 한국 여성의 종교성을 다루고 있다. '미얄춤'은 전통적인 스토리텔링의 원형으로 탈춤이라는 특성상 관객과 놀이마당 간의 양방향 소통을 가능하게 하는 대표적인 문화 콘텐츠가 되었다.

③ 전통적인 사랑과 현대적 사랑을 다루고 있는 〈열녀 춘향 수절가〉는 판소리의 장르를 포함함으로써 보존해야 할 전통문화 콘텐츠로 높이 평가된다. 특히 교과서에는 임권택 감독의 영화 〈춘향뎐〉을 보조 사진으로 게재하여 문화 콘텐츠의 한 면모를 볼 수 있다. 또한 스토리텔링 원형인 〈서동요〉는 이미 드라마로 TV에서 여러 번 제작 및 개작되고 방영되었다.

---

41 표 6에서 보듯이 고교 국어교과는 〈화법과 작문 I〉, 〈화법과 작문 II〉, 〈독서와 문법 I〉, 〈독서와 문법 II〉, 〈문학 I〉, 〈문학 II〉으로 구성되어 있는데, 2007년 이후 '매체언어' 영역이 하위영역에 기획되어 있다. 박인기, "국어교과에 내재하는 문화의 존재방식,"『교과교육과 문화 어떻게 소통할 것인가?』(서울: 지식과 교양, 2011), 21-59 참조하라.

④ 배운 것에 대한 동영상을 제작하거나 영화 〈워낭소리〉를 사용한다든지 하여 스토리텔링의 원형과 미디어 그리고 문화 콘텐츠가 긴밀하게 연관되어 있음을 볼 수 있다.

⑤ 문화 경관과 지역의 특성을 이용하여 지역 콘텐츠 개발을 소개하여 한국 전통문화 콘텐츠 개발과 지역 특성화 및 관광 사업까지 소개하고 있다(동족촌, 함평의 나비축제, 보령 머드축제, 안동 국제 탈춤 축제 등). 그러나 교과서에 나타난 몇몇 어귀에서 기독교문화 콘텐츠를 발전시키기에 장해를 발견할 수 있다.

교과서에 나타난 기독교 문학은 기독교문화를 발전시키기에는 역부족이지만, 기독교가 한국의 종교이며 한국 전통(정신)문화에 공헌한 바를 부각시킬 수 있는 중요한 매개이다. 또한 초등학교 교과서에 게재된 〈강아지 똥〉처럼 기독교 문학과 문화가 한국적 정서를 담아내고 있는 애니메이션으로 보급되고 활용되어 문화 콘텐츠로 개발될 수 있는 가능성을 촉진할 수 있다.

한편, 고교 교과서에 나타난 기독교 문학과 문화를 몇 가지 살펴볼 수 있다.

① 단테의 신곡은 천주교를 배경으로 하고 있다. 김현승의 시 〈눈물〉과 이해인의 〈살아있는 날〉은 기독교적인 가치관을 소개한다.[42]

---

42 〈고교 문학, 상〉 (서울: 교학사).

… 아름다운 나무의 꽃이 시듦을 보시고 열매를 맺게 하신 당신은 나의 웃음을 만드신 후에 새로이 나의 눈물을 지어 주시다(김현승).

… 나는 당신의 살아있는 연필 어둠 속에도 빛나는 말로 당신이 원하시는 글을 쓰겠습니다(이해인).

② 이청준의 〈병신과 머저리〉[43]는 현실 세계의 부조리를 성찰하거나 인간 존재의 본질을 기독교적으로 해명하려고 한다. 이청준은 기독교적 세계관에 바탕을 둔 소설가였다. 그는 기독교 소설인 〈낮은 대로 임하소서〉를 비롯하여 영화 〈밀양〉의 원작 〈벌레 이야기〉를 비롯하여 〈서편제〉, 〈천년학〉 등 이미 영화를 통해 문화 콘텐츠로 개발된 스토리텔링 원형의 저자이다.

③ 수필가 안병욱의 〈행복의 메타포〉[44]는 실존주의와 허무주의 등 현대 철학에 연구에 기여하고 교훈적인 수필의 세계를 기독교적 관점에서 보여준다.

④ 윤동주의 〈서시〉[45]는 기독교이었던 그의 종교적 특성이 드러나지 않으면서도 오랫동안 교과서의 대표적인 시로 게재되고 있다.

⑤ 법정 스님이 쓴 〈김수환 추기경 추도문〉[46]이 게재 되었다. 에큐메니칼적인 종교적 특성을 암시한다. 또한 기독교 인물인 '채규

---

43 *Ibid.*
44 *Ibid.*
45 〈고교 국어, 상〉 (서울: 지학사).
46 〈고교 국어, 하〉 (서울: 교학사).

철'[47]을 소개하고 있다.

4) 교수 – 학습 방법론으로서 "기독교문화 + 콘텐츠"

"기독교문화 + 콘텐츠"는 교수-학습 방법론으로서 종교 교육적인 의의가 있다. 본문의 애니메이션과 영화는 필자가 강의 시간에 활용하는 교수-학습 방법론이다.

(1) 이집트 왕자

"기독교문화 + 콘텐츠"는 시대적으로 다루어야 할 주제이다. 공교육의 종교교육에 관한 입장 표명과 관련해서라도 초등학교 교과서의 인정교과서의 확대와 함께 오히려 기독교교육의 문화 콘텐츠의 발전과 확장을 통해서 교과서 개재의 가능성뿐만 아니라, 문학과 영상을 통해 기독교 종교교육의 자료로 사용할 수 있다. 다시 말해서 이집트 왕자 모세는 성경의 이야기를 원소스로 해서 애니메이션으로 우수한 작품이기 때문에 "기독교문화 + 콘텐츠"로 활용해도 손색이 없다.

애니메이션 〈이집트 왕자The Prince of Egypt〉의 모세는 성경의 모세를 각색하기는 했지만 모세에 대한 본질적 스토리텔링은 보존되어 있다. 성경에서 자세히 드러나지 않은 모세의 내적 갈등이 잘 묘사되어 있고, 떨기나무의 하나님을 만나는 장면, 사명을 받고 이스라엘 지도자로 서는 모습, 홍해와 십계명을 받는 장면까지 생생하게 전달된다.

---

47 *Ibid.*

또한 배경음악(ost: 〈when you believe〉)은 1999년 71회 아카데미 음악상으로 인해 대중적인 음악이 되기도 했다.

영웅이 되고 싶은 욕망은 애니메이션 〈이집트 왕자〉를 통해서 기독교적 비전을 꿈꿀 수 있다. 성경에 있는 영웅담들은 신앙 + 영웅적 삶이라는 기독교적 에토스를 갖고 있다. 이러한 성경의 이야기로서 원 소스를 문화 콘텐츠로 개발할 수 있다.

(2) 나니아 연대기와 반지의 제왕[48]

루이스(C. S. Lewis, 1898-1963)의 판타지 소설 〈나니아 연대기The Chronicle of Narnia〉는 톨킨(J. R. R. Tolkien, 1892-1973)의 〈반지의 제왕The Lord of the Rings〉과 바움(L. F. Baum, 1856-1919)의 〈오즈의 마법사The Wizard of Oz〉와 함께 세계 3대 판타지 소설의 하나로 꼽힌다. 이 소설은 출간 이후 전 세계 29개 언어로 번역돼 9,000만 부 이상 팔린 초대형 베스트셀러이기도 하다. 발간된 지 50년이 넘은 지금도 판타지 소설의 대명사로 세계인의 사랑을 받고 있다. 〈나니아 연대기〉는 총 7권으로 구성된 판타지 아동문학 시리즈이다. 이 중에서 〈나니아 연대기〉와 〈반지의 제왕〉은 기독교 판타지 문학이며 영화를 통해 대중화된 "기독교문화 + 콘텐츠"의 대표적인 산물이다.

영화 〈나니아 연대기〉에 대한 기독교 교계의 시각은 20세기 최고의 기독교 변증가로 꼽히는 C. S. 루이스의 작품이고, 그 안에 기독교

---

48 원신애, "문화 콘텐츠의 도전과 기독교문화 콘텐츠의 가능성," 「복음과 교육」 11(2012), 106-109.

진리가 확연하다는 이유로 매우 긍정적이다. 영화 〈나니아 연대기〉는 '나니아 연대기'의 1편 '사자, 옷장 그리고 마녀' 편을 처음으로 영상화 하였다. 이 영화는 기독교 신앙에 토대를 둔 '숨겨진 구원론'이다. 예수 는 그의 인성 안에서 유대주의적 율법과 예언에 대한 목적 및 성취를 표현했을 뿐 아니라 인간들을 향한 모든 철학적, 신학적, 미학적 열망 도 보여주었다.[49]

판타지 형식을 통해 그리스도 십자가의 수난과 부활을 잘 다루고 있다. 〈나니아 연대기〉가 기독교적 세계관을 보여줌에도 불구하고 이것은 비기독인들에게도 자연스럽게 근접할 수 있었다. 비기독인이 라도 전혀 흥미와 재미를 잃지 않게 만들었기 때문이다. 그리스도 하 나님 십자가라는 말을 사용하지 않고도 루이스 특유의 지성과 상상 력, 다양한 캐릭터와 스펙터클이 '반지의 제왕'이나 '해리포터' 시리즈 를 능가하기 때문이다.[50]

한편, 톨킨(1925-1945)의 〈반지의 제왕〉은 성경적 원형에서 출발한 몇 가지 유비적인 구도를 공유하면서 성경적 원형을 알레고리화 한 흔적을 지니고 있다. 또한 〈반지의 제왕〉의 톨킨이 관심을 가지고 있 던 북유럽 신화에서 많은 부분을 차용하였다. 이 외에도 제1차 세계 대전에서의 경험이나, 종교(가톨릭), 산업화도 톨킨의 세계에 영향을 주었다. 〈반지의 제왕〉은 예술, 음악, 영화와 텔레비전, 비디오 게임

---

49 마르코스/최규택 옮김,『C. S. 루이스가 일생을 통해 씨름했던 것들』(서울: 그루터기하우 스, 2008), 172-173.
50 「국민일보」 2005. 12. 4.

나니아 연대기　　　　　　　반지의 제왕　　　　　　　이집트 왕자

을 생산시키고 "문화 콘텐츠"의 구성요소인 "엔테테인먼트 스토리텔링"의 영향력을 보여주었을 뿐 아니라, "기독교문화 + 콘텐츠"에 대한 새로운 이해를 촉구하게 되었다.

　　또한 톨킨은 C. S. 루이스와 깊은 우정을 나누었다.[51] 실제로 루이스는 톨킨과 밤을 새워 산책하던 중 그리스도는 신화가 아니라 현실로 실현된 분이라는 톨킨의 이야기를 이해하기 시작하면서 그의 회심은 시작되었다. 루이스는 신화 속에서 수없이 생겨나고 죽어 갔던 다른 신들과는 달리 그리스도는 유일하게 신화를 현실로 보여주신 분이라는 것의 의미를 깨달았다.[52]

　　"기독교문화 + 콘텐츠"의 관점에서 볼 때, 〈나니아 연대기〉와 〈반지의 제왕〉은 하나님의 사랑, 구원론, 선과 악의 대립과 결말, 하나님 나라에 대한 은유와 비유 등을 보여준다. 게다가 〈나니아 연대기〉에

---

51 〈야후 영화소개〉 참조하라.

52 마르코스, *op.cit.*, 173.

서 기독교교육의 가능성을 도출할 수 있는데, 종교적 '상상력'의 가능성을 살펴볼 수 있다. 나니아의 세계를 만나게 되는 출입구인 '옷장'이 새로움에 대한 호기심을 촉발할 수 있는 교육에의 입문이라는 재해석은 흥미 있는 일이다. 또한 종교적이고 도덕적 상상력의 개발이 기독교교육에서 가능하며 얼마나 중요한 것인지를 보여주기도 한다.[53]

영화 〈나니아 연대기〉와 〈반지의 제왕〉 외에 애니메이션 〈이집트 왕자〉의 원소스는 성경 〈출애굽기〉이다. 문학 장르를 〈엔터테인먼트 스토리텔링〉을 활용한 '원소스 멀티 유즈'(One Source Multi-Use)의 성공적인 "기독교문화 +콘텐츠"이다.

맺는말

디지털 문화 시대에 공교육의 종교교과의 능동적이고 창조적인 교수·학습 방법과 학습자의 잠재력을 개발하기 위해서 기독교문화 콘텐츠가 풍부한 학습자원 및 다양한 교수 방법이 될 수 있다. 또한 2009년의 개정 교육과정에 터하여 종교교과목 외에도 다른 교과목(국어, 문학, 사회, 사회·문화, 전통·윤리 등)에서 "기독교문화 + 콘텐츠"를 적극 활용할 수 있다.

교과서에 나타난 기독교를 살펴보면 한국의 전통문화 속에서 기

---

53 원신애, "종교적 상상력의 렌즈를 통해서 본 영화 속의 다문화적 성격과 기독교교육의 가능성에 대한 고찰: 영화 나니아 연대기를 중심으로," 「기독교교육논총」 23(2010), 237-271.

독교의 영향력이 거의 기술되어 있지 않다. 특히 정보화 시대 및 현대의 다양한 문화 콘텐츠에 응용된 예로서 고전 문학작품이나 전통놀이 등에 기독교를 배경으로 한 콘텐츠가 없다.

그러나 기독교문화의 개발 가능성이 전혀 없는 것은 아니다. 앞서 살펴보았듯이 많은 기독교인 문학가들의 작품이 교과서에 게재되었다. 공교육의 교과서에만 의존하는 것이 소극적으로 보일 수 있겠지만, 청소년들의 가치관을 형성시키는 데 중요한 고교 시절에 기독교문화, 문학 그리고 스토리텔링 및 서사를 "기독교문화 + 콘텐츠"의 한 양식으로 발전시키는 것은 중요한 과제이다.

① 공교육의 전통문화의 종교적 특성과 각 종교의 문화 콘텐츠를 개발시키고, 서로의 특성을 존중해야 한다. 공교육의 교과에 나타난 종교교육의 특성을 통하여 기독교문화 콘텐츠의 가능성을 개발시킬 수 있다. 기독교문화 및 문학 등을 통하여 기독교적 문화를 소개하고 배양한다.

② 기독교 인물의 삶을 연구하고 그들이 태어나거나 활동한 지역을 개발하는 방안을 모색한다.

③ 기독교 문학작품의 스토리텔링 원형을 기반으로 문화 콘텐츠로 제작하기 위한 재정적 지원과 지역 개발 및 특성화를 위한 정책화가 필요하다. 예를 들어 통영의 '박경리 기념관'이나 '청마 유치환 생가 보존하기' 등과 같이 정책적 지원과 특성화를 숙고해야 한다.

④ 한국에 영향을 준 기독교문화를 소개하고 박물관과 기념관, 축제 등을 콘텐츠화시켜야 한다.

⑤ 유교 문화의 표면적으로 나타난 부정적인 측면인 성차별, 다문화가족 이해 등의 문제를 기독교적 대안으로 영상으로 제작하거나 다큐멘터리 형식의 영상 제작 및 발전에 관심을 기울어야 한다.

⑥ 기독교가 한국의 전통 정신문화로서 자리매김하는 시대적 요청과 더불어, 21세기의 대한민국은 다문화 시대가 공존함을 고려해야 한다. 다문화 교육은 단순히 '다문화를 가르치는 교육'이라기보다는 다문화 상황을 감안한 교육 개혁인 것이다.[54]

⑦ 오랫동안 기독교가 한국 전통문화와 종교(유교 및 불교)에 대한 배타적인 태도 때문에 한국종교라는 친숙함을 주지 못했다. 미래의 기독교는 유교와 불교가 지닌 전통문화의 긍정적인 부분을 재해석하면서, 한국인의 전통정신문화를 구축하고 계발할 수 있도록 노력할 때 국민이 인정하는 기독교 정신문화와 "기독교문화 +콘텐츠"를 형성해 나갈 수 있을 것이다.

---

54 강용원, "다문화기독교교육의 현황과 과제," 「성경과 신학」 62(2012), 46.

한국의 전통문화 콘텐츠와 기독교문화 콘텐츠의 조우를 통한 기독교교육 문화 콘텐츠의 개발 가능성에 관한 연구
— '엔터테인먼트 스토리텔링'을 중심으로

학교교육의 매체인 교과서의 개발 및 활용을 통해서 한국의 전통문화 콘텐츠와 기독교문화 콘텐츠의 조우가 가능함을 알 수 있다. 또한 한국의 전통문화 콘텐츠와 기독교문화 콘텐츠는 서로 반목하는 관계가 아니라 양립 가능하며 조력하는 관계임을 추론할 수 있다. 한국의 전통적 윤리인 효도, 인내, 어진사람, 형제우애의 설문 항목에 대하여 기독교 청소년들이 비기독교 청소년들보다 더 인식하고 있다는 사실이 연구자의 그런 가정을 지지해 준다

* 이 글은 2011-2012년 정부재원으로 한국연구재단(한국학술진흥재단) 신진교수지원 (인문사회분야) 사업의 지원을 받아 수행된 연구임": NRF-2011-332-A00243. 「종교 교육학연구」 47(2015), 83-114 게재된 논문을 수정・보완하였다.

시작하는 말

이 연구는 2011-2012년도에 걸쳐서 한국의 전통문화 콘텐츠 연구를 통한 '기독교교육 문화 콘텐츠의 개발' 가능성을 살펴보기 위해서 문헌 연구와 설문조사 및 설문 분석을 수행하였다.

이와 관련하여 2011년도 논문은 "한국의 전통문화 콘텐츠와 기독교문화 콘텐츠의 조우를 통한 기독교교육의 가능성: 공교육 교과서의 '문화 콘텐츠'를 중심으로"이다.[1] 이 글은 첫째, 포스트모더니즘 시대의 공교육과 종교교육의 특성을 살펴보았다. 둘째, 초등학교 교과서에 나오는 기독교문화 콘텐츠로써 중요한 애니메이션 〈강아지 똥〉과 이솝 우화 〈개미와 베짱이〉를 분석하고, 서사적 이야기를 재해석하며, 기독교교육의 관점에서 비평하였다. 셋째, 애니메이션, 문학, 영화 등 문화 콘텐츠와 관련하여 문화 콘텐츠의 기독교교육적인 가능성을 살펴보았다. 넷째, 포스트모더니즘 시대의 문화 콘텐츠를 바로 해독하기 위한 방법으로 포스트모던 문화코드 읽기를 제언하였다.

이 연구는 1차년도 연구와 연계하여 첫째, 2011년 1차년도에 고등학교 1-3학년 학생들을 중심으로 교과서 분석에 기초한 자료에 근거하여 수행한 설문조사[2] 결과를 분석할 것이다. 둘째, 2011-2012년도

---

1 원신애, "한국의 전통문화 콘텐츠와 기독교문화 콘텐츠의 조우를 통한 기독교교육의 가능성: 공교육 교과서의 '문화 콘텐츠'를 중심으로," 「성경과 신학」 65(2013), 295-328 참조하라.
2 설문내용은 "교과서와 대중문화에 나타난 기독교문화 콘텐츠에 대한 청소년의 가치관에 대한 설문조사"이다. 설문 내용 구성은 I. 디지털 문화에 대한 인식도; II. 미디어 이용에

에 걸쳐 수행한 설문조사를 통해서 한국 전통문화와 기독교문화가 청소년에 미친 영향에 대한 결과를 분석하고 기독교교육적인 의미를 살펴볼 것이다. 마지막으로 고교교과서의 '엔터테인먼트 스토리텔링'을 중심으로 한국의 전통문화 콘텐츠 연구를 통한 '기독교교육 문화 콘텐츠'의 개발 가능성을 조명할 것이다.

1. 연구 방법 및 내용

이 연구는 경기도, 인천, 서울 지역을 대상으로 설문조사를 하였는데, 경기도의 5지역, 인천광역시 2지역, 서울시 6지역을 설문조사 지역으로 삼았다. 이 지역으로 설문 대상을 국한시킨 것은 행정구역별로 볼 때 전국에서 서울특별시, 인천광역시, 경기도에 개신교 분포도가 가장 많은 것으로 나타났지만, 경기도와 서울시 전체 지역별 개신교 비율과 각 지 역내 개신교 비율의 큰 차이 때문에 설문의 타당도가 있다고 사료 된다. 지역별 통계청의 발표에 따르면, 2005년 11월 1일 기준으로 약 4천7백만 명의 한국인 중 종교를 가지고 있는 인구는 2천497만 명(53.1%)에 달하며, 총인구 중 불교 인구가 22.8%(1,072만)로 가장 많았고, 개신교 18.3%(861만), 천주교 10.9%(514만) 순으로 나타났다(2005, 통계청). 불교가 우세한 지역은 부산, 울산, 경남 등이

대한 인식도; Ⅲ. 학교 교과서에 나타난 한국 전통문화와 종교에 대한 인식도; Ⅳ. 인적사항으로 구성되었다.

고, 개신교 우세지역은 서울, 경기도, 인천 순이다. 개신교 최대 밀접 지역은 경기도 과천시이고 전국적으로는 전북 군산으로 나타났다.3

1) 분석 대상

이 연구는 경기도, 인천, 서울 지역을 대상으로 설문조사를 하였는데, 경기도의 5지역, 인천광역시 2지역, 서울시 6지역을 설문조사 지역으로 삼았다. 본 연구를 위한 표집 대상은 총 670부이다. 서울 지역은 강남과 강북, 경기와 인천 지역에서는 신도시와 전통적인 도시를 구분하여 선정하였다. 안양(30부), 수원(130부), 과천(100부), 부천(120

〈표 1〉 분석 대상: 지역별

		Frequency (빈도)	Percent (%)	Valid Percent (유효 %)	Cumulative Percent (누적 %)
서울	강남	80	13.6	13.6	13.8
	강북	79	13.5	13.5	27.3
경기 및 인천	부천	110	18.7	18.7	46.0
	성남(분당)	52	8.9	8.9	54.9
	수원	122	20.8	20.8	75.6
	안양	22	3.7	3.7	79.4
	인천	22	3.7	3.7	83.1
	과천	99	16.9	16.9	100.0
합계	합계	586	100.0	100.0	

---

3 〈성/연령/종교별 인구-시군구〉, 2005 통계청 집계, http//kosis.kr 2012. 5. 10 접속을 참조하라.

부), 성남4(100부), 인천(30부), 서울 강북(80부), 서울 강남(100부)이었다. 회수된 질문지에서 불성실하거나 무응답이 많은 질문지를 제외한 분석 대상은 586명이었다.

<표 2> 분석대상의 배경정보

		Frequency	Percent	Valid Percent	Cumulative Percent
성별	남자	172	29.4	29.4	29.4
	여자	414	70.6	70.6	100.0
Total		586	100.0	100.0	
학업성취도	매우 낮음	39	6.7	6.7	6.7
	약간 낮음	75	12.8	12.9	19.6
	보통	287	49.0	49.4	69.0
	약간 높음	142	24.2	24.4	93.5
	매우 높음	38	6.5	6.5	100.0
	Total	581	99.1	100.0	
무응답	System	5	0.9		
Total		586	100.0		
가족 형태	친부모	525	89.6	89.9	89.9
	양부모	16	2.7	2.7	92.6
	한부모	32	5.5	5.5	98.1
	보호자	10	1.7	1.7	100.0
	Total	584	99.7	100.0	
무응답	System	2	0.3		
Total		586	100.0		
부모 종교	기독교	288	49.1	51.0	51.0
	불교	80	13.7	14.2	65.1
	유교	12	2.0	2.1	67.3
	무교	183	31.2	32.4	99.6
	기타	2	0.3	0.4	100.0
	Total	565	96.4	100.0	
무응답	System	21	3.6		
Total		586	100.0		

---

4 성남시의 행정구역 중에서 설문은 주로 분당지역을 중심으로 이루어졌다.

		Frequency	Percent	Valid Percent	Cumulative Percent
본인 종교	기독교	309	52.7	53.2	53.2
	불교	41	7.0	7.1	60.2
	유교	3	0.5	0.5	60.8
	무교	223	38.1	38.4	99.1
	기타	5	0.9	0.9	100.0
	Total	581	99.1	100.0	
무응답	System	5	0.9		
Total		586	100.0		

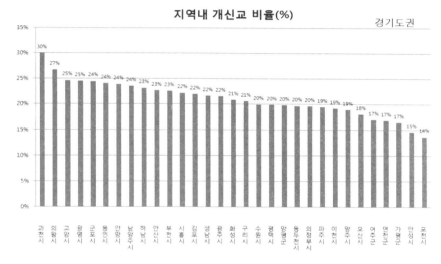

〈그림 1〉 경기도 지역 내 개신교 비율(%)

2) 측정도구

이 연구의 분석은 문헌 연구와 인터뷰에 기초하여 필자가 직접 개발하였다. 연구자는 고등학교 1-3학년 학생들을 중심으로 교과서 분석에 기초한 자료에 근거하여 설문지 문항을 만들어 한국 전통문화와 기독교문화가 청소년에 미친 영향에 대하여 설문을 시행하였다. 문헌 연구 및 인터뷰를 통해서 총 23문항으로 크게 세 부분, I. 디지털 문화에 대한 인식도(1-3문항), II. 미디어 이용에 대한 인식도(4-10문항), III. 학교 교과서에 나타난 한국 전통문화와 종교에 대한 인식도(11-16문항), IV. 인적사항(17-23문항)의 내용으로 설문 내용을 구성하였다.

3) 분석 절차

질문지는 2011년 12월부터 2012년 2월에 걸쳐 수집하였다. 표집 대상 지역 학교의 교사에게 부탁하여 응답해주는 학생들에게 성실하게 응답해줄 것을 요청하였다. 수거한 질문지는 spss18.0을 이용하여 분석하였으며, 빈도분석과 교차분석 및 지역별, 성별, 종교별 차이 분석을 실시하였다.

2. 연구 결과 및 해석

설문조사를 통한 결과를 정리하자면 다음과 같다. 1. 디지털 문화와 미디어에 대한 인식도는 1-10 문항, 2. 학교 교과서에 나타난 한국 전통문화와 종교에 대한 인식도는 11-16 문항, 3. 차이분석에 관한 내용이다.

1) 디지털 문화와 미디어에 대한 인식도

(1) 자신의 세대를 포스트 디지털 세대에 속한다고 생각합니까?

위의 문항에 대해 "예"라고 응답한 경우는 564명(96.2%)로 거의 모든 고등학생이 포스트 디지털 세대라고 인식하고 있는 것으로 나타났다.

(2) 자신의 세대가 한국 전통문화나 덕목에 영향을 받고 있다고 생각합니까?

위의 문항에 영향을 받았다고 응답한 고등학생은 60.4%로 나타났다. 또한 영향을 받은 내용은 가정교육(23.6%)과 교과서 소설, 역사 (18.3%)로 나타났다.

(3) 대한민국의 문화에 기독교 음악(CCM), 예술, 영화, 소설, 유명인사 (연예인 포함) 등이 많은 영향력을 미친다고 생각하는가?

위의 문항에 대해 기독교음악에 "매우 그렇지 않다"고 응답한 학생 은 41.6%로 나타났고, 기독교 문학은 "보통이다"가 40.3%, 기독교 영화에 "매우 그렇지 않다"가 35. 5%로 "보통이다"가 34.5%로, 기독 교 유명인은 "보통이다"가 35.7%, 기독교 연예인은 "매우 그렇지 않 다"가 43.2%로 나타났다.

(4) 하루 평균 미디어 이용 시간은 얼마나 됩니까?

종이 신문 읽지 않음의 응답이 48.8%, T.V. 시청은 2시간-5시간, 인터넷 이용은 2시간-5시간, 인터넷게임을 안 한다는 응답이 46.6%,

휴대전화는 5시간 이상이 28.5%, DMB는 안 함이 64.5%로 나타났다.

(5) 한 달 평균 인터넷게시판(페이스북, 블로그, 카페, 싸이월드, 카카오톡 등 포함)에 얼마나 댓글을 올립니까?

위의 문항에 대해서 1-10분을 한다가 29.7%로, 안 함이 27.3%로 나타났다.

(6) 블로그(혹은 페이스북, 카페, 미니홈피 등)를 가지고 있습니까?

위의 문항에 대해서 있다가 77.6%로 나타났다.

(7) (페이스북, 블로그나 미니홈피) 등을 가지고 있다면 관리에 얼마나 시간을 보냅니까?

위의 문항에 대해서 1-10분이 35.7%로, 안 함이 25.1%로 나타났다.

(8) 본인 스스로 뉴미디어(휴대전화, 게임, 인터넷 등)에 어느 정도 중독되었다고 생각합니까?

위의 문항에 대하여 휴대전화 중독에 전혀 아니다가 19.8%, 강하게 중독되었다가 15.2%, 게임중독은 전혀 아니다가 51.7%, 인터넷 중독에 전혀 아니다 14.7%, 강하게 중독되었다는 6.5%로 나타났다.

(9) 다음은 사이버 공간의 기능을 설명한 것들입니다. 본인 생각에 사이버 공간의 기능에 해당되는 것에 표시하시오.

① 온라인을 통해 많은 정보를 얻을 수 있다.

그렇다가 57.7%, 매우 그렇다가 36.5%로 나타났다.

② 온라인은 각종 악성 댓글이 난무하는 공간이다.

그렇다가 65.0%, 매우 그렇다가 21.2%로 나타났다.

③ 인터넷 다운로드를 통해 영화를 자주 본다.

그렇다가 42.8%, 반면 그렇지 않다가 29%로 나타났다.

④ 온라인을 통해 자유롭게 의사표현을 할 수 있다.

그렇다가 64.3%로 나타났다.

⑤ 온라인은 저작권 침해의 온상이 된다.

그렇다가 64.2%로 나타났다.

⑥ 온라인에서 유포되는 많은 정보는 부정확하다.

그렇다가 55.1%로 나타났고, 반면에 그렇지 않다가 35.8%로
나타났다.

⑦ 온라인은 학교 공부에 많은 도움이 된다.

그렇다가 51.2%로 나타났다.

⑧ 사이버세계는 중독성이 강한 공간이다.

그렇다가 62.1%로 나타났다.

⑨ 사이버 공간에서 많은 친구를 사귈 수 있다

그렇지 않다가 42.8%로 나타났고, 반면 그렇다가 41.8%로 나
타났다.

⑩ 온라인 활동 때문에 학업에 방해가 될 때가 많다.

그렇다가 46.9%로 나타났다.

⑪ 온라인은 민주주의 발전에 도움이 되는 공간이다

그렇다가 55.6%로 나타났다.

⑫ 온라인 활동을 제약하는 제도(인터넷실명제, 저작권 등)는 더욱 강화되어야 한다.

그렇다가 47.4%로 나타났다.

⑬ 온라인 활동으로 인해 사생활 침해가 발생하기 쉽다.

그렇다가 61.6%로 나타났다.

⑭ 온라인을 통해 얻은 지식은 학교교과서에서 배운 것보다 더 기억된다.

그렇지 않다가 41.3%로 나타났고, 반면 그렇다가 41.1%로 나타났다.

(10) 다음에 제시된 정보를 주로 어디서 얻는가요?

① 학원정보

친구에게 얻는다가 66.6%로 나타났다.

② 게임정보

친구에게 얻는다가 63.8%로 나타났다.

③ 영화정보

친구에게 얻는다가 48.8%로 나타나고, 반면 인터넷에서 얻는다가 42.8%로 나타났다.

④ 이성교제

친구에게 얻는다가 80.2%로 나타났다.

⑤ 여론참여

인터넷에서 얻는다가 75.9%로 나타났다.

2) 학교교과서에 나타난 한국 전통문화와 종교에 대한 인식도

(11) 교과서 국어, 사회, 윤리 과목에서 한국 전통문화나 좋은 전통적인 윤리에 관해 배웠다고 생각합니까?

위의 문항에 대해서 배운 것이 기억나는 1순위로 효도(20.4%), 가족(18.3%), 예의범절(11.2%), 한글의 우월성(9.7%), 어진사람(5.7%) 순으로 응답하였다.

(12) 수업 시간에 또는 교과서에서 종교에 관하여 배웠는가요?

위의 문항에 대해서 배운 것이 기억나는 1순위로 불교, 유교, 기독교, 천주교 순으로 응답하였다.

(13) 수업 시간에 또는 교과서에서 미디어와 관련된 영화, 음악, 애니메이션 등을 관람하거나 다룬 적이 있습니까?

위의 문항에 대해서 배운 것이 기억나는 1순위 영화로 로미오와 줄리엣(2.9), 트루먼 쇼(2.6), 소셜 네트워크(0.9), 하이스쿨 뮤지컬(0.9%), 죽은 시인의 사회(0.7%) 순으로 응답하였다.

1순위 음악으로는 최신가요(1.4%), 팝(0.7%), 클래식(0.5%), 뮤직비디오(0.3%), 뮤지컬(0.2%) 순으로 응답하였다.

1순위 애니메이션은 썸머워즈(1.2%), 시간을 달리는 소녀(0.9%), 이웃집 토토로(0.3), 이집트 왕자(0.3%) 순으로 응답하였다.

(14) **한국 전통문화를 잘 표현한 문화라고 생각하는 것에 표시해주세요.**

응답자들은 한국영화 1순위로 왕의 남자(6.5%), 서편제(2.9%), 워낭소리(1.0%), 태극기 휘날리며(0.1%), 웰컴투동막골(0.9%) 순으로 응답하였다. 또 한국소설 1순위로 토지(2.6%), 뿌리 깊은 나무(0.9%), 전래동화(0.9%), 덕혜공주, 심청전, 춘향전, 홍부전(0.5%)이 같은 순위로 응답하였다.

응답자들은 한국음악 1순위로 아리랑(12.1%), 판소리(2.2%), 사물놀이 판소리(0.7%)와 청산별곡(0.7%), 동방신기 맥시멈(0.5%) 순으로 응답하였다. 또 한국미술로 김홍도(2.2%), 씨름(1.4%), 미인도(1.0%) 순으로 응답하였다.

(15) **아래 내용에서 첨단기술 시대에 한국적인 전통이나 문화로 여겨지는 것을 모두 표시하시오.**

응답자들은 1순위로 김치(17.5%), 정(情)(12.05), 효도(10.2%), 춘향전(10.1%), 제사(9.8%), 심청전(9.7%) 등으로 응답하였다.

(16) **미래에 영향력이 가장 큰 과목은 무엇이라고 생각하며, 생각하는 것을 모두 표시해주세요.**

응답자들은 1순위로 외국어(18.1%), 컴퓨터(17.5%), 영화와 미디어(13.1%), 예능(11.1%), 과학(8.1%) 등으로 응답하였다.

3) 종교별 차이 분석

(1) 기독교문화에 대한 기독교와 비기독교 청소년의 인식의 차이

대한민국의 기독교문화 대한 기독교인과 비기독교인의 인식의 차이를 비교하기 위하여 t 검증을 하였다. 검증 결과, 〈표 3〉에서와 같이 기독교 음악, 문학, 영화, 유명인, 연예인에서 p<.001 수준에서 통계적으로 유의미하였다. 즉 평균값을 보면 기독교인 청소년들(2.20)이 비기독교인 청소년들(1.70)에 비해 기독교문화에 대해 더 많이 인식하고 있는 것으로 나타났다.

〈표 3〉 종교별 기독교문화의 차이 (3번 문항)

	종교별	N	평균	표준편차	t
3-1	기독교	306	2.20	.92	6.62***
기독교 음악	비기독교	269	1.70	.89	
3-2	기독교	306	2.24	.91	4.32***
기독교 문학	비기독교	270	1.90	.93	
3-3	기독교	304	2.27	.94	5.10***
기독교 영화	비기독교	263	1.87	.92	
3-4	기독교	304	2.35	.87	5.01***
기독교 유명인	비기독교	268	1.98	.92	
3-5	기독교	307	2.10	1.00	4.39***
기독교 연예인	비기독교	266	1.74	.91	

*** p<.001

(2) 미디어 이용에 대한 기독교와 비기독교 청소년의 인식의 차이

청소년들의 미디어 사용 시간에 대한 기독교인과 비기독교인의
차이를 비교하기 위하여 t 검증을 하였다. 검증 결과, 〈표 4〉와 같이
TV 시청, 인터넷 이용, 휴대전화에서 p<.01 수준에서 유의미한 차이
가 있었다. 이는 비기독교 청소년이 기독교 청소년에 비해 미디어 이
용을 더 많이 하는 것으로 보인다. 그러나 인터넷게임, DMB, 댓글
수, 블로그, 관리시간, 휴대전화, 게임중독, 인터넷 중독에 대해서는
종교의 유무에 대해 차이가 나지 않는 것으로 나타났다.

〈표 4〉 종교별 미디어 이용의 차이(4-10번 문항)

	종교별	N	평균	표준편차	t
4-1	기독교	307	8.73	19.52	-.56
종이신문읽기	비기독교	272	9.65	19.84	
4-2	기독교	309	108.46	97.15	-2.90**
TV시청	비기독교	272	135.39	126.35	
4-3	기독교	309	100.32	92.35	-3.06**
인터넷이용	비기독교	272	127.94	124.73	
4-4	기독교	308	34.22	70.95	-1.86
인터넷게임	비기독교	272	47.83	103.65	
4-5	기독교	304	287.15.	367.28	-3.14**
휴대전화	비기독교	271	397.88	474.95	
4-6	기독교	308	5.81	23.28	-.83
DMB	비기독교	272	7.53	26.90	
5. 댓글 수	기독교	296	7239.68	8410.08	
	비기독교	263	1392.25	8766.55	1.12
6. 블로그	기독교	309	1.23	.42	.58
	비기독교	272	1.21	.42	
7. 관리시간	기독교	309	24.19	46.61	-1.51
	비기독교	272	33.73	99.24	
8-1	기독교	309	2.53	.98	-.26

	종교별	N	평균	표준편차	t
휴대전화	비기독교	272	2.56	.98	
8-2	기독교	309	1.72	.86	-.78
게임중독	비기독교	271	1.78	.90	
8-3	기독교	309	2.31	.93	.45
인터넷중독	비기독교	271	2.28	.90	

(3) 학교 교과서에 나타난 한국 전통문화와 종교에 대한 인식도

〈표 5〉는 청소년의 기독교 유무에 따라 학교 교과서에 나타난 한국 전통문화와 종교에 대한 인식의 차이를 교차분석으로 확인한 결과, $x2 = 157.34$, p<.01 로 비율의 차이를 보였다. 효도, 인내, 어진사람, 형제우애의 항목에 대하여 기독교 청소년들이 비기독교 청소년들보다 더 잘 인식하고 있다고 할 수 있다.

〈표 5〉 종교별 학교교과서에 나타난 한국 전통문화와 종교에 대한 인식의 차이(11번 문항)

		종교		합계
		기독교	비기독교	
1) 계	총계	12	9	21
	%	57.1%	42.9%	
2) 품앗이	총계	15	11	26
	%	57.7%	42.3%	
3) 제사	총계	18	10	28
	%	64.3%	35.7%	
4) 사물놀이	총계	20	14	34
	%	58.8%	41.2%	

5) 한복의 아름다움	총계	13	9	22
	%	59.1%	40.9%	
6) 한글의 우월성	총계	36	29	65
	%	55.4%	44.6%	
7) 예의범절	총계	44	30	74
	%	59.5%	40.5%	
8) 정(情)	총계	20	17	37
	%	54.1%	45.9%	
9) 효도	총계	81	53	134
	%	60.4%	39.6%	
10) 인내(忍)	총계	17	10	27
	%	63.0%	37.0%	
11) 어진사람(仁)	총계	27	10	37
	%	73.0%	27.0%	
12) 충성	총계	7	5	12
	%	58.3%	41.7%	
13) 형제우애	총계	17	6	23
	%	73.9%	26.1%	
14) 가족	총계	62	58	120
	%	51.7%	48.3%	
	총계	192	162	354

카이제곱= 157.34, p<.01

〈표 6〉은 수업 시간에 또는 교과서에서 종교에 관하여 배웠는지에 대한 교차분석표이다. 분석결과, $x2$ = 55.13, p<.01로 비율의 차이를 보였다. 불교, 유교, 천주교, 기독교인 학생들중 기독교 청소년들이 비기독교 청소년들보다 종교에 대해 더 잘 배웠다고 인식하고 있었다.

〈표 6〉 수업 시간에 또는 교과서에서 종교에 관하여 배웠는가요?(12번 문항)

		종교		합계
		기독교	비기독교	
불교	총계	178	116	294
	%	60.5%	39.5%	
유교	총계	166	113	279
	%	59.5%	40.5%	
기독교	총계	170	81	251
	%	67.7%	32.3%	
천주교	총계	113	61	174
	%	64.9%	35.1%	
합계	총계	200	125	325

카이제곱= 75.13, p<.01

〈표 7〉은 내용에서 첨단기술 시대에 한국적인 전통이나 문화로 여겨지는 것에 대한 교차분석표이다. 분석 결과, $x2$ = 37.53, p<.05로 유의한 비율의 차이를 보였다. 기독교 청소년들은 한국적인 전통이나 문화로 교회, 한류스타, 흥부전, 춘향전 순서로 인식하는 반면, 비기독교 청소년들은 김치, 정, 효도, 춘향전 순서로 인식한다. 흥미로운 것은 기독교 청소년들은 한국적인 것을 교회와 한류스타로 인지하는 것이며, 기독교와 비기독교인 청소년들 모두 〈춘향전〉을 공통적으로 한국적인 것으로 인지한다. 또한 기독교 청소년들이 비기독교 청소년들보다 한국적인 전통이나 문화에 대해 더 많이 배운 것으로 인식하고 있었다. '학교 교과서에 나타난 한국 전통문화와 종교에 대한 인식도'에 대한 문항분석 15번을 보면, 모든 응답자들은 1순위로 김치(17.5%), 정(12.05), 효도(10.2%), 춘향전(10.1%), 제사(9.8%), 심청전(9.7%) 등으로 응답하였다.

<표 7> 첨단기술 시대에 한국적인 전통이나 문화에 대한 인지도(15번 문항)

		종교		합계
		기독교	비기독교	
춘향전	총계	150	123	273
	%	54.9%	45.1%	
심청전	총계	138	126	264
	%	52.3%	47.7%	
흥부전	총계	135	110	245
	%	55.1%	44.9%	
거북선	총계	129	109	238
	%	54.2%	45.8%	
김치	총계	255	220	475
	%	53.7%	46.3%	
정	총계	164	161	325
	%	50.5%	49.5%	
효도	총계	148	130	278
	%	53.2%	46.8%	
한류스타	총계	128	104	232
	%	55.2%	44.8%	
제사	총계	125	145	270
	%	46.3%	53.7%	
불교사찰	총계	59	64	123
	%	48.0%	52.0%	
교회	총계	85	50	135
	%	65.4%	34.5%	

카이제곱= 56.81, p<.05

〈표 8〉은 미래에 영향력이 가장 큰 과목은 무엇이라고 생각하는지에 대한 교차분석 결과이다. 분석 결과 $x2$ = 56.81, p<.05로 유의한 비율의 차이를 보였다. 기독교 청소년들은 체육, 생물, 예능과 생물 순서로 미래에 영향력이 가장 큰 과목이라고 인지하였고 반면, 비기독교 청소년들은 외국어, 컴퓨터, 영화와 미디어, 예능 순서로 인지하

였다.

흥미로운 것은 비기독교 청소년들에게 기독교문화 콘텐츠를 통한 복음 전파와 기독교교육을 위하여 영화와 미디어를 활용한 기독교문화 콘텐츠 개발의 가능성을 볼 수 있다.

전장의 문항분석 16번의 비기독교인 기독교인 모든 응답자들은 1순위로 외국어(18.1%), 컴퓨터(17.5%), 영화와 미디어(13.1%), 예능(11.1%), 과학(8.1%) 등으로 응답하였다.

〈표 8〉 미래에 영향력이 가장 큰 과목에 대한 인지도(16번 문항)

		종교		합계
		기독교	비기독교	
예능	총계	133	100	233
	%	57.1%	42.9%	
수학	총계	72	82	154
	%	46.8%	53.2%	
컴퓨터	총계	200	167	367
	%	54.5%	45.5%	
과학	총계	80	89	169
	%	47.3%	52.7%	
체육	총계	25	15	40
	%	62.5%	37.5%	
화학	총계	61	55	116
	%	52.6%	47.4%	
생물	총계	60	42	102
	%	58.8%	41.2%	
외국어	총계	208	172	380
	%	54.7%	45.3%	
국어	총계	64	48	112
	%	57.1%	42.9%	
사회	총계	77	72	149
	%	51.7%	48.3%	

영화와 미디어	총계	136	137	273
	%	49.8%	50.2%	
합계	총계	308	270	578

카이제곱= 56.81, p<.05

(4) 청소년의 개인정보의 차이 분석

이 연구의 분석대상인 청소년들은 기독교와 비기독교 청소년들의 개인정보에 집단별 차이가 있는 변인은 부모 종교, 학업성취도, 가정 경제 수준에서 차이가 있음을 알 수 있었다. 〈표 9〉에서 보는 바와 같이 기독교 청소년들의 학업성취도와 경제 수준이 더 높은 것으로 나타났다.

〈표 9〉 종교별 청소년의 개인정보의 차이 분석

	종교별	N	평균	표준편차	t
학년	기독교	309	2.15	.83	.60
	비기독교	271	2.11	.84	
성별	기독교	309	1.69	.46	-.82
	비기독교	272	1.72	.45	
학업성취도	기독교	306	3.22	.97	2.71**
	비기독교	271	3.01	.89	
경제수준	기독교	309	1.44	.50	2.50*
	비기독교	272	1.34	.48	
서울	기독교	309	1.53	.50	.04
	비기독교	272	1.53	.50	

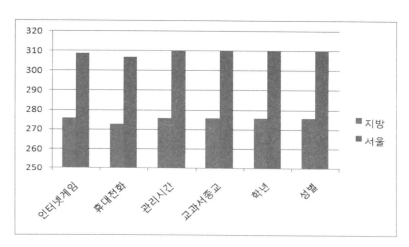

〈그림 2〉 종교별 청소년의 개인정보의 차이 분석

〈표 10〉 종교별 청소년의 개인정보의 차이 분석

	지방(경기)	서울
인터넷게임	276	309
휴대전화	273	307
관리시간	276	310
교과서종교	276	310
학년	276	310
성별	276	310

　　〈표 10〉과 〈그림 2〉에서 보듯이 서울 지역의 기독교 청소년들이 인터넷게임과 휴대전화 사용을 더 많이 하는 것으로 나타났다. 또한 미디어 및 휴대전화에 대한 관리시간과 교과서의 종교에 관한 인식도가 더 높은 것으로 나타났다.

3. 연구 분석을 통한 "기독교교육 문화 콘텐츠"의 개발 가능성

1) 고교 교과서에 나타난 한국 전통문화와 종교에 대한 상관관계

이 연구는 설문조사를 통한 결과를 분석하여 포스트디지털 세대의 특성 및 한국 전통문화와 종교의 상관관계를 살펴보았다.

(1) 포스트디지털 세대의 특성 및 한국 전통문화와 기독교문화 상관관계

① 기독교인과 비기독교인 학생 모두는 자신들이 포스트디지털 세대에 속한다고 인식(564명; 96.2%)하므로 2012년 설문에 참여한 10대 전반의 학생들은 자신들의 세대에 대한 특성을 잘 이해한다고 볼 수 있다.

② 기독교문화(기독교 음악, 예술, 영화, 소설, 유명인사 등)가 많은 영향력을 미친다고 생각하는가에 대한 설문 결과는 기독교 음악에 "매우 그렇지 않다"라고 응답한 학생이 41.6%인 반면, 기독교 문학은 "보통이다"가 40.3%, 기독교 영화가 "보통이다"가 35.5%, 기독교 유명인은 "보통이다"가 43.2%로 나타났다. 결과적으로 기독교문화에 대한 영향력은 기독교 유명인, 기독교 문학, 기독교 영화 순으로 학생들에게 영향을 미치는 것을 알 수 있다.

③ 포스트디지털 세대들은 종이신문을 읽지 않는 응답자가 48.8%로 나타난 것으로 보면 이들은 문자(아날로그) 세대와 구분됨을

알 수 있다. 그러나 T.V. 시청과 인터넷 이용 시간의 최대시간은 2-5시간으로 나타난 것으로 보아서 응답자들은 TV와 인터넷을 모두 사용하는 것을 알 수 있다. 반면 인터넷 게임을 안하는 응답자들이 46.6%, DMB를 안 함이 64.5%로 나타났다. 그러나 휴대전화는 5시간 이상이 28.5% 나타났다.

한 달 평균 인터넷게시판(블로그, 카페, 싸이월드, 카카오톡 등 포함)에 얼마나 댓글을 다는가에 대해서는 1-10분 정도로 29.7%로 나타났고 이상의 블로그 등을 갖고 있는가에 대해서는 77.6%로로 나타났다. 그것의 관리시간은 1-10분 정도로 35.7%로 나타났다.

응답자 스스로 뉴미디어(휴대전화, 게임, 인터넷 등)에 어느 정도 중독되었다고 생각하는가에 대해서는 휴대전화에 중독이 전혀 아니다가 19.8%이지만 강하게 중독되었다가 15.2%로 나타나서 응답자들이 휴대전화에 많이 의존될 가능성을 보여준다. 게임중독은 전혀 아니다가 51.7%로 나타난 것으로 보아 포스트디지털 세대는 기성세대가 생각하는 것보다 게임중독의 위험성을 의식하고 있는 것으로 보인다.

결과적으로 포스트디지털 세대는 뉴미디어에 의존되기도 하고 노출되어 위험성의 경계에 있는 상태라고 볼 수 있다. 뉴미디어에 중독의 수위는 아니지만 가능성을 지니고 있음을 볼 수 있다.

④ 사이버 공간의 기능에 관한 응답을 보게 되면, 사이버 공간에

대하여 응답자의 긍정적인 태도로는 온라인을 통하여 많은 정보를 얻을 수 있다(57.7%), 인터넷 다운로드를 통해 영화를 자주 본다(42.8%), 온라인을 통해 자유롭게 의사를 표현할 수 있다(64.2%), 온라인은 학교 공부에 많은 도움이 된다(51.2%), 사이버 공간에서 많은 친구를 사귈 수 있다(41.8%), 온라인은 민주주의 발전에 도움이 되는 공간이다(55.6%)라고 응답했다.

사이버 공간의 기능에 대한 경계성 태도는 온라인은 각종 악성 댓글이 난무한다(65.0%), 온라인은 저작권 침해의 온상이 된다(64.2%), 사이버 세계는 중독성이 강한 공간(62.1%), 온라인 활동을 제약하는 제도는 강화되어야 한다(47.4%), 온라인 활동으로 인해 사생활 침해가 발생하기 쉽다(61.6%)로 나타났다.

사이버 공간과 친구관계나 학업에 대한 태도는 사이버 공간에서 많은 친구를 사귈 수 없다(42.8%), 반면 사이버 공간에서 많은 친구를 사귈 수 있다(41.8%), 온라인 활동 때문에 학업에 방해가 된다(46.9%), 온라인을 통해 얻은 지식은 학교교과서에서 배운 것보다 더 기억된다(41.1%), 그렇지 않다가(41.3%)로 비슷하게 나타났다. 또한 이상의 제시된 정보─학원, 게임 영화 이성교제 등─는 '친구'에게서 얻는다가 가장 높은 응답을 보였고, 여론 참여의 정보만이 "인터넷으로부터 얻다"가 75.9%로 크게 나타났다.

포스트디지털 세대는 사이버 공간을 긍정적으로 인정하면서도, 경계성의 태도를 동시에 취하고 있으며, 학교교과서에서 얻은 지식이 사이버를 통해 얻은 지식보다 더 기억된다고 많은 응답자가 응답했으나 사이버를 통해 얻는 지식이 더 기억된다는 응답자도 거의 비슷한 통계로 나타난다.

또한 그들이 관심을 갖는 정보는 주로 '친구'에게서 얻는다는 응답을 보였다. 포스트디지털 세대가 사이버 공간에 대하여 긍정적인 측면과 부정적인 측면 모두를 수용하고 비판할 수 있다고 볼 수 있으며, 여론 참여의 정보를 얻기 위해 인터넷을 적극적으로 활용하는 것을 볼 수 있다. 특히 포스트디지털 세대가 대부분의 정보를 '친구'에서 얻는 것으로 볼 때, '친구'의 중요성을 볼 수 있다.

결론적으로 포스트디지털 세대 응답자의 대부분은 사이버 공간의 기능에 대하여 긍정적인 측면과 부정적인 측면을 모두 알고 있으며, 그것의 위험성도 인지하고 있다고 사료된다. 기성세대가 우려하는 것처럼, 사이버 공간의 기능을 무비판적으로 수용하거나 사이버 공간의 노출에 위험하지는 않는 것으로 보인다.

아네트(J. Arnett)[5]는 현재 20대를 성인 모색기(Emerging Adulthood)[6]

---

[5] J. Arnett, "Emerging Adulthood: A Theory of Development from the Late Teens Through the Twenties," *American Psychologist* 55(2000), 269-280.

[6] Emerging Adulthood라는 용어는 아네트(J. Arnett)가 북미의 상황을 고려하여 20-25세를 새로이 규정한 용어인데, 우리나라에서 발현 성인기, 성인 모색기, 신생 세대 등으로 번역이 통일되지 않았다. 필자는 이 글에서 성인 모색기로 사용한다.

라고 새롭게 규정하는데, 이들을 청소년기와 성인기 사이의 시기인 '후기 청소년기', '청년기', '초기 성인기'로 명명하지 않고 '성인 모색기'로 구분하는 것은 '성인 모색기'가 살고 있는 시대적·문화적 맥락 때문이다. 따라서 청소년을 포함한 성인 모색기에 대한 폄하와 몰이해는 기성세대와 성인 모색기와의 단절을 부추길 수 있다. 그러나 이 글에서 아네트의 '성인 모색기' 개념을 우리나라의 상황을 고려하여 만 20세부터 30세까지로 명명하고자 한다. 왜냐하면 우리나라의 성인 모색기는 교육기간 연장, 결혼 및 출산 연령의 고령화, 취업 시기 연장, 극도의 개인주의와 소비문화의 주역이라는 사회현상을 감안하여 규정한다. 우리나라에서 2000년대 이후 새로운 신조어인 88만 원 세대, 2030세대, 3포 세대(연애, 결혼, 출산 포기), 하우스 푸어(house poor)가 등장하면서 개인들의 '소수 혹은 작은 이야기들'과 더불어 물질적 풍요/빈곤의 양극화됨을 드러내준다. '일상'이란 개념은 일상적 보수주의와 연동하여 구조적 목표는 현재의 '풍요사회'를 유지하는 것이다. '일상적 보수주의'7는 '냉전 수구세력'의 보수주의와는 다르다. '일상'

---

7 일상적 보수주의는 강남이 보수주의다. 강남은 우려와 불만의 대상이지만 선망과 동경과 질투가 공존하는 대상이다. 1970년대 초부터 시작된 강남 개발은 땅 투기를 보편적으로 재테크 수단으로 정착시켰고 강남을 특권 지역으로 만든 편향적 투자는 강남을 불균형적 발전의 상징 같은 지역으로 만들었다. 권력과 문화의 관계는 불가분의 관계이므로 영상 미디어 문화시대에 비판적 관점이 필요하다. 홍성태, 『현대 한국사회의 문화적 형성』(서울: 현실문화연구, 2006), 30-35 참조하라. 특히 이 글에서 문화 인지심리학은 포스트모더니즘, 탈구조주의, 심리학 등과의 연관성을 중점적으로 고찰된다. 한국인의 일생을 규정하는 두 축인 교육과 주택이 강남을 중심으로 변화한다. 세계적인 음반시장의 빌보드 차트 2위를 차지한 가수 싸이(Psy)의 '강남 스타일'이 특정지역 '강남'을 희화했다는 것은 일상의 보수주의를 비판한 일종의 '기호'인 것이다.

혹은 '일상생활'은 1990년대 이후 중요한 관심사로 떠오른 문화적 변화이다. 개인은 사회 구조의 영향 속에서 어떻게 일상생활을 살아가며, 그 과정에서 사회가 어떻게 재생산되는지에 대하여 관심을 갖게 되었다. 일상생활의 관심은 물질적 풍요와 더불어 개인의 삶과 '이야기'에 대한 관심에서 시작된다. 연구자의 설문 대상은 2011년을 기점으로 해서 고교 1학년부터 3학년의 대상이었지만, 이들은 현재 20대에 진입한 성인 모색기이다. 다시 말해서 설문 대상이었던 청소년 시절부터 현재 성인 모색기에 이르기까지 젊은이들은 일상과 관련된'이야기', 즉 '스토리텔링'에 관심을 갖고 있다.

이 연구는 청소년들에게 미치는 공교육의 고교 교과서의 전통문화 콘텐츠와 기독교문화 콘텐츠의 관계성을 살펴봄으로써 성인 모색기와 연계된 청소년에 대한 이해의 틀을 제공할 수 있다.

(2) 한국 전통문화와 종교의 상관관계

교과서에 나타난 한국 전통문화와 윤리에 대한 응답과 수업 시간이나 교과서에 미디어와 관련된 영화, 음악, 애니메이션 등을 관람하거나 다룬 적이 있는가에 대한 응답을 분석하겠다. 먼저 교과서에 국어, 사회, 윤리 과목 등에서 한국 전통문화나 전통적인 윤리에 관해 배웠다고 응답한 응답자들이 기억나는 내용을 순위별로 살펴보면, 1순위는 효도, 가족, 예의범절, 한글의 우월성, 어진사람 등의 순서이다. 포스트디지털 세대가 교과서를 통해 배운 기억나는 것의 1순위는 '효도'라는 것을 알 수 있다.

(1) 수업 시간에 교과서에 종교에 관하여 배운 것을 기억할 때 1순위는 불교, 유교, 기독교, 천주교 순서이다. 수업 시간 혹은 교과서에서 미디어와 관련된 영화, 음악, 애니메이션 등을 관람하거나 다룬 것을 기억할 경우 1순위는 로미오와 줄리엣, 트루먼쇼, 하이스쿨 뮤지컬, 소셜네트워크, 죽음의 시인 등의 순서이다. 음악은 최신가요, 팝송, 클래식, 뮤직비디오, 뮤지컬 순서이다. 흥미로운 것은 수업과 관련해서 응답자의 대부분이 최신가요를 가장 많이 기억하는 것이 수업과 최신가요가 어떤 관련성이 있는지 의문이 든다.

수업 시간 또는 교과서에서 다룬 애니메이션을 기억할 경우 1순위는 섬머워즈, 시간을 달리는 소녀, 그다음 이웃집 토토로와 이집트 왕자가 같은 순위이다.

결론적으로 수업 시간에 교과서에 종교에 관하여 배운 것을 기억할 때 1순위가 불교와 유교 순서로 나타나는 것을 볼 때, 우리나라 교과서와 수업 시간에 종교와 문화는 불교와 유교를 중심으로 다루는 것으로 간주된다.

수업 시간 또는 교과서에서 미디어와 관련된 영화, 음악, 애니메이션을 다루는 것을 학습자들이 기억할 경우 교사들이 강조하는 고전 영화 〈로미오와 줄리엣〉과 학습자들이 설문에 응답할 당시에 방송되거나 방영되었던 음악이나 영화 등을 주로 기억하는 것으로 나타난다.

(2) 미래에 영향력이 가장 큰 과목이 무엇이라고 생각하는가에 대해 응답 1순위는 외국어, 컴퓨터, 영화와 미디어, 예능, 과학의 순으

로 나타났다. 이러한 응답 결과는 포스트디지털 세대의 생각을 암묵적이면서 명시적으로 잘 보여주고 있다. 응답자들이 스스로 포스트디지털 세대라고 생각하듯이 미래 시대의 컴퓨터에 대하여 높은 관심을 보이고 영화와 미디어, 예능에도 많은 관심을 두고 있다.

(3) 15번 설문 문항 응답자들은 한국적인 전통이나 문화로 여기는 1순위로 '김치'를 지목했다. 김치의 역사를 살펴보면 새빨갛고 매운 김치는 17세기에 비로소 등장하기 시작하여 역사가 300년도 되지 않았고 오늘날 김치를 담그는 데 사용되는 배추의 품종이 국내에 들어온 지는 100년에 불과하다. 결국 오늘날 한국인들은 김치를 가장 대표적인 '한국인의 민족음식'으로 여기지만 사실 우리가 알고 있는 김치는 역사가 짧은 발명품이다.[8]

그런데 기독교는 약 200년의 한국의 역사 속에서 중요한 역사적, 민족적, 문화적 의의를 지니고 있다. 따라서 공교육은 기독교를 한국의 종교로써 바른 이해와 한국 전통문화와 연계하여 발전시켜야 할 것이다.

한편, 공교육 교과서는 한국문화와 종교를 상관시켜서 가르치고 있으며 학생들은 그러한 상관성을 학습하게 되어 한국적인 종교와 문화는 불교와 유교를 가장 많이 기억한다. 기독교는 한국종교로 인식하지 않고 있다. 또한 전통문화로 간주하는 것은 김치, 효 등의 순서로 나타나지만 전통문화 윤리적 덕목을 '효'라고 가장 많이 인식한다.

---

8 한경구, "왜 문화인가," 『처음 만나는 문화인류학』 (서울: 일조각, 2011), 19-31.

또한 교과서에서 배운 '엔터테인먼트 스토리텔링'과 관련해서 응답자들이 미디어를 통한 영화, 애니메이션, 음악 등을 기억하는 것을 볼 때, 공교육 교과서에 수록된 기독교적 문화 콘텐츠가 기독교교육을 위한 중요한 근거가 됨을 알 수 있다.

2) 기독교 청소년이 인식하는 기독교문화 형성의 요인

〈표 3〉에서와 같이 기독교인 청소년들이 비기독교인 청소년들에 비해 기독교문화를 더 많이 인식하고 있는 것으로 나타났다.

〈표 4〉에서 보면 비기독교 청소년이 기독교 청소년에 비해 미디어 이용을 더 많이 하는 것으로 보인다. 그러나 인터넷게임, DMB, 댓글수, 블로그, 관리시간, 휴대전화, 게임중독, 인터넷 중독에 대해서는 종교의 유무에 대해 차이가 나지 않는 것으로 나타났다.

〈표 5〉는 청소년의 기독교 유무에 따라 학교 교과서에 나타난 한국 전통문화와 종교에 대한 인식의 차이를 교차분석으로 확인한 결과 효도, 인내, 어진 사람, 형제 우애의 항목에 대하여 기독교 청소년들이 비기독교 청소년들보다 더 잘 인식하고 있다고 할 수 있다.

〈표 7〉은 내용에서 첨단기술 시대에 한국적인 전통이나 문화로 여겨지는 것에 대한 교차분석표이다. 기독교 청소년들은 한국적인 전통이나 문화로 교회, 한류스타, 흥부전, 춘향전 순서로 인식하는 반면, 비기독교 청소년들은 김치, 정, 효도, 춘향전 순서로 인식한다. 흥미로운 것은 기독교 청소년들은 한국적인 것을 교회와 한류스타로

인지하는 것이며, 기독교와 비기독교인 청소년들 모두 〈춘향전〉을 공통적으로 한국적인 것으로 인지한다. 또한 기독교 청소년들이 비기독교 청소년들보다 한국적인 전통이나 문화에 대해 더 많이 배운 것으로 인식하고 있었다.

〈표 9〉에서 보는 바와 같이 기독교 청소년들의 학업성취도와 경제수준이 더 높은 것으로 나타났다. 이 연구의 분석 대상인 청소년들은 기독교와 비기독교 청소년들의 개인정보에 집단별 차이가 있는 변인은 부모 종교, 학업성취도, 가정 경제 수준에서 차이가 있음을 알 수 있었다.

〈표 10〉과 〈그림 2〉에서 보듯이 서울 지역의 기독교 청소년들이 인터넷게임과 휴대전화 사용을 더 많이 하는 것으로 나타났다. 또한 미디어 및 휴대전화에 대한 관리 시간과 교과서의 종교에 관한 인식도가 더 높은 것으로 나타났다.

이 연구는 특정 지역과 고등학교를 임의로 선택하여 설문조사를 수행한바, 우리나라 고등학생들(기독교인과 비기독교인) 전체의 개인정보의 집단별 차이의 변인에 따른 본 연구의 결과를 일반화시킬 수 없음을 전제한다. 그러나 이 연구에 따르면, 기독교 청소년들의 학업성취도와 경제 수준이 더 높은 것으로 나타났다.

요약하자면 기독교인 청소년들이 비기독교인 청소년들에 비해 기독교문화에 대해 영향력이 크다고 인식하고, 한국 전통문화로써 효도, 인내, 어진 사람, 형제 우애의 항목에 대하여 더 잘 인식하고 있다. 또한 비기독교 청소년이 기독교 청소년에 비해 미디어 이용을 더 많이

하는 것으로 보인다.

기독교 청소년들은 학교 교과서에 나타난 한국적인 전통이나 문화로서 교회와 한류스타를 지목했다. 또한 기독교 청소년들이 비기독교 청소년들보다 한국적인 전통이나 문화에 대해 더 많이 배운 것으로 인식하고 있었다.

한편, 기독교 청소년들의 학업성취도와 경제 수준이 더 높은 것으로 나타났다. 서울 지역의 기독교 청소년들이 지방의 청소년보다 인터넷게임과 휴대전화 사용을 더 많이 하는 것으로 나타났다. 그러나 서울 지역의 기독교 청소년들이 미디어 및 휴대전화에 대한 관리 시간과 교과서의 종교에 관한 인식도가 더 높은 것으로 나타났다.

3) 한국 전통문화 콘텐츠와 기독교교육 문화 콘텐츠 개발 가능성

필자는 교과서에 나타난 한국 전통문화 콘텐츠와 기독교문화에 대한 청소년의 인지도를 연구한 결과 한국 전통문화 콘텐츠와 기독교문화에 대하여 모든 청소년 응답자들이 한국 전통문화 콘텐츠에 대하여 교과서의 지식을 배움으로써 많은 부분을 인지한다는 사실을 알게 되었다.

디지털문화 시대에 공교육의 종교 교과의 능동적이고 창조적인 교수 · 학습 방법과 학습자의 잠재력을 개발하기 위해서 기독교문화 콘텐츠가 풍부한 학습 자원 및 다양한 교수 방법이 될 수 있다. 또한 2009년의 개정 교육과정에 터하여 종교 교과목 외에도 다른 교과목

(국어, 문학, 사회, 사회·문화, 전통윤리 등)에서 기독교교육 문화 콘텐츠를 적극 활용할 수 있다. 〈그림 3〉을 참고하여 교과서에 나타난 기독교를 살펴보면, 한국의 전통문화 속에서 기독교의 영향력이 거의 기술되어 있지 않다. 특히 정보화 시대 및 현대의 다양한 문화 콘텐츠에 응용된 예로서 고전 문학작품이나 전통놀이 등에 기독교를 배경으로 한 콘텐츠가 없다.

그러나 기독교문화 콘텐츠로서 개발 가능성이 전혀 없는 것은 아니다. 앞서 교과서 분석에서 살펴보았듯이 많은 기독교인 문학가들의 작품이 교과서에 게재되었다. 공교육의 교과서에만 의존하는 것이 소극적으로 보일 수 있겠지만, 청소년들의 가치관을 형성시키는 데 중요한 고교 시절에 기독교문화와 문학을 기독교교육 문화 콘텐츠로 발전시키는 것은 중요한 과제이다.

또한 '디지털 문화와 미디어에 대한 인식도'의 설문 문항 3번[9]에서 "기독교문화(기독교 음악, 예술, 영화, 소설, 유명인사 등)가 많은 영향력을 미친다고 생각하는가?"에 대한 설문 결과는 기독교 음악에 "매우 그렇지 않다"라고 응답한 학생이 41.6%인 반면, 기독교 문학은 "보통이다"가 40.3%, 기독교 영화가 "보통이다"가 35.5%, 기독교 유명인은 "보통이다"가 43.2%로 나타났다.

결과적으로 기독교문화의 요인들, 즉 기독교 유명인, 기독교 문학, 기독교 영화 순으로 학생들에게 영향을 미치는 것을 알 수 있다. 따라서 고교 선택 교육과정의 생활·교양 교과 영역에 〈생활과 종교〉 과목

---

9 이 글의 "2. 연구결과 및 해석"을 참조하라.

과 창의적 체험활동 강화 영역—재량활동(교과 재량활동과 창의적 재량활동) + 특별활동은 5개 영역(자치, 적응, 봉사, 계발, 행사) =창의적 체험활동(자율 활동, 동아리활동, 봉사활동, 진로활동)—을 활성화하여 기독교 문학과 영화 등을 교육과정으로 삼는 것이 필요하다.

<그림 3> 고교 교과서 분석을 통해서 본 전통문화와 기독교문화 콘텐츠의 관련성 분석

중점평가 1

전통의 변화, 미디어, 문화 콘텐츠 상관성
효사상 2. 성(性)인식의 변화 3. 전통/놀이문화 4. 문학작품

효 사상

1. 정보화의 진전은 효문화를 변화시킴
 - 가족 해체를 완화시키고, 가정의 사회적 역할과 권위가 강화될 전망
 - 핵가족화의 전통적인 효문화 변화

(성)인식의 변화

사이버 토론
 - 성인식에 관한 사이버 토론
 - 성상담 사이트 소개
미디어 작품을 통한 성인식의 재고 및 변화

문화 콘텐츠 1

전통 놀이 문화
1. 미디어의 발달로 문화 동화 문화 공존 현상 생김

 - 우리나라의 결혼식에서 서양식 예식 후 폐백을 드리는 문화의 공존
 2. 무속의 놀이굿을 축제로 변화시킨 예
 3. 지역이미지의 문화 콘텐츠화 및 미디어를 통한 홍보
 4. 우리가 개발한 게임, 그라마의 세계화

문화 콘텐츠 2

문학작품
1. 원소스 멀티 유즈

 - 춘향전: 텍스트, 판소리, 하이퍼텍스트, 영화, 애니메이션
 2. 동영상 제작해 보기
 -ucc와 영화 스토리보드 제작 및 동영상 제작
 - 전통 문화 콘텐츠 원형으로서 스토리(미얄춤, 열녀춘양 수절가 등)를 다양하게 콘텐츠할 수 있는 가능성 풍부
 3. 문학작품 혹은 스토리텔링은 미디어와 만나서 매우 다양하게 확장될 가능성이 풍부

중점평가 2	
교과서 속의 기독교 한국의 전통 속에 기독교의 영향이 거의 기술되어 있지 않다. -우리의 전통 문화들이 주로 무속과 불교의 영향이며, 기독교를 바탕으로 한 문화는 거의 기술되어 있지 않다. -정보화 시대 및 현대의 다양한 문화 콘텐츠에 응용된 예로서 고전 문학작품, 전통놀이 등에 기독교를 배경으로 한 콘텐츠가 없다	**기독교문화 콘텐츠 개발 가능성** -기독교적 세계관 -기독교 인물의 삶 -기독교 문학작품 -한국에 영향을 준 기독교 문화 -사회문제에 관한 기독교적 해답으로서 영상 제작
다양한 종교와 기독교 -다양한 인문경관 가운데 '종교경관'을 분류하고 있으며, 그 가운데 한가지로서 기독교를 소개하고 있다. -기독교에 관한 소개는 우리나라에 도입된 시기와 '그리스도'를 통해 구원받는 종교라는 정도만 소개 **사회문제와 기독교** -생태문제: 생태학, 범신론적 입장에서 생태문제를 다룸. -성차별: 기독교 성서의 인간 창조 원리(창세기)를 인용하여 남녀의 성의 동등성을 가르치며, 기독교를 긍정적으로 기술함.	**재고할 문제** '전통' 의 정의와 시대적 구분을 어떻게 할 것인가? -한국에 기독교 역사가 약 200년을 넘어섰는데, 전통 문화에 기독교의 영향이 빠지고 있다.

① 기독교문화 및 문학 등을 통하여 기독교적 세계관을 소개하고 배양한다.

② 기독교 인물의 삶을 연구하고 그들이 태어나거나 활동한 지역을 개발하는 방안을 모색한다.

③ 기독교 문학 작품의 스토리텔링 원형을 기반으로 문화 콘텐츠로 제작하기 위한 재정적 지원과 지역 개발 및 특성화를 위한 정책화가 필요하다. 예를 들어, 통영의 '박경리 기념관'이나 '청

마 유치환 생가 보존하기' 등과 같이 정책적 지원과 특성화를 숙고해야 한다.

④ 한국에 영향을 준 기독교문화를 소개하고 박물관과 기념관, 축제 등을 콘텐츠화시켜야 한다.

⑤ 한국의 가부장적 문화의 부정적인 측면인 성차별, 다문화가족 이해 등의 문제를 기독교적 대안을 영상으로 제작하거나 다큐멘터리 형식의 영상 제작 및 발전에 관심을 기울여야 한다.

최성수[10]는 80년대 이후 정체되어 있다가 21세기에 다시금 기독교 영화가 활기를 되찾기 시작한 데에는 2003년에 처음으로 시작된 '서울 기독교 영화제'가 적지 않은 기여를 했다는 점을 지적한다. 교회와 세상의 소통을 목적으로 시작한 서울 기독교 영화제는 선교를 위해서만 제작하는 관행에서 탈피해서 신앙인의 자기 성찰이 가능한 영화를 소개할 뿐 아니라, 기독교 영화제작을 사전제작 지원이라는 방식을 후원하고 또 관련 영화들을 소개함으로써 기독교 영화에 대한 관심을 높였기 때문이다. 포괄적 의미의 기독교 영화에 대한 정의가 영화제 안에서 처음으로 수렴되었다.

그의 주장에 따르면, 기독교 영화의 역사에서 결코 간과할 수 없는 현상은 21세기에 접어들면서 활발해진 글쓰기 작업 즉, 단행본이나 기독교 잡지 등을 통해서 영화비평, 영화 설교, 영화 교육 등이 발표되면서 영화에 대한 기독교인들이 관심을 갖게 되었다. 디지털 시대에

---

10 최성수, "한국기독교영화 역사." http://blog.daum.net/cinelitrach/8325761 2011. 9. 5 접속하다.

아날로그 시대의 대표적인 산물인 글쓰기의 효력은 '스토리텔링'의 원형의 중요성을 새삼 일깨워준다. 글쓰기는 서사성과 역사성 현대적인 동향을 모두 포괄하는 스토리텔링의 기반이기 때문이다.

특히 김우현 감독의 2003년 〈팔복 1: 가난한 자는 복이 있나니〉가 최춘선 옹의 삶을 그려내면서 기독교에 대한 사회적 반향을 일으켰었다. 또한 2011년 구수환 감독의 〈울지마 톤즈〉가 이태석 신부의 삶을 보여줌으로써 기독교문화를 새롭게 재조명하는 중요한 기독교문화 콘텐츠로서 역할을 했다.

이 연구는 전통(정신)문화로서 '기독교'의 재해석 작업과 전통문화를 살펴봄으로써 기독교교육 문화 콘텐츠의 개발 가능성을 제시하는 데 의의가 있다.

맺는말

연구자는 "한국의 전통문화 콘텐츠 연구를 통한 기독교교육 문화 콘텐츠의 개발 가능성에 관한 연구: 고교교과서의 '엔터테인먼트 스토리텔링'을 중심으로"라는 과제를 위하여 고등학교 교과서 분석과 고등학생 설문조사 및 분석을 2년간 수행하였다.

설문 응답자들 중 기독교 청소년들은 한국적인 전통이나 문화로 교회, 한류스타, 흥부전, 춘향전 순서로 인식하는 반면, 비기독교 청소년들은 김치, 정, 효도, 춘향전 순서로 인식한다. 그러나 모든 응답자는 가장 한국적인 것으로 〈춘향전〉을 지목한다. 또한 교과서나 수업 시간에 배운 것 중 기독교문화에 가장 영향을 받은 것이 '기독교 유명 인사'와 '기독교 문학'이라고 지목한다. 결과적으로 응답자 청소년들은 '춘향전'이나 '기독교 문학' 등 스토리텔링 원형과 '엔터테인먼트 스토리텔링'(예: 영화 〈춘향뎐〉, 〈강아지똥〉 등)에 관심을 갖고 영향을 받고 있음을 추론할 수 있다.

또한 차이 분석에 따르면 학교 교과서에 나타난 한국 전통문화와 좋은 윤리적 사상에 대하여 효도, 인내, 어진 사람, 형제 우애의 항목에서 기독교 청소년들이 비기독교 청소년들보다 더 인지도가 높은 것으로 나타난다. 비기독교와 기독교 청소년들 모두는 미래의 중요한 교과목으로 외국어(18.1%), 컴퓨터(17.5%), 영화와 미디어(13.1%), 예능(11.1%), 과학(8.1%) 등의 순서로 응답하였다〈표 8〉.

결론적으로 학교 교육의 매체인 교과서의 개발 및 활용을 통해서 한국의 전통문화 콘텐츠와 기독교문화 콘텐츠의 조우가 가능함을 알수 있다. 또한 한국의 전통문화 콘텐츠와 기독교문화 콘텐츠는 서로 반목하는 관계가 아니라 양립 가능하며 조력하는 관계임을 추론할수 있다. 한국의 전통적 윤리인 효도, 인내, 어진 사람, 형제 우애의 설문 항목에 대하여 기독교 청소년들이 비기독교 청소년들보다 더 인식하고 있다는 사실이 연구자의 그런 가정을 지지해준다. 물론 이러한 연구 결과는 대한민국 청소년의 인식이라고 일반화시키는 것은 연구의 한계임을 인정한다.

우리의 전통 종교인 불교나 유교에 기반을 둔 한국의 전통문화 콘텐츠를 기독교와 반목적인 시각으로 보는 행태는 '기독교문화 콘텐츠'를 개발하고 한국의 문화로 정착시키는 노력을 저해하는 요소이다. 예를 들자면 불특정 소수의 개신교도가 불교 사찰을 방문하여 소란을 피우고 타 종교를 폄하하는 행동들은 기독교가 한국종교로 자리매김하는 데 오히려 부정적이고 무례함을 드러내었다.11 앞으로 기독교는 유교와 불교가 지닌 전통문화의 긍정적인 부분을 수용하고 재해석할 때 비로소 국민이 인정하는 정신문화로 정착할 수 있을 것이다.

마지막으로 한국 전통문화 콘텐츠가 내재된 스토리텔링의 원형을 개발시킨 드라마, 영상 및 영화 등 '엔터테인먼트 스토리텔링'에 기초한 기독교교육 문화 콘텐츠의 개발 가능성을 기대해 본다.

---

11 〈MBN 매일방송〉 "개신교 목사 '동화사' 경전 찢고 소변난동."
http://mbn.mk.co.kr/pages/news/newsView.php?news_seq_no=1233165 2012. 9. 30 접속하다.

참 고 문 헌

1부 | 창조적 융합을 위한 해석학적 접근

1장 _ 기독교교육과 가다머의 해석학적 대화 모형

고용수.『현대기독교교육사상』. 서울: 장로회신학대학교 출판부, 2003.

김원율.『가다머에서의 이해의 역사성: 하이데거에서 가다머로』. 서울: 조명문화사, 1992.

김혜영. "서사의 본질."『서사교육론』. 서울: 동아시아, 2001.

김희재.『한국 사회변화와 세대별 문화코드』. 부산: 신지서원, 2004.

로이스 맥네이/황정미 편역. "푸코와 포스트모던 – 페미니즘 논쟁."『미셸푸코, 섹슈얼리티, 정치와 페미니즘』. 서울: 새물결, 1995.

리차드. E. 팔머/이한우 옮김,『해석학이란 무엇인가?』. 서울: 문예출판사, 1995.

릭워렌/고성삼 옮김.『목적이 이끄는 삶』. 서울: 디모데, 2003.

_____. 김현회 · 박경범 옮김.『목적이 이끄는 교회』. 서울: 디모데, 2008.

마크 존슨/노양진 옮김.『도덕적 상상력: 체험주의 윤리학의 새로운 도전』. 서울: 서광사, 2008.

옥한흠.『평신도를 깨운다. 제자훈련 I: 제자훈련의 터다지기』. 서울: 국제제자훈련원, 2008.

우한용. "서사의 위상과 서사교육의 지향."『서사교육론』. 서울: 동아시아, 2001.

원신애. "기독교교육의 해석학적 대화 모형: 가다머의 '해석학적 이해'를 중심으로."「새시대 · 새목회」2(2010): 125-155.

이규민. "포스트모던 시대의 기독교교육."『기독교교육 과정론』. 서울: 한국장로교출판사, 2003.

이기범. "세계화, 통일, 지방화를 지향하는 사회변화와 한국 교육의 윤리적 과제."「교육연구」3(1994): 125-126.

이홍우.『교육의 槪念』. 서울: 문음사, 1991.

찰스 스펄전/정시용 옮김.『야베스의 기도』. 서울: 프리스브러리, 2016.

Gadamer, H-G. *Truth and Method.* New York: Crossroad, 1988.

Groome, H. *Sharing Faith: A Comprehensive Approach to Religious Education and Pastoral Ministry.* New York: Harper Collins Publishers, 1991.

Rorty, R. *Philosophy and the Mirror of Nature.* Princeton: Princeton Univ. Press, 1979.

Seymour, J. L. *Contemporary Approaches to Christian Education.* Tennessee: Abingdon Press, 1982.

Warnke, G. *Gadamer: Hermeneutics, Tradition and Reason.* Stanford, CA: Stanford Uni. Press, 1987.

2장 _ 하버마스의 '의사소통적 합리성'을 통한 담론 능력 함양과 기독교교육의 가능성

김재현. 『하버마스의 사상: 주요 주제와 쟁점들』. 서울: 나남, 1996.

R. 로데릭/김문조 옮김. 『하버마스의 사회사상』. 서울: 탐구당, 1992.

백승균. 『하버마스의 담론이론과 진리이념: 하버마스의 비판적 사회이론』. 서울: 문예출판사, 1996.

원신애. "Habermas의 의사소통적 합리성을 통한 담론 능력 함양과 기독교교육의 가능성." 「복음과 교육」 18(2015): 147-170.

윤평중. 『푸코와 하버마스를 넘어서』. 서울: 교보문고, 1996.

위르겐 하버마스/장일조 옮김. 『이성적인 사회를 향하여』. 서울: 종로서적, 1987.

_____. 『의사소통의 사회이론』. 서울: 관악사, 1995.

이진우. "하버마스의 비판적 사회이론." 『하버마스의 비판적 사회이론』. 서울: 문예출판사, 1996.

이홍균. "하버마스의 이론적 전략: 의사소통이론으로의 패러다임 전환에 대하여." 「사회비평」 15(1996): 72-93.

함영주. "포스트모던 학습환경과 기독교교육방법." 「복음과 교육」 14(2013): 50-71.

톰 로크모어/임헌규 옮김. 『하버마스 다시읽기』. 서울: 인간사랑, 1995.

Apps, I. W. *Improving Practice in Continuing Education.* San Francisco: Jossey-Bass, 1985.

Groome, T. *Christian Religious Education: Sharing Our Story an Division*. SanFrancisco: Jossey-BassPublishers, 1980.

Habermas, J. *Knowledge and Human Interests*. Boston: Beacon Press, 1971.

_____. *Moral Consciousness and Communicative Action*. Cambridge, MA: The MIT Press, 1990.

McCarthy, T. "Foundation: A Theory of Communication," In *The Critical Theory of Jürgen Habermas*. 272-357. Cambridge, MA: The MIT Press, 1988.

3장 _ 카푸토의 급진적 해석학과 유동 모형의 관점에서 본 한국 기독교 공동체의 '관계성의 가치'

고용수. 『현대 기독교교육 사상』. 서울: 장로회신학대학교 출판부, 2003.

_____. "공동체 중심의 교육목회: 포스트모더니즘의 도전과 대응 방향." 『포스트모던 시대의 기독교교육』. 서울: 장로회신학대학교 기독교교육연구원, 2006.

김성재. "간추린 기독교교육사." 『교회학교 교사와 기독교교육 전문가를 위한 기독교교육』. 서울: 대한기독교교육협회, 1999.

김재현. "하버마스 사상의 형성과 발전." 장춘익 외. 『하버마스의 사상: 주요 주제와 쟁점들』. 서울: 나남출판, 1996.

김희재. 『한국 사회변화와 세대별 문화코드』. 부산: 신지서원, 2004.

박영신 외. 『한국인의 부모자녀관계: 자기개념과 가족역할 인식의 토착심리 탐구』. 서울: 교육과학사, 2004.

신국원. 『포스트모더니즘』. 서울: 한국기독교학생회, 1999.

원신애. "카푸토의 급진적 해석학과 유동 모형: 한국 기독교 공동체의 관계성의 가치를 중심으로." 「복음과 교육」 4(2008): 121-159.

이기범, "참여민주주의와 공교육의 의미." 강영혜 외, 『현대사회와 교육의 이해: 교육철학의 최근 동향』. 서울: 교육과학사, 1994.

장종철. "기독교교육이란 무엇인가?" 『교회학교 교사와 기독교교육 전문가를 위한 기독교교육』. 서울: 대한기독교교육협회, 1999.

조화태. "포스트모던 철학과 교육의 새로운 비전." 『현대사회와 교육의 이해: 교육

철학의 최근 동향』. 서울: 교육과학사, 1994.
조혜정. 『탈식민지시대 지식인의 글 읽기와 삶 읽기』. 서울: 또 하나의 문화, 1994.

「한국성결신문」 제444호, 2003년 12월 27일.

Astley, J. *The Philosophy of Christian Religious Education*. Birmingham, Al.:
Religious Education Press, 1994.

Caputo, J. D. *Radical Hermeneutics: Repetition, Deconstruction, and the
Hermeneutic Project*. Bloomington: Indiana University Press, 1987.

_____. "Gadamer's Closet Essentialism: A Derridean Critique." In *Dialogue
and Deconstruction: The Gadamer-Derrida Encounter*. ed. R. Palmer.
Albany: State University of New York Press, 1989: 258-264.

_____. "A Philosophical Dialogue: J. L. Marsh, J. D. Caputo, and M. Westphal."
In *Modernity and Its Discountents*. eds. J. L. Marsh, J. D. Caputo, and M.
Westphal. New York: Fordham University Press, 1992: 119-161.

_____. The *Prayers and Tears of Jacques Derrida: Religion without Religion*.
Bloomington: Indiana University Press, 1997.

_____. *More Radical Hermeneutics: On Not Knowing Who We Are*.
Bloomington: Indiana University Press, 2000.

_____. *On Religion*. New York: Routledge, 2001.

Coupland, D. *Generation X: Tales for an Accelerated Culture*. New York: St.
Martain's Press, 1991.

Derrida, J. "Différance." *Speech and Phenomena and Other Essays on Husserl's
Theory of Signs*. trans. David B. Allison, Evanston: Northwestern
University Press, 1973: 129-160.

_____. "Faith and Knowledge: The Two Sources of 'Religion' at the Limits of
Reason Alone." In *Religion*. eds. J. Derrida and G. Vattino. Stanford:
Stanford University Press, 1998: 1-78.

Gadamer, H-G. "The Continuity of History and the Existential Moment."
Philosophy Today 16 (1972): 230-240.

_____. *The Idea of the Good in Platonic-Aristotelian Philosophy*. trans. C.

298 | 창조적 융합과 기독교교육

Smith. New Haven: Yale University Press, 1986.

_____. *Truth and Method* New York: Crossroad, 1998.

Goicoechea, D. "Caputo's Derrida." In *Religion with/out Religion: The Prayers and Tears of John D. Caputo*. J. H. Olthuis. ed. New York: Routledge, 2002: 80-95.

Groome, T. *Christian Religious Education: Sharing Our Story and Vision.* New York: Harper & Row Publishers, 1980.

_____. *Sharing Faith: A Comprehensive Approach to Religious Education and Pastoral Ministry.* New York: Harper Collins Publishers, 1991.

Habermas, J. *The Theory of Communicative Action.* Vol. II. trans. T. MaCarthy. Boston: Beacon Press, 1987.

Lee, G. B. "Identity, Culture, and Conversation in Public Education: A New Focus on the Educational Foundation of a Public." Ph. D. diss., Illinois: university of Illinois, 1993.

Lucy, N. *A Derrida Dictionary.* Malden, MA.: Blackwell Publishing, 2004.

MacIntosh, G. L. *Three Generation: Riding the Waves of Change in Your Church.* Grand Rapids, MI.: Fleming H. Revell, 1995.

McQuillan, M. ed. "Introduction: Five Strategies for Deconsturction." *Deconstruction: A Reader.* New York: Routledge. 2001: 1-43.

Olthuis, J. H. "A Cold and Comfortless Hermeneutic or a Warm and Trembling Hermeneutic: A Conversation with John D. Caputo." *Christian Scholar's Review* XIX: 4 (1990): 345-362.

Palmer, R. *Hermeneutics: Interpretation Theory in Schleirmacher, Dilthey, Heidegger, Gadamer.* Evanston: Northwestern University Press, 1969.

Peters, M. & C. Lankshear. eds. "Postmodernism Counternarratives." In *Counternarratives: Cultural Studies and Critical Pedagogies in Postmodern Spaces.* New York: Routledge, 1996: 1-39.

Royle, N. *Jacques Derrida.* New York: Routledge, 2003.

Shin, K. W. *A Hermeneutic Utopia: H-G. Gadamer's Philosophy of Culture.*

Toronto: The Tea for Two Press, 1994.

Walsh, B. J, and Middleton, R. eds. *The Transforming Vision: Shaping a Christian World View*. Downers Grove: Inter Varsity Press, 1984.

Warnke, G. *Gadamer: Hermeneutics, Tradition and Reason*. Stanford: Stanford University Press, 1987.

2부 | 창조적 의미를 위한 포스트모던 접근

1장 _ 예배, 해체적 주체와 통합적 주체가 만나는 장(場)으로서 축제

구미정. "강남형 대형교회의 세련된 여성억압에 관하여." 한국여성신학회(편). 『다문화와 여성신학』. 서울: 대한기독교서회, 2008.

김성재. "간추린 기독교교육사." 한국기독교교육학회(편). 『교회학교교사와 기독교교육 전문가를 위한 기독교교육』. 서울: 대한기독교교육협회. 1999.

김세윤. 『고린도전서 강해』. 서울: 두란노 아카데미, 2007.

사미자. 『기독교교육 교수방법론』. 서울: 한국장로교출판사, 2003.

손승희, 『여성신학의 이해』. 서울: 한국신학연구소, 1989.

루이스 맥네이/황정미 옮김. "푸코와 포스트모던-페미니즘 논쟁." 『미셸푸코, 섹슈얼리티의 정치와 페미니즘』. 서울: 새물결, 1995.

레티 러셀/김상화 옮김. 『파트너십의 미래』. 서울: 대한기독교서회, 1983.

_____/정웅섭 옮김. 『기독교교육의 새전망』. 서울: 대한기독교서회, 1987.

박충구. 『21세기 문명과 기독교윤리』. 서울: 대한기독교서회, 1999.

마리아 해리스/고용수 옮김. 『회중 형성과 변형을 위한 교육목회 커리큘럼』. 서울: 한국장로교출판사. 1997.

_____/김도일 옮김. 『가르침과 종교적 상상력』. 서울: 한국장로교 출판사, 2003.

미셸 푸코/오생근 옮김, 『감시와 처벌: 감옥의 역사』. 서울: 나남출판사, 1994.

박상진. 『기독교교육과정 탐구: 신앙, 인식론, 기독교교육과정』. 서울: 장로회신학대학교 출판부. 2007.

사미자. 『기독교교육 교수방법론』. 서울: 한국장로교출판사, 2003.

신국원. 『포스트모더니즘』. 서울: 한국기독교학생회, 1999.

엘머 A. 마르텐스/김지찬 옮김. 『구약에 나타난 하나님의 계획과 목적』. 서울: 생명
　　의 말씀사, 1998.

원신애. "예배, 해체적 주체와 통합적 주체가 만나는 장(場)으로서 축제: 여성의 주
　　체성에 대한 성찰을 중심으로." 「기독교교육정보」 24(2009): 121-150.

위던 크리스/조주현 옮김. 『여성해방의 실천과 후기구조주의 이론』. 서울: 이화여자
　　대학교 출판부, 1993.

은준관. 『교육신학』. 서울: 대한기독교서회, 1983.

정일웅. 『교회교육학』. 서울: 범지출판사, 2008.

조태연. 『태의 소생: 여성 지도자를 위한 마가읽기』. 서울: 도서출판 한들, 1998.

콜린 고든/홍성민 옮김. 『권력과 지식: 미셸푸코와의 대담』. 서울: 나남출판사,
　　1991.

크리스 위던/조주현 옮김. 『여성해방의 실천과 후기구조주의 이론』. 서울: 이화여자
　　대학교 출판부. 1993.

키니스 터커/김용구·박형신 옮김. 『앤서니 기든스와 현대사회이론』. 서울: 일신사,
　　1999.

Bellha, R. *Habits of the Heart: Individualism and Commitment in American Life.*
　　NY: Harper & Row, 1986.

Biesta, Gert J. J. & Egéa-Kuehne D. eds. *Derrida & Education.* NY: Routledge,
　　1999.

Blomberg, D. *Wisdom and Curriculum: Christian Schooling after Postmodernity.*
　　Sioux Centre, IA: Dordt College Press, 2007.

Bolt, J. *The Christian Story and the Christian School.* Grand Rapids: Christian
　　Schools International, 1993.

Derrida, J. *The Gift of Death.* trans. D. Wills. Chicago: The University of Chicago
　　Press, 1995.

Fackre, G. "Narrative Theology: An Overview." *Interpretation: A Journal of
　　Bible and Theology* 37(4) (1983), 340-352..

Foster, C. R. "The Faith Community as a Guiding Image for Christian
　　Education." In *Contemporary Approaches to Christian Education.* eds. J.

L. Seymour & D. E. Miller. Nashville: Abingdon Press, 1982.

Foucalut, M. *Language, Counter-Memory, Practice: Selected Essays and Interviews.* Ithaca: Cornell University Press, 1977.

Gustafson, J. M. *Can Ethics Be Christian?* Chicago: University of Chicago Press, 1975.

Harris, M. *Teaching & Religious Imagination.* San Francisco: Harper & Row Publishers, 1987.

Lumsden, S. "Hegel, Derrida, and the Subject." *Cosmos and History: The Journal of Natural and Social Philosoph*y 3(2007): 2-3.

Miller, J. P. *Holistic Learning: A Teacher's Guide to Integrated Studies.* Toronto: OISE Press, 1990.

Reynolds, J. & Roffe, J. eds. *Understanding Derrdia.* NY: Continuum, 2004.

Ricoeur, P. *History and Truth. Evanston, IL:* Northwestern University Press, 1965.

Royle, N. *Jacques Derrida.* NY: Routledge, 2003.

Russell, L. M. ed. "Authority and the Challenge." In *Feminist Interpretation of the Bible.* Philadelphia: The Westminster Press, 1985.

Seymour, J. L. "Approaches to Christian Education." In *Contemporary Approaches to Christian Education.* eds. J. L Seymour & D. E. Miller. Nashville: Abingdon Press, 1982.

Webb-Michell, B. *Christly Gesture: Learning to be Members of the Body of Christ.* Grand Rapids: Wm. B. Eerdmans Publishing Co, 2003.

「한국성결신문」 제444호(2003. 12. 27).

2장 _ 포스트모던 시대의 대중 인문 교양교육과 기독교 평생교육의 가능성

강준만. 『이미지와의 전쟁』. 서울: 개마고원, 2004.

게르트 타이센/고원석 · 손성현 옮김. 『성서, 어떻게 가르칠 것인가?』. 서울: 동연, 2010.

권대봉. 『평생교육의 다섯마당』. 서울: 학지사, 2006.

김영순. 『미디어와 문화교육』. 서울: 한국문화사, 2006.

김정희. "21세기 기독교 노인문화의 발전 방향 및 과제." 「신학과 현장」 20(2010): 193-218.

김주연. "영상문화와 문학의 새로운 파동." 「석학과 함께하는 인문강좌 강연 네 번째 시리즈개강」. 학국학술진흥재단, 2009. 2. 7. https://www.newswire.co.kr/newsRead.php?no=385444. 2011. 10. 9. 접속.

다떼이와 신야. "모든 생명은 긍정되어야 한다." 보건복지가족부, 「안락사문제 한·일 국제세미나 - 주제발표 2. 2009. 11」. 2010.

변재길. 『영상시대의 문화코드: 삶, 문학 그리고 영화』. 서울: 동인, 2012.

양은아. "실천인문학과 결합된 인문교육의 성격변화 대중 인문교육의 새로운 맥락화." 「평생교육학연구」 15(3)(2009): 51-84.

_____. 『인문학과 평생학습』. 서울: 교육과학사, 2010.

오경석. "교회 노인대학 프로그램 모형 개발," 「기독교교육정보」 28(2011): 225-245.

원신애. "종교적 '상상력의 렌즈를 통해서 본 영화 속의 다문화적 성격과 기독교교육의 가능성에 대한 고찰." 「기독교교육논총」 23(2010): 237-271.

_____. "포스트모던 미디어 교육과 기독교교육의 조우에 대한 연구: 애니메이션 토이스토리의 스토리텔링을 중심으로." 「기독교교육논총」 29(2012): 293-319.

_____. "포스트모던 시대의 「대중 인문 교양교육」과 기독교 평생교육의 가능성 : 영화 <시>의 인문학적 성찰을 중심으로." 「기독교교육논총」 33(2013): 241-266.

이상원. "안락사, 과연 존엄한 죽음인가?" 「안락사문제 한·일 국제세미나 - 주제발표 1」. 2009. 11.

이창동, 시 <아네스의 노래>.

정영근. 『영화로 만나는 교육학』. 서울: 문음사, 2008.

정희경. "디즈니 만화영화에 대한 기독교적 조망." 「기독교교육논총」 20(209):

239-271.

정창권. 『문화 콘텐츠 교육학』. 서울: 북코리아, 2009.

진중권. 『진중권의 이매진』. 서울: 시네이십일, 2009.

퀴블러 로스/이진 옮김. 『죽음과 죽어감』. 서울: 이레, 2008.

크리스토퍼. F./김성민·김익현 옮김. 『영화가 된 철학』. 경기도: 인간사랑, 2005.

한숭희. 『포스트모던 시대의 평생교육학』. 서울: 집문당, 2005.

Anacker, G. J. "Narnia & the Moral Imagination." In *The Chronicles of Narnia & Philosophy: The Lion, The Witch, & The Worldview.* eds. G. Basseham & J. L. Walls, Illinois: Open Court, 2005.

〈통계청〉 2011.

영화 <시>. 2010. 파인하우스필름(주) 제작.

"시는 사회·자연이 말하는 걸 받아쓰는 것." 「인터넷한국일보」 문화예술, 영화 '시'의 김용택 시인, 2010. 5. 12. www.hankooki.com 2011. 10. 5. 접속.

"급속히 늙어가는 한국… 노인인구 11.3%". 「한국경제」 2011. 6. 29. http://www.hankyung.com/news/app/newsview.php?aid=2011062221061. 2011. 9. 10. 접속.

3부 | 창조적 자아를 위한 사회 문화적 접근 197

1장 _ 기독교 도덕교육과 맥킨타이어의 '서사적 자아'와 '실천' 개념의 의미

권대훈. 『교육심리학의 이론과 실제』 (개정 2판). 서울: 학지사, 2009.

마크 존슨/노양진 옮김. 『도덕적 상상력: 체험주의 윤리학의 새로운 도전』. 서울: 서광사, 2008.

T. 모리슨/이상희 옮김. 『누가 승자일까요? - 개미와 베짱이 이야기』. 서울: 작은 거름, 2007.

심성보. "공동체주의의 교육윤리학적 연구." 고려대학교 대학원, 박사학위 논문, 1995.

우한용. 『서사교육론』. 서울: 동아시아, 2001.

원신애. "맥킨타이어의 서사적 자아와 실천 개념의 의미: 기독교도덕교육을 중심으로." 「기독교교육정보」 27(2010): 291-317.

_____. "종교적 상상력의 렌즈를 통해서 본 영화 속의 다문화적 성격과 기독교교육의 가능성에 대한 고찰: 영화 '나니아 연대기'를 중심으로." 「기독교육논총」 23(2010): 237-271.

제임스 C. 월호이트 & M. 디토니/김도일 옮김. 『발달주의적 시각으로 본 기독교적 양육』. 서울: 쿰란출판사, 2005.

최윤정. 『책 밖의 어른 책 속의 아이』. 서울: 문학과 지성, 2004.

황경식. 『자유주의와 공동체주의 개방사회의 윤리』. 서울: 철학과 현실사, 1993.

Anacker, G. J. "Narnia & the moral imagination." In *The chronicles of Narnia & Philosophy: the Lion, the Witch, & the Worldview*. eds. G. Basseham & J. L. Walls. llinois: Open Court, 2005.

Daly, M. ed. *Communitarianism: a New Public Ethics. Belmont*. CA: Wadsworth Publishing Company, 1994.

Etzioni, A. "The Responsive Community: A Communitarian Perspective." *American Sociological Review* 61(1996): 3-4.

Gadamer, H. *The Idea of the Good in Pratonic-Aristelian Philosophy*. New Haven, CT: Yale University Press, 1986.

Giroux, H. *Schooling and the Struggle for Public Life*. Minneapolis: University, 1998.

MacIntyre, A. *After Virtue*. Notre Dame, Indiana: University of Notre Dame Press, 1984.

_____. "The Ideas of an Educated Public." ed. G. Haydon, In *Education and Values*. London: London Uni. Press, 1987.

_____. "The Concept of a Tradition." ed. M. Daly. In *Communitarianisim: a New Public Ethics,* 121-126. Belmont, CA: Wadsworth Publishing Company, 1994.

MacIntyre, A. & Dunne, J. eds. "Alasdair MacIntyre on Education: in Dialogue with J. Dunne." *The Journal of the Philosophy of Education Society of*

Great Britain 36(2002): 2.

Mulhall, S. & Swift, *A. MacIntyre: Morality after Virtue, Liberals and Communitarians*. Oxford: Blackwell, 1992.

Shaw, S. M. *Storytelling in Religious Education*. Birmingham: Religious Education, 1999.

Worsfold, V. L. "MacIntyre and Bloom: Two Contemporary Communitarians." *Proceedings of the 48th Annual Meeting of the Philosophy of Education Society*. Urbana, IL: University of Illinois, 1993.

「한겨레」 2010. 10. 26. "하나님의 땅 선포, 기독교 신자들 '봉은사 땅 밟기' 파문." http://www.hani.co.kr/arti/society/religious/445663.html 2010. 10. 30. 접속.

「CBS 노컷뉴스」 2010. 7. 16. "팔공산 불교테마 공원조성 백지화." www.nocutnews.co.kr 2010. 10. 1. 접속.

2장 _ 한국의 전통문화 콘텐츠와 기독교문화 콘텐츠의 조우를 통한 기독교교육의 가능성

강용원. "다문화기독교교육의 현황과 과제." 「성경과 신학」 62(2012): 37-65.

강정원. "한국종교에 대한 인류학적 연구 50년." 『문화인류학 반세기』. 서울: 소화. 2008.

강준만. 『이미지와의 전쟁』. 서울: 개마고원. 2000.

구본만. "공교육에서 가톨릭 학교의 종교교육 방향 모색." 「기독교교육정보」 30집 (2011): 63-100.

고재석. "국어교과서에 나타난 전통의식과 그 수용 양상: 해방공간에서 1970년대까지." 「한국어문학연구」 12월(1996): 343-368.

고병철. 『한국종교현황』. 서울: 문화체육관광부. 2008.

김광희. "구성주의와 미디어 교육 교수학습 모형." 『미디어교육과 교수법』. 서울: 커뮤니케이션북스. 2006.

김균·정연교. 『맥루언을 읽는다』. 서울: 궁리출판사. 2006.

김기덕. 『한국전통문화와 문화 콘텐츠』. 서울: 북코리아. 2008.

김승익. 『개정 교육과정! 무엇이 달라지나? - 교육과학기술부 교육과정 기획과 교육
　　연구관』. 2009.

김철주. "제7차 교육과정 개정안과 기독교교육 문화 콘텐츠 개발." 「기독교교육정
　　보」 20(2008): 413-440.

김흥수. "기독교는 한국종교인가?" 「기독교 사상」 575호 (2006): 18-20.

류상태. "학교 내 종교교육, 이대로 좋은가?" 「우리교육」 봄(2011): 80-91.

L. A. 마르코스/최규택 옮김. 『C. S. 루이스가 일생을 통해 씨름했던 것들』. 서울: 그
　　루터기하우스. 2008.

박인기. "국어교과에 내재하는 문화의 존재방식." 『교과교육과 문화 어떻게 소통할
　　것인가』. 서울: 지식과 교양, 2011.

백종구. "국민(초등)학교 교과서에 나타난 개신교 서술의 문제와 개선안." 「한국교
　　회사학회지」 25(2009): 185-218.

소진형. 『개정 교육과정의 올바른 이해』. 서울: 교육과학기술부 교육연구사, 2009.

손원영. "기독교계 중등학교에서의 종교수업모형 개발에 관한 연구." 「기독교교육
　　정보학회」 12(2005): 49-82.

송도영. "종교와 음식을 통한 도시공간의 문화적 네트워크." 「비교문화연구」 13
　　(2007): 98-136.

신광철. "인문학과 문화 콘텐츠." 「국어국문학」 143 (2006): 211-234.

원신애. "종교적 상상력의 렌즈를 통해서 본 영화 다문화적 성격과 기독교교육의 가
　　능성에 대한 고찰: 영화 나니아 연대기를 중심으로." 「기독교교육논총」 23
　　(2010): 237-271.

_____. "종교교육을 위한 대안적 교육으로서 문화 콘텐츠에 대한 이해: 서사적 이
　　야기를 중심으로." 「기독교교육정보」 30(2011): 127-152.

_____. "문화 콘텐츠의 도전과 기독교문화 콘텐츠의 가능성." 「복음과 교육」 11
　　(2012): 93-122.

_____. "한국의 전통문화 콘텐츠와 기독교문화 콘텐츠의 조우를 통한 기독교교육
　　의 가능성: 공교육 교과서의 '문화 콘텐츠'를 중심으로." 「성경과 신학」 65
　　(2013): 295-328.

유동식. 『한국무교의 역사와 구조』. 서울: 연세대학교 출판부. 1985.

이정재. "한국의 신화와 문화영웅."「한국문화인류학」 4(1971): 61-95.

임경순.『한국문화의 이해』. 서울: 한국외국어대학교출판부. 2009.

장경남. "고등학교 교과서로 본 고전소설 교육의 문제와 제언."「우리문학연구」 31 (2010): 177-204.

조은하. "개신교 종립학교의 종교교과서 분석."「종교교육학연구」 22(2006): 187-204.

정진홍. "한국사회와 종교: 한국종교문화의 서술을 위한 제언."「서강인문논총」 9 (1998): 71-114.

정창권.『문화 콘텐츠 교육학』. 서울: 북코리아. 2009.

조현성.『전통적 정신문화의 현대화 방안』. 서울: 한국문화 관광연구원, 2009.

탁명환. "한국신흥종교 여교주들의 생태."「한국문화인류학」 4 (1971): 115-134.

한상복.『전통문화의 자주적 현대화 방안』. 서울: 한국문화예술진흥원, 1989.

한국문화재보호협회 편.『전통문화의 계승과 발전방향』. 서울: 한국문화재보호협회, 1987.

한국문화 콘텐츠진흥원 편.『문화 콘텐츠 산업학과 커리큘럼 가이드 북』. 서울: 한국문화 콘텐츠 진흥원. 2003.

Anacker, G. J. "Narnia & the Moral Imagination." In *The Chronicles of Narnia & Philosophy: The Lion, The Witch, & The Worldview*. eds. G. Basseham & J. L. Walls, Illinois: Open Court, 2005.

Bolt, J. *The Christian Story and the Christian School, Grand Rapids,* MI: Christian Schools International, 1993.

고등학교 교과서 국어, 문학, 사회·문화, 전통윤리. (국정, 검정·인정).

교육과학기술부 편. <초. 중등 교육법> 법률 제891호, 제29조 ①항.

_____. <2009 개정교육과정 총론> 39-40. 12월 23일. http://www.epeople.go.kr/ 2012. 5. 10 접속.

교육인적자원부 고시. <초등학교 교육과정 해설(I) 총론, 재량 활동> 서울: 교육과학기술부, 2007.

교육과학기술부. 2009. 11, http://www.epeople.go.kr/ 2012. 5. 10 접속.

초등학교 교과서 국어 2-1학기.

초등학교 교과서 사회과 탐구 5-2학기.

한국교원대학교 국정도서국어편찬위원회 편. 서울: 미래엔컬처그룹, 2010.

「국민일보」 2012. 9. 12. "공직자종교차별신고센터 종교 편파 - 기독교계, 문화부에
폐쇄 요구."

「국민일보」 2012. 1. 2. "기독교 수용과정 고교 역사교과서에 실린다."

「국민일보」 2005. 12. 4.

「데일리언」 2012. 9. 7. "아동포르노가 문제? 그럼 강남스타일 걸그룹은?"

「아이굿 뉴스」 2010. 4. 22. "법원, 대광고, 강의석에게 배상하라, 사학종교교육보다
개인 신앙의 자유 중시한 판결."

http://www.igoodnews.net/news/articleView.html?idxno=2754 2010. 4. 30 접
속. 야후 영화소개.

「인터넷 신문 아시아경제」 2011. 9. 9. 박창신의 디지털세상. "삼성 스마트폰의 광고
영국서 금지."

「중앙일보」 2012. 9. 8. 22. "배나온 남자 코믹댄스." 제7차 종교교육과정. <교육부
고시> 제1997-15호 (1997). 통계청. 2005.

3장 _ 한국의 전통문화 콘텐츠와 기독교문화 콘텐츠의 조우를 통한 기독교교육 문화 콘텐츠의 개발 가능성에 관한 연구

고재석. "국어교과서에 나타난 전통의식과 그 수용 양상: 해방공간에서 1970년대까
지." 「한국어문학연구」 12(1996): 343-368.

고병철. 『한국종교현황』. 서울: 문화체육관광부, 2008.

김기덕. 『한국전통문화와 문화 콘텐츠』. 서울: 북코리아, 2008.

김난도. 『아프니까 청춘이다』. 쌤앤파커스, 2010.

김승익. 『개정 교육과정! 무엇이 달라지나? - 교육과학기술부 교육과정기획과 교육
연구관』. 2009.

김은정. "새로운 생애 발달 단계로서 성인모색기: 20대 전반 여대생을 중심으로." 「사
회와 이론」 19(2011): 329-372.

김지연 외. 『청소년기 사회화과정의 환경 국제비교 : 교육. 가족. 청소년정책을 중심
으로』. 서울: 한국청소년정책연구원, 2008.

김철주. "제7차 교육과정 개정안과 기독교교육 문화 콘텐츠 개발." 「기독교교육정보」 20(2008): 413-440.

김홍수. "기독교는 한국종교인가?" 「기독교사상」 575(2006): 18-20.

원신애. "한국의 전통문화 콘텐츠와 기독교문화 콘텐츠의 조우를 통한 기독교교육의 가능성: 공교육 교과서의 '문화 콘텐츠'를 중심으로." 「성경과 신학」 65 (2013): 295-328.

_____. "한국의 전통문화 콘텐츠와 기독교문화 콘텐츠의 조우를 통한 '기독교교육 문화 콘텐츠'의 개발 가능성에 관한 연구: '엔터테인먼트 스토리텔링'을 중심으로." 「종교교육학연구」 47(2015): 83-114.

유동식. 『한국무교의 역사와 구조』. 서울: 연세대학교 출판부, 1985.

이정호. 『포스트모던 문화읽기』. 서울: 서울대학교출판부, 1995.

이준형. 『청소년의 가치구조 연구방법론』. 서울: 한국 청소년 교육연구소, 1994.

이창호. 『청소년 초·중·고·대학생 의식구조 비교에 의한 미래사회변동 전망1 : 세계관 및 교육·정보에 대한 인식을 중심으로』. 서울: 한국청소년정책연구원, 2008.

임경순. 『한국문화의 이해』. 서울: 한국외국어대학교출판부, 2009.

장경남. "고등학교 교과서로 본 고전소설 교육의 문제와 제언." 「우리문학 연구」 31 (2010): 177-204.

정정미. "기독교적 양육에 있어서 아동의 자율성과 부모의 책임에 대한 소고." 「성경 과 신학」(2013): 355-78.

정창권. 『문화 콘텐츠 스토리텔링』. 서울: 북코리아, 2008.

조현성. 『전통적 정신문화의 현대화 방안』. 서울: 한국문화관광연구원, 2009.

한경구. "왜 문화인가." 『처음만나는 문화인류학』. 19-31. 서울: 일조각, 2011.

한국문화재보호협회 편. 『전통문화의 계승과 발전방향』. 서울: 한국문화재보호협회, 1987.

홍성태. 『현대 한국사회의 문화적 형성』. 현실문화연구, 2006.

Arnett, J. "Emerging Adulthood: A Theory of Development from the Late Teens through the Twenties." *American Psychologist* 55(2000): 269-280.

_____. "Emerging Adulthood(s): The Cultural Psychology of a New Life

Stage." In *Bridging Cultural and Developmental Psychology: New Syntheses in Theory, Research and Policy.* ed. L. A. Jensen. New York: Oxford University Press, 2011.

교육과학기술부. 초. 중등 교육법, 법률 제891호, 제29조 ①항.

교육과학기술부. 2001. 11. http://www.epeople.go.kr/ 2012. 5. 10 접속. 교육과 학기술부. 2009.

교육인적자원부 고시. 초등학교 교육과정 해설(I) 총론, 재량 활동. 교육과학기술부. 79, 98. 2007.

초등학교 교과서 국어 2-1학기.

초등학교 교과서 사회과 탐구 5-2학기.

최성수. "한국기독교영화역사." http://blog.daum.net/cinelitrach/8325761. 2011. 9. 5 접속.

〈MBN 매일방송〉 "개신교 목사 '동화사' 경전 찢고 소변난동." http://mbn.mk.co.kr/pages/news/news-View.php?news_seq_no=1233165. 2012. 9. 30. 접속.

〈2005 통계청 집계〉 "성/연령/종교별 인구-시군구." http://kosis.kr 2012. 5. 10. 접속.

찾 아 보 기

주제어